高等学校教材

JIANSHEN XIUXIAN
CHANYE GAILUN

健身休闲产业概论

主编 王 惠

高等教育出版社·北京

内容简介

本书为高等院校休闲体育系列教材，本书结合当前国内外健身休闲领域的新发展、新动向、新趋势对健身休闲产业进行了系统、全面的梳理。全书以产业经济学基本理论为理论基础，共13章，内容包括：健身休闲产业的起源与发展、健身休闲产业的基本理论、健身休闲产业资源、健身休闲市场与消费、健身休闲装备产业、室内健身休闲产业、山地户外健身休闲产业、水上健身休闲产业、冰雪运动产业、航空运动产业、汽车摩托车运动产业、特色运动产业、健身休闲产业与其他产业的融合发展。

本书可作为高等院校体育经济与管理、休闲体育等专业的课程教材，也可作为相关学科教师和体育经营与管理部门从业者的参考用书。

图书在版编目（CIP）数据

健身休闲产业概论 / 王惠主编. --北京：高等教育出版社，2022.1

ISBN 978-7-04-056486-0

Ⅰ.①健… Ⅱ.①王… Ⅲ.①休闲体育-体育产业-概论 Ⅳ.①G811.4

中国版本图书馆 CIP 数据核字（2021）第 145519 号

策划编辑 陈 海 责任编辑 陈 海 李伟楠 封面设计 王 鹏 版式设计 王艳红
责任校对 高 歌 责任印制 存 怡

出版发行	高等教育出版社	网　址	http://www.hep.edu.cn
社　址	北京市西城区德外大街4号		http://www.hep.com.cn
邮政编码	100120	网上订购	http://www.hepmall.com.cn
印　刷	三河市潮河印业有限公司		http://www.hepmall.com
开　本	787mm×960mm 1/16		http://www.hepmall.cn
印　张	16.5		
字　数	270千字	版　次	2022年1月第1版
购书热线	010-58581118	印　次	2022年1月第1次印刷
咨询电话	400-810-0598	定　价	38.00元

本书如有缺页、倒页、脱页等质量问题，请到所购图书销售部门联系调换

物 料 号 56486-00

审委会名单

主　任：邱　团

副主任：李相如　杨铁黎

委　员（以姓氏笔画为序）：

石　岩　卢　锋　刘　勇　杨建设

沈友青　曹　卫　商　勇　梁建平

编委会名单

执行主编：王　惠

副 主 编：尹开宁　刘立英　高慧妮

参编人员（以姓氏笔画为序）：

王蓓蓓　代会莹　刘　煜　刘玉财

汪雅莉　郭文彬　蒋志伟　雷学会

前　言

随着休闲时代的到来，健身休闲产业应运而生。健身休闲可以满足人们日益增长的多样化的体育需求、提升人们的生活品质，也能改善产业结构、促进社会经济发展。

虽然，健身休闲产业发展历史较短，但发展迅速，并受到各个国家的重视。在一些发达国家，健身休闲产业促进了国民经济发展，已成为支柱型产业。

在我国，健身休闲产业在不断探索中稳步发展，是"健康中国"的重要组成部分。健身休闲产业可促进体育产业内部各子行业间实现重组融合，在上下游产业链中具有重要的价值和意义，其快速发展受到国家高度重视。2016 年国务院印发的《关于加快发展健身休闲产业的指导意见》中进一步明确了健身休闲产业在体育产业中的突出地位，提出"到 2025 年我国健身休闲产业总产值达 3 万亿元"的目标。同时，在经济发展环境及经济发展方式转变的背景下，我国健身休闲产业迎来了重大的发展机遇。然而，我国健身休闲专业人才培养还比较滞后，制约了我国健身休闲产业的健康发展。正是基于这一历史背景和客观需求，为适应新形势下健身休闲产业快速发展的需要，培养健身休闲产业专业人才，我们组织编写了本书。

本书结合当前国内外健身休闲领域的新发展、新动向、新趋势，对健身休闲产业进行了系统、全面的梳理。全书以产业经济学为理论基础，对不同领域的健身休闲产业发展做了介绍，对健身休闲产业与其他相关产业融合发展进行了论述，共 13 章。

本书主要特色有以下三个方面：

（1）系统性与理论性。本书以产业经济学为理论基础，注重健身休闲产业相关理论、知识点的梳理，包括产业结构、动力系统、保障机制、消费与市场等理论知识，便于使用者进行系统地学习与记忆。

（2）可读性与实践性。本书重视健身休闲产业理论与实践的结合。首先，每个章节都注重对我国体育产业及健身休闲产业政策的解读与分析，切合我国体育产业转型之需；其次，重点章节配有经典案例分析及相关知识链接,便于学习者融会贯通。

（3）时效性与前沿性。本书吸纳了近年来国内外健身休闲产业相关的研究成果,运用最新的权威性数据资料,贴合健身休闲产业的发展现状进行多维度分析,具有时效性与前瞻性。

为了编好这部教材,编写组查阅了大量文献资料,对相关问题进行了多次深入研讨,并在此基础上梳理出健身休闲产业的理论和实践知识体系。因此,本书是集体智慧的结晶,具体分工如下:第一章、第二章、第三章由王惠撰写;第四章、第十章由雷学会、高慧妮撰写;第五章由尹开宁撰写;第六章由王蓓蓓、刘煜撰写;第七章由刘玉财撰写;第八章由王惠、郭文彬撰写;第九章由汪雅莉撰写;第十一章由蒋志伟撰写;第十二章由刘立英撰写;第十三章由代会莹、王惠撰写。全书由王惠、尹开宁、刘立英统稿,王惠定稿。

本书的编写得到诸多专家、学者的热心指导和大力支持,在此对各位参与者表示由衷的感谢。特别感谢首都体育学院杨铁黎教授对编写组的悉心指导。同时,本书在编写过程中参考和借鉴了许多专家、学者的学术观点和相关文献,对此编者已尽可能注明来源和出处,但限于篇幅未能一一注明,在此向相关作者和出版单位表示诚挚的谢意。

健身休闲产业作为新兴产业,发展时间不长,积累相对有限,在理论和实践两方面还存在诸多尚需探讨的问题。由于编者水平有限,书中难免存在不足之处,恳请广大读者批评指正。

编　者

2021 年 5 月

目　录

第一章 健身休闲产业的起源与发展

学习目标

1. 掌握健身、休闲等相关概念及其相互联系。
2. 理解并掌握健身休闲产业的概念、分类及产品。
3. 熟悉国内外健身休闲产业的发展概况。

本章导语

休闲时代的到来对健身休闲产业而言既是机遇也是挑战。本章论述了休闲健身活动的产生、相关概念及其相互联系，阐述了健身休闲产业的概念、分类及产品；介绍了国外主要发达国家健身休闲产业的发展概况，并对国内健身休闲产业的发展历程，室内、户外健身休闲产业发展态势、产业布局和人才培养进行了概述。掌握相关基本概念有助于提升对健身休闲产业的整体认识水平，也是了解当前健身休闲产业发展现状及发展趋势的必然要求。

第一节 休闲与健身

一、休闲

人类自古以来就有休闲活动。原始人的巫舞是一种精神和身体娱乐的混合物，也是休闲思想萌芽的体现。中国古人有以收藏字画、赏景吟诗、篆刻临帖、弈棋鼓琴、栽花养鱼等为主要内容的休闲活动，其形式讲究，并有着很浓厚的文化内涵。不同时期的休闲活动形成了不同特色的休闲文化：先秦时期的老庄追求自然自由的休闲哲学，南北朝时期的隐逸与田园休闲文化，唐宋时期兼收并蓄的生活休闲文化，明清时期追求精致的艺术化的休闲文化，近现代人文主义的闲适文化以及当代流行化休闲文化。所谓“闲情逸致”体现了对闲适和精神自由的追求，是一种悠闲的情趣与安逸的兴致之融合。

“休”代表了吉庆与欢乐的意思，“人倚木而休”的意思是指，古时人们的主要活动就是在田间劳作，当身体疲乏时，人就倚靠树木或是坐在树下休息。“闲”字门中有木，在门的外面竖上栅栏，以之为边界，代表了道德、法度的意思，“大德不逾闲”。在古汉语中“闲”通“娴”，具有娴静、思想的纯洁与安宁之意。“休”“闲”二字表达了人与自然的和谐，是促进人们精神得到休整和身体获得颐养的活动，体现了人类生存过程中劳作与休憩的辩证关系，参与休闲活动的过程既是求美的过程，也是求善的过程，喻示着物质生命活动之外的精神生命活动，是在追求事物自身目的的同时达到事物与事物之间的和谐和有机统一。英文“leisure”一词来源于法语“leisir”，即“free time”，指人们摆脱生产劳动后的自由时间和自由活动。在古罗马，人们劳动之余的合法行为是对上帝的侍奉与信仰，以求来世救赎。在希腊语中“休闲”用“scole”一词来表达，意为休闲和教育，认为休闲是从娱乐中得益，休闲方式与文化水平的提高相辅相成，表明早期希腊哲学家把学问与休闲理想联系了起来。可见，在西方文化中，“休闲”一词所包含的休息的意义很少，消遣的意义也不大，主要是指“必要劳动之余的自我发展”，表明了“休闲”所具有的独特的文化内涵：将有社会价值的娱乐区别于其他娱乐。知识总是同自由相关，自由又总是同休闲相关，知识引导着符合道德的选择和行为。所以，休闲就包含了自由和自由时间、教育和智慧这两层基本含义，反映了最初的休闲（自由和自由时间）和劳作（劳动和劳动时间）是一种对立关系。

以谋生为主要目的的劳动，是一种相对于休闲生活的“从业”活动。在劳动密集型的集约化生产方式中，劳动者以机械的动作重复着大量繁重的工作；在知识经济、信息化、互联网时代的自动化、现代化、智能化生产方式中，人们的体力支出已降低到最小限度，取而代之的是高度的精神紧张和心理压力。1993 年，克罗斯在《时间与金钱：消费创造文化》一书中写道：“一个人在工厂中或办公室工作时发生的事情，只有在闲暇的时间里才能避免。”这些由劳动所带来的生理、心理的负荷，都需要在“自由时间”里和“自由”的“业余”生活中，通过各种方式予以缓解和消除。休闲就是一种有效的减压方式，它以崇尚自然、追求舒适、满足个性身心发展为特征，成为人们丰富生活内容、提高生活质量的重要生活方式，体现了独特的价值和作用。由此可见，休闲活动发端于物质文明，物质文明又为人类提供了闲暇、伴生了闲情逸致。生活质量正是通过劳动和休闲的相互影响与相互作用的过程体现出来的。“休闲之父”亚里士多德强调哲学和科学的来源具有非功利性，认为科学产生有三个条件：惊异、闲暇、自由，而希腊之所以能成为科学和哲学的发源地，是因为希腊人强烈的求知欲和享受闲暇、自由的生活态度。他在《政治学》一书中更将“休闲”提到“一切事物环绕的中心”的高度。

可见，休闲是人类社会发展的产物，是社会进步的标志，对人类社会的发展具有举足轻重的作用。在时间维度上，休闲需要主体具有闲暇的自由时间；在心理维度上，休闲是一种心理需求，一种生活态度，是对兴趣和爱好的满足；在活动维度上，休闲是主体劳动之外的自愿选择；在社会维度上，休闲是人们追求的一种生活方式和生活状态；在手段维度上，休闲是满足主体休闲需要而选用的方式或方法。休闲是在非劳动及非工作时间内以各种“玩”的方式求得身心的调节与放松，达到生命保健、体能恢复、身心愉悦目的的一种业余生活。基于以上五个维度，学者杨铁黎认为，休闲是人在自由支配的时间里，自愿选择某种手段而进行的消遣娱乐活动的总称。

中国休闲发展新趋势

二、健身

随着社会文明的进步，人们在追求身心健康、延年益寿之外，越来越注重追求精神满足和享受人生乐趣，也更有时间、更有能力参与休闲活动。人们发现，参与一些体力活动可以充实文化生活、提高文化水准和生命质量，改善人们的生活习惯，培养高尚品格和休闲的态度，对社会的良性发展有着积极的调节作用。人们越来越肯定这些体力活动的健身性、娱乐性和思想性价值。于是，越来越多的人开始积极参与以强身健体为目的的体育锻炼，诸如各种徒手健美操、韵律操、形体操、武术、拳法以及各种自抗力动作。这些体育锻炼可以增强身体的力量、柔韧性，增强耐力，提高协调、控制身体各部分的能力，从而使人身体强健，人们统称这些体育活动为健身运动。

健身一词源于古希腊语“gymnazein”，指“赤裸地进行体能训练”。古希腊时期的健身运动是独立于战争训练、体育竞技训练而面向大众的运动方式。启蒙运动时期，面向普通大众的健身运动，重新以体育教育的形式出现。体操运动员出身的古斯塔夫·詹德在医学院学习了许多人体解剖学知识，意识到了抗阻训练对于肌肉的作用。19 世纪初，他提出系统性、渐进性的练习有助于锻炼肌肉和关节，进而促进身体健康，这对当时流行的清肠、禁食和放血疗法提出了挑战，具有革命性意义。他根据身体不同部位的锻炼需要，设计了各种各样的健身器械。19世纪末，在政府的资助下，詹德在斯德哥尔摩建立了一家研究所，里面摆放了27台他特别定制的器械，该研究所成为全世界第一个现代意义上的"健身房"。1892年，詹德出版了第一本关于健身器材的书籍，针对新兴的、有钱有闲的白领阶层，他宣传健身器械可以避免"久坐不动的办公对身体造成的损伤"。1895年，詹德的健身房被纽约时报评价为"有助于健康的奇迹"。

人们参与健身锻炼不以夺取比赛优胜、摘取金牌及实现个人功利为主要目的，而是以增强体质，提高健康水平、生活质量和谋求身心愉快、延年益寿为宗旨，也有提高劳动和工作效率的含义。健身包括智力、机体及社会的行为，行为结果将是身体健康状况的明显改善，而不仅仅是一种摆脱疾病的状态。因此，学者们积极开展对健身领域的研究。对于健身概念，早在1995年，林笑峰在其《健身与体育》一文中，认为健身是"建设人的身体，或健全人的身体，或增强人的体质。"2006年，毕春佑在《健身教育教程》这本教材中认为"健身是建设人的身体或健全人的身体，也可以说是增强人的体质。"两位学者从促进人身体变化、体质健康方面对健身进行了定义。2013年，陈跃华在《运动健身科学原理与方法研究》中提出："健身是指运用各种体育手段，结合自然力和卫生措施，以发展身体、增进健康、增强体质和愉悦身心为目的的身体活动过程。"此定义将健身视为一种过程，其目的、功能不仅包含对人身体健康的促进，还包括对人心理健康的促进，强调了体育的方式和手段。结合国务院1995年颁布的《全民健身计划纲要》，2016年，段健芝在《全民健身的转型升级——由全民健身热点问题谈起》一文中，从广义层面上，认为健身是所有同健康息息相关的体育运动的总称。由此可见，健身是促进人身心健康的一种行为方式，即达到理想生活质量的行为方式。它不仅仅限于某种单一的体育项目，而且是以促进身体和心理健康为核心，无胜负之分，过程体验大于结果的一类非竞技体育项目和体育行为的总称。

三、健身是一种休闲方式

健身与休闲有许多相似之处：二者都是社会生产力发展到一定阶段的产物，代表了社会文明的发展与进步。社会经济的发展促进了有钱和有闲阶级的产生，人们开始追求“丰富的生活内容”和“更高的生活质量”。休闲的“自由”和健身的“非竞技性”都体现了自身的“非功利性”特征。健身和休闲不仅是为了某种技能的提升，前者实现的“身心健康”与后者实现的“教育和智慧”都是行为过程的客观结果。同时，健身是一种休闲方式，一种生活态度。在市场竞争日趋激烈的现代社会，人们可根据自己的性格特征、经济条件及其他外部环境等因素选择不同的健身休闲方式以缓解压力。喜静的人可选择瑜伽、太极、棋牌等项目放松身心。喜动的人可选择篮球、羽毛球、有氧健身操等项目挥汗如雨。还有一些人，喜欢通过如攀岩、蹦极等极限户外运动来释放压力，寻求刺激。现代社会中，越来越多的人通过丰富多彩的健身活动调节生活节奏、调整生活状态，健身也逐渐成为人们休闲娱乐、追求健康的重要途径之一。

学习和认识健身休闲产业，必须辨析两个概念：健身休闲与体育休闲。健身休闲和体育休闲，两者之间既有联系，也有区别。二者同属休闲范畴，但健身休闲更强调人身体的参与及促进健康的目的，而体育休闲是与体育相关的所有休闲活动的总称，涵盖了健身休闲。具体来说，体育休闲是人们通过参与或观看体育活动，以达到身体健康和心理愉悦的休闲活动，它包含体育健身、体育（赛事）观光及其他各种体育休闲活动。如一位观看 NBA 的年轻人，可能是肥胖者，体重高达 100 千克，他在观看赛事的过程中身心得到了放松，也体验到了快乐，但他本身并不参与体育实践，也无法达到促进身体更加健康的目的，因此，他所进行的就是体育休闲活动而非健身休闲活动。本书将紧紧围绕健身休闲重点阐述相关产业的分类、产业布局、发展状况、研究热点与趋势等，促进读者对健身休闲产业相关知识信息的了解与掌握，进而促进健身休闲产业的健康、稳定、快速发展。

第二节　健身休闲产业的概念、分类与产品

一、健身休闲产业的概念

近年来，随着民众生活水平的提高，人们的休闲需求和健身需求也不断增加，市场上出现了满足人们健身与休闲需求的各种行业和商业模式。在丰富多彩的健身休闲活动中，相关的健身休闲服务越来越专业化。商业领域出现了专门服务人们健身休闲需求的专业技术

人员和管理人员，以及专业服务机构和组织。19 世纪末，詹德在政府的资助下建立了全世界第一个健身房，标志着健身休闲专业化的开启。至今，各种主题健身房遍及世界各地，形式各样，健身内容和项目也丰富多彩。与此同时，户外健身越来越受到都市居民的喜爱，“走向自然，感受自然”成为城市竞争者暂时释放压力、舒缓紧张情绪的重要途径。

目前，我国健身休闲产业已初具规模，2016 年国务院印发《全民健身计划（2016—2020）》，将“开展全民健身活动提供丰富多彩的活动供给”作为主要任务之一，为我国健身休闲产业的发展提供了巨大的推动力。

（一）健身休闲产业与体育产业的区别

健身休闲产业有别于体育产业。体育产业是指为社会提供体育产品的同一类经济活动的集合以及同类经济部门的综合。体育产品既包括有形的体育用品，也包括无形的体育服务；体育经济部门不仅包括市场企业，还包括各种从事经营性活动的其他各种机构，如事业单位、社会团体乃至个人。健身休闲产业属于体育产业的范畴，是一个更加适应现代社会大众生活需求的细分领域。例如，体育制造业拥有生产各类体育器材和设备的专业化人才研发团队，生产的产品种类繁多，包含了满足竞技体育训练、学校体育教学与训练、大众健身使用的各类体育产品。但健身休闲产业的装备制造业，生产的产品更倾向于大众化和专业化。健身休闲产业是体育产业的核心和基础，在体育产业的各子行业中具有强大的融合作用，是推动体育产业向纵深发展的强劲动力。

（二）健身休闲产业与休闲产业的区别

健身休闲产业有别于休闲产业，后者包含前者，其业态更加丰富。休闲产业是指为人们提供娱乐、消遣及旅游等相关产品和服务的部门集合，即为满足人们休闲体育需要而提供的娱乐、消遣和旅游及相关产品和服务的产业集群。马惠娣认为，休闲产业是指与人的休闲生活、休闲行为、休闲需要（物质的和精神的）密切相关的产业领域，特别是以旅游业、娱乐业、服务业为龙头形成的产业系统。而健身休闲产业是为参与休闲活动的主体提供健身类产品和服务的产业集群。可见，休闲产业覆盖的领域远远大于健身休闲产业所覆盖的领域。

（三）健身休闲产业与休闲体育产业的区别

休闲体育产业是休闲产业的一个组成部分。杨铁黎等人根据休闲产业的内涵和体育的自身属性,将休闲体育产业定义为:为满足人们的休闲体育消费需求而提供物品、服务和设施的组织集合体。休闲体育产业主要包含休闲体育用品产业和休闲体育服务产业两大部分。体育赛事产业、体育旅游产业与健身休闲产业共同构成了休闲体育服务产业体系。体育赛事产业指那些为满足人们休闲体育需求提供体育竞赛表演等观赏型产品组织的集合。它为我国体育事业做出了巨大贡献,属于"体育产业",赛事观看者也得到"休闲",但并未以"主体参与健身活动、体验健身活动"为主要形式,不以达到"促进健康"为目的,因而它不属于"健身休闲产业"的范畴。

总而言之,健身休闲产业属于"体育产业""休闲产业""体育休闲产业"或"休闲体育产业"的下位概念。"健身休闲产业"是在"体育产业""休闲产业""体育休闲产业"或"休闲体育产业"的发展中产生的,解决的是与人民大众息息相关的体育健身休闲领域的问题。

2016 年国务院办公厅颁布《关于加快发展健身休闲产业的指导意见》,明确指出健身休闲产业是体育产业的重要组成部分,是以体育运动为载体、以参与体验为主要形式、以促进身心健康为目的,向大众提供相关产品和服务的一系列经济活动,涵盖健身服务、设施建设、器材装备制造等业态。由此可见,健身休闲产业是一系列经济活动产生的各类业态的总称,提供的产品和服务能促进参与者身心健康。因此,具有消费引领性的健身休闲产业是一种时尚经济、绿色经济、健康经济。

二、健身休闲产业的分类

(一)依据项目属性划分

依据健身休闲项目属性,可以将健身休闲产业划分为时尚类健身休闲业、民族传统类健身休闲业和普通类健身休闲业。

(1)时尚类健身休闲业。围绕网球、登山、滑雪、极限运动、击剑、马术、高尔夫等项目所产生的一系列经济活动,及提供的各种生产和服务。

(2)民族传统类健身休闲业。围绕武术、龙舟、舞龙舞狮等项目所产生的一系列经济活动,及提供的各种生产和服务。

(3)普通类健身休闲业。围绕足球、篮球、排球、乒乓球、羽毛球、游泳、徒步、路跑、骑行、棋牌、台球、钓鱼、体育舞蹈、广场舞等运动项目而建立的各类普通健身活动所需的人力、物力的支持体系，及提供产品与服务的一系列经济活动。

（二）依据健身活动空间划分

依据健身活动所发生的空间，健身休闲产业可分为室内健身休闲业和户外健身休闲业。

（1）室内健身休闲业。以健身房、游泳馆、击剑馆、体育馆等各类运营场馆为主，参与者定期或不定期地到这些固定场所开展健身休闲活动，相关经济主体提供给消费者产品与服务，比如健身房内的私教服务就是典型的室内健身休闲服务产品。

（2）户外健身休闲业。指在自然场地为举行各类户外运动提供产品与服务的一系列经济活动。目前，我国支持具有消费引领性的健身休闲项目发展，如冰雪运动、山地户外运动、水上运动、汽车摩托车运动、航空运动等，先后制定了《山地户外运动产业发展规划》《水上运动产业发展规划》《航空运动产业发展规划》《冰雪运动发展规划》《马拉松运动产业发展规划》等。围绕各类户外运动形成了一系列产业体系。

（三）依据业态属性划分

依据不同的业态属性，健身休闲产业可划分为健身休闲制造业和健身休闲服务业。

（1）健身休闲制造业。指为实现健身休闲活动的开展，而从事健身休闲用品、设备、设施生产的组织集合。健身休闲产业的发展依托完善的健身休闲基础设施，如山地户外营地、徒步骑行服务站、自驾车房车营地、运动船艇码头、航空飞行营地等健身休闲设施均需要制造业的支持。随着人们健身休闲个性化需求的提升，新型健身休闲器材装备、可穿戴式运动设备、虚拟现实运动装备等将应用于健身休闲活动中。目前我国健身休闲制造业起步较晚，整体水平还不高，相关企业应该去传统制造业产能，积极投入健身休闲装备制造领域，提升健身休闲器材装备研发制造能力，提升健身休闲器材装备制造水平。

（2）健身休闲服务业。指为满足人们健身活动需求而提供各种健身休闲服务与技能指导的组织集合。健身休闲产业的健康发展不仅仅依靠一流的设施设备，更依赖健身休闲服务水平。健身休闲与一般的休闲活动不同，健身休闲对运动技能和身体素质有一定的要求。人们参与健身休闲活动需根据自身身体状况和喜好去选择。某些健身休闲活动还需要专业的健身指导服务，以提升健身效果和休闲体验。户外健身休闲运动大多带有探险性，属于极限和亚极限运动，有很大的挑战性和刺激性，参与此类健身休闲活动更需要专业的指导和服务。随着政府对健身休闲消费的政策支持力度加大，人们健身休闲消费理念的形成以及健身休闲人群不断增长，健身休闲服务业将迅猛发展。

三、健身休闲产品

（一）健身休闲产品的内涵

健身休闲产品具有自身的特性，主要以健身休闲活动为主要载体，由健身休闲产业的经营者生产物质产品或服务提供给消费者，以满足其健身休闲的需求。因此，健身休闲产品是指由健身休闲产业经营者提供给消费者，用于满足其健身休闲需求的各种物质产品或服务的总称。

（二）健身休闲产品的类型

健身休闲产业根据不同的标准可以分为不同的类型。根据产品供给的空间将健身休闲产品划分为室内健身休闲产品和户外健身休闲产品，户外健身休闲产品又可分为山地、水上、冰雪、空中等不同空间领域的健身休闲产品。根据供给形式将健身休闲产品分为物质型和服务型健身休闲产品。

（三）健身休闲产品的特点

物质型健身休闲产品具有普通制造业产品的共同特征，即满足人们对物质的需求，因此，物质型健身休闲产品的主要特性就是功能性。这里重点介绍服务型健身休闲产品的特性。

1. 主体参与性

主体参与性是指消费者在满足自身健身、休闲、娱乐的需求过程中，更注重自身的参与性和体验性。

2. 生产与消费的同时性

服务型产品的生产和消费总是同步进行的。在健身休闲消费过程中，消费者参与健身休闲产品的生产过程，并达到了享受服务的结果。生产者生产健身休闲服务产品的整个或大部分过程都会暴露在消费者面前。服务结束，生产和消费也同时结束。

3. 促进健康的功能性

健身休闲产品的主要功能是满足消费者健身、休闲、娱乐的需求，是为了更好地促进消费者的身心健康，因此促进健康体现了健身休闲产品的功能性。

4. 无形性

消费者在消费健身休闲服务产品时，并没有获得任何可持有或可触摸的实体，健身休闲服务产品体现的是一种运动形式的使用价值，即非实物形式，也可称之为无形性。

5. 公私双重性

在我国，政府投资组织生产了各类大众健身休闲服务产品。这些健身休闲服务产品被政府以免费、成本价、补贴价的形式向社会大众提供，因此具有公共产品的属性。另外，部分健身休闲服务产品又具有私人产品的属性，表现为一些健身休闲企业或个人组织生产要素，以市场价格的形式向健身休闲消费市场提供实物型或非实物型的产品，此时健身休闲服务产品就具有了排他性特征，属于私人产品。

政府加大社会体育投入，不断吸引社会资本促进体育产业的发展，同一健身休闲服务产品也可以根据不同的对象、不同的时间实行不同的服务方式。因此，健身休闲服务产品具有公共产品与私人产品的双重性。

第三节　国内外健身休闲产业的发展概况

一、国外发展概况

现代服务业对一个国家经济的发展有着重要的作用，是确保经济稳步发展和解决就业问题的重要措施。健身休闲产业作为新兴的现代服务产业之一，其产业历史较短，但发展速度远远超过其他产业，已经成为体育产业的重要组成部分。休闲体育产业在发达国家每年以 20% 的速度增长。很多深层的经济数据都印证了这样一个事实：在世界上主要经济发达国家，健身休闲产业规模快速扩张，地位迅速提升，对这些国家的国民经济做出了重大的贡献。据全球健康研究所（Global Wellness Institute，简写 GWI）估计，2018 年体育活动创造了 8 282 亿美元的经济价值，在全球健康研究所追踪的全球健康经济十大行业中，体育活动在规模上排名第二。全球范围内有 35% 的人口参与休闲体育活动，在 8 282 亿美元的体育活动市场中，约 3 644 亿美元源于消费者参与各种休闲体育活动的直接支出，占比 44%，包括健身、运动和积极的休闲活动。其余 56%，即 4 638 亿美元，代表各种扶持和支持行业，包括服装和鞋类；健身器材、体育用品及相关用品；与健身和锻炼相关的技术等。2018 年全球体育活动市场规模前 20 名的国家中，美国和中国是世界上最大的体育活动市场国家，占全球体育支出的 45%。

纵观世界各国，各种时尚健身休闲活动五花八门。健身休闲方式不仅仅显示了个人的兴趣与爱好，在一定程度上也体现了民族的文化特征。国外主要发达国家的健身休闲产业发展，体现了本国社会经济发展的特点和对健身休闲的现实需求。这些发达国家纷纷出台措施，力图将健身休闲产业打造成为引领消费和社会经济发展的主导产业，并取得了一定的发展成效。

（一）美国

1. 美国是全球最先发展健身休闲产业的国家之一

20 世纪美国经历了经济和社会环境的变化：科技的进步促使生产工具的改变和工作时间的减少；生产效率的提升促进了财富的积累和中产阶层的兴起。中产阶级以及工人阶层的闲暇时间、可自由支配收入增加，改变了人们的世界观、人生观和价值观，冲击了传统道德和价值观念。越来越多的年轻人被吸引到舞厅、酒吧。这些“快乐主义游戏现象”事实上隐含了诸多危险、不健康和不道德的元素，引起了美国社会各方面的高度关注。各级政府选择逐步推广健康的、文明的、进步的体育活动、比赛及其他相关休闲活动来抑制“快乐主义游戏”所产生的严重后果。相关政府开始着手实施休闲纲要，并出台了一些相应的法律，支持本区域内的休闲和公园运动，其目的是用健康的、充满活力的体育休闲活动来引导年轻人开展积极的文化沟通。起初，美国国内普遍认同的观点是由各州政府分别提供休闲设施、计划和服务。1892 年，波士顿成立了美国第一个城市公园系统（metropolitan park system），1905 年，又成立了美国森林服务系统（U.S. Forest Service），推动了户外休闲运动的发展。小型工人阶层住宅附近的城市公园和郊区大型的公园这两种类型的公园在美国全国范围内得到兴建。1906 年，美国 41 个城市共同发起了公共休闲纲要（public recreation programs）。波士顿、芝加哥等 14 个城市开始为公众提供健身休闲所需要的一些公共体育基础设施，越来越多的州为当地政府制订体育休闲纲要给予法律支持。1916 年，美国成立了国家公园服务机构（nation park service），在此背景下，美国对城市体育休闲的公共投入增多，相关的体育休闲设施也快速增加。事实证明，兴建足够的运动场地，可以引导青少年参与健康的体育休闲活动，这能有效降低青少年的犯罪率。1925年和1924年两年间，美国的青少年犯罪率同期下降了70%，当时的社会学家称体育场地设施的开放和休闲公园的建成是美国年轻一代的“救世主”。2018年，美国国会通过了《户外休闲区不重新规划法案》（the recreation not red-Tapeact），此项法案旨在保护更多的户外休闲区域，使得美国人可以在公共土地上改善休闲体验，创造更健康的社区。在美国政府立法与资助双管齐下的背景下，政府购买大量土地、水源及其他环境保护设施，资助大量户外运动建设项目，用于满足人们休闲游憩的需要。由于民众参与广泛，其户外运动快速发展。2016年，至少参与过1次户外运动的美国人总数达1.444亿，约占全美总人口的48.8%，比上一年度提高了0.4个百分点。

2. 美国是全球健身休闲市场上最具竞争力的国家之一

长期以来，美国政府奉行新自由主义经济学和新公共管理理论的政策与主张，健身休闲比较充分地实现了社会化的管理模式，也形成了各级各类、数目众多的健身休闲协会和组织。众多的健身休闲协会与组织的产生，形成了一个相对有层次、有秩序的行业管理体系，也提供了必要的组织保证，支撑着健身休闲产业的自律性管理。美国对健身休闲产业管理采用的是单纯的行业协会自律性管理。美国的户外运动人才培养主要是完全的职业教育模式和高等教育人才培养模式两种。美国上百所大学都设有“体育、健康、娱乐”学院或者体育系、健康系和娱乐系，注重学生体育产业知识的学习和能力的提升。这些院系大多把体育市场和体育经济两门课程设为公共必修课程，其他专业的学生也可通过选修的形式参与学习。因此，美国的健身休闲人才培养体现为多层次、多渠道、有保障。20世纪70年代以后，一阵疯狂的健身热潮在美国刮了起来。随后的20年，健身俱乐部经历了一些动荡与调整，在20世纪90年代末趋于稳定与成熟。目前全美有16 300个经营性的正规健身俱乐部，纯体质锻炼的健身俱乐部占比为70%，其余30%的健身俱乐部则属于综合性的。一批拥有200个以上分俱乐部的超大型连锁式健身俱乐部如Ameicanclub Syste，Gold's Gym，World Gym等相继形成并壮大。2014年，据美国户外产业协会（Outdoor Industry Association）统计，美国健身俱乐部总收入达224亿美元。2016年，美国消费者在户外休闲方面支出约8 868亿美元，创造了约

760万个工作岗位，为美国创造了约653亿美元的税收，为州政府和本地税收创造了约592亿美元的价值。如表1-1所示，在2016年美国户外运动经济价值中，田径运动、露营、水上运动在零售支出、提供工作岗位数、为国家和本地提供的税收排在前三位，如表1-2所示参加田径运动、露营、水上运动的消费者在装备、服务等支出及与旅行相关花费中的支出凸显。

表1-1　2016年美国户外运动经济价值统计表（单位：美元）

项目	零售支出	工作岗位/个	工资	国家税收	州政府和本地税收
露营	166 862 780 485	1 442 578	50 684 882 121	12 354 788 124	11 183 227 292
钓鱼	35 775 827 140	287 554	10 395 326 785	2 570 632 232	2 360 293 823
狩猎运动	27 378 300 082	194 973	7 415 898 807	1 807 179 525	1 689 967 918
摩托车运动	64 155 171 665	480 182	18 370 693 658	4 549 055 289	4 013 340 008
徒步	51 516 682 103	386 439	15 498 769 234	3 789 720 978	3 338 430 860
滑雪运动	72 720 558 056	694 918	24 188 497 260	5 813 068 034	5 296 608 281
田径运动	201 486 687 885	1 762 665	60 719 155 234	14 832 760 478	13 505 790 914
水上运动	139 971 810 172	1 234 876	43 893 049 709	10 618 742 884	9 601 521 150
轮滑	96 722 040 651	847 559	28 543 151 818	7 000 352 726	6 270 032 370
野外生存	30 220 612 447	235 825	8 206 004 990	2 006 001 464	1 953 449 823
总计	886 810 470 686	7 567 569	267 915 429 616	65 342 301 734	59 212 662 439

引自：美国户外产业协会发布的《户外娱乐经济》（Outdoor Industry Association《The outdoor recreation economy》）

注：2016年平均汇率1美元 = 6.642 3人民币

表 1–2　2016 年美国户外运动花费统计表（单位：美元）

项目	装备、服务等支出	旅行相关花费	总计
露营	31 271 155 486	135 591 624 999	166 862 780 485
钓鱼	11 867 666 850	23 908 160 290	35 775 827 140
狩猎运动	16 059 527 274	11 318 772 808	27 378 300 082
摩托车运动	16 726 560 701	47 428 610 964	64 155 171 665
徒步	15 520 574 134	35 996 107 969	51 516 682 103
滑雪运动	12 530 315 740	60 190 242 316	72 720 558 056
田径运动	25 342 546 672	176 144 141 213	201 486 687 885
水上运动	29 059 965 205	110 911 844 967	139 971 810 172
轮滑	13 857 894 195	82 864 146 456	96 722 040 651
野外生存	12 272 757 581	17 947 854 866	30 220 612 447
总计	184 508 963 838	702 271 506 848	886 810 470 686

引自：美国户外产业协会发布的《户外娱乐经济》（Outdoor Industry Association《The outdoor recreation economy》）

注：2016 年平均汇率 1 美元 = 6.642 3 人民币

值得注意的是，美国的健身休闲组织和企业近年来正加速推进体育休闲产业的全球化扩张战略。它们试图将美国的健身休闲理念、产品和文化向其他国家输出。目前，美国男子篮球职业联赛（NBA）在世界几个人口大国——中国、印度和巴西的发展都初具规模，市场占有率也极高。

美国户外休闲创造健康的社区

（二）英国

英国是现代体育运动的发源地。英国人有着深厚的体育运动传统。英国体育运动的社会文化氛围非常好，除了诸如“布里斯托热气球节”“怀特岛音乐节”等各式各样的休闲旅游类节日外，英国人的休闲生活更多地与休闲运动有关。现如今，英国拥有庞大的体育运动人群和形式多样的体育活动，英国约 60% 的人口都会参加某种形式的体育锻炼活动。

英国政府像美国政府一样，也通过立法来规划和保障城市中与健身休闲相关的基础设施建设。1991 年，英格兰体育运动委员会（Sport England）颁布了游憩用地策略（The Playing Pitch Strategy）。各个城市在规划建设时必须依据这个政策，留存足够多的体育休闲用地，配备相关的设施，以保障市民健身休闲的基本需求。英国各地方政府每年约投资 14 亿英镑，用于修建和管理各类体育场地和体育设施，以保障民众可以很便利地参与休闲体育活动，从而促进了休闲体育产业的蓬勃发展。英国在健身休闲人才培养方面已形成比较完备的体系，全国有 100 余所院校陆续开设了体育休闲相关专业，学科涵括体育运动技术、休闲经济、体育服务与管理等各个方面。经过多年努力，这些院校培养出了大量的健身休闲专业技术与服务人才，大大促进了英国健身休闲产业的快速发展。涵盖了健身、博彩和体育休闲的英国休闲体育产业每年对 GDP 的贡献率约为 10%。英国的健身业主要分为私人健身俱乐部和公共休闲中心，部分健身俱乐部是利用学校和大学的便利资源开办起来的。目前，以年轻人为主要参与人群的“极限运动”项目，正以飞快的速度在英国社会传播，成为人们热衷的休闲活动内容，代表项目有蹦极、冲浪、滑板、攀岩、滑翔、激流皮划艇、水上摩托、轮滑、花式自行车等。

英国健身休闲产业的稳定发展不仅促进了国民身心健康发展，而且保障了社会就业，维护了社会秩序的稳定。英国就业市场 13.5% 的就业机会是由休闲产业提供的，而休闲体育就业人员占整个就业市场的比例达到了 2%，规模占 GDP 的 2%。各种各样的休闲体育俱乐部为数众多，全国共有近 5 万家足球俱乐部，300 万俱乐部会员；有 2 000 家网球俱乐部，超过 200 万会员；430 家棒球俱乐部，会员 4.2 万人；260 家保龄球中心。在私人俱乐部中，共有 43 800 名全职或兼职雇员，公共休闲中心共有 36 600 名雇员。英国有 3 738 处公共休闲体育中心，估计健身会员超过 250 万人，其中 43% 依托学校，57% 为独立经营。同时，英国户外休闲产业关联度高、带动力强，具有较高的投资回报率。英国休闲体育产业贡献了 24 亿英镑的税收，是国家投入体育事业费用的五倍，也就是说政府对健身休闲产业每投入 1 英镑，该产业就会回报纳税人 5 英镑。

（三）澳大利亚

澳大利亚也是一个休闲运动比较普及的国家，从其赛马、赛狗、英式橄榄球、板球等传统休闲项目中能看到一些英国的影子。不仅如此，澳大利亚还依托自身独特的地理和人文风情，创造了一些独具特色的休闲体育项目，如澳式足球、澳大利亚网球公开赛、环澳自行车赛、探险、野外徒步。澳大利亚独特的地理条件造就了极其丰富的滨海休闲项目。岛礁旅游、冲浪、帆船、潜水等具有当地特色的休闲体育项目每年都吸引着全世界大量的游客到此旅游。例如位于澳大利亚东北部的城市凯恩斯，气候宜人，风景优美，拥有大堡礁、热带雨林等自然景观，休闲旅游产业是其支柱产业。凯恩斯与我国内地同时段季节相反，因此，近年来吸引了我国内地大量游客前往旅游、度假。

在澳大利亚政府规划中，体育运动被列为支柱产业，显示出了休闲体育产业在国民经济中的重要地位和作用。一方面，政府及相关部门推进了许多体育休闲基础设施和场地的建设，众多大型、高级别的国际赛事在当地举办，形成了极具影响力的赛事知识产权，促进了国家和部分城市体育休闲形象的形成与固化；另一方面，政府及相关部门特别重视旅游资源的开发，支持体育及旅游企业开发本地资源，形成各种特色的休闲旅游产品。依托完善的体育基础设施，澳大利亚政府和相关企业把体育赛事与当地旅游经济紧密结合，每年吸引了世界各地的运动员到澳大利亚来比赛或者训练，吸引运动项目爱好者前来观赛，从而带动了休闲体育产业的发展。

澳大利亚是全世界最早将休闲体育进行单独统计的国家。1995年，澳大利亚统计局把体育与休闲相关产业纳入产业增加值的统计范围。这些产业统计数据为澳大利亚政府对健身休闲相关政策的调整提供了科学的依据。波士顿咨询集团（The Boston Consulting Group）在报告中指出，2017年体育产业为澳大利亚经济做出了巨大的贡献。其中，体育基础设施建设与体育赛事活动每年投资总额超过120亿澳元，这为澳大利亚带来390亿澳元的经济效益，占澳大利亚国内生产总值（GDP）的2% ~ 3%。而且在这一系列经济活动中，总就业人数约22万，由此可见体育产业在澳大利亚也表现出较强的就业吸纳能力。

（四）日本

日本体育产业在引进、吸收西方体育发展模式和经验的同时，较好地完成了与本土体育的结合，实现了运动项目的推广普及、大众休闲体育发展的产业基础积累。

因第二次世界大战中断的日本体育产业，在20世纪60年代开始持续发展。1964年东京奥运会的举办是“触发器”，同时也对日本经济的高速增长起到了重要的促进作用，高速公路、主干道和新干线子弹头列车等多项基础设施落地。奥运会的举办，不仅具有经济效应，而且激发了日本民众对体育的兴趣。过去只有小部分人参与的运动得到普及，1970—1990年日本的休闲体育得到迅速成长。在日本，为休闲活动花费时间和金钱的观念开始流行，保龄球热潮后，高尔夫、滑雪和水上运动等项目在度假胜地盛行。从20世纪80年代起,健身俱乐部及其分支机构迅速扩张,健身休闲成为热衷时尚生活方式的年轻一代的行为倾向。日本知名游戏公司科乐美在收入统计中发现,健康生活事业部的营收是公司第二大收入来源,其业务包括健身俱乐部运营、运动饮料开发、健身器材开发等。受日本经济停滞影响,自1992年以来日本人渐渐地远离高尔夫、滑雪等高消费的运动项目,导致昂贵的高尔夫和滑雪装备消费下降,高尔夫球场和滑雪场的使用率降低,但大众类的运动服装和自行车领域的消费规模却在逐步扩大。除了相扑等起源于日本的运动项目外,日本职业棒球联赛(NPB)、足球联赛也已形成自身独特的观赏性体育文化。2012年日本体育旅游联盟(JSTA)成立,成员来自多个领域,包括中央和地方政府、旅游机构、体育用品公司和当地社区,通过促进服务产品、旅游内容和该领域领导者的合作发展,建立了一个社区、机构、企业与大学之间的广域网络。

除上述国家外,加拿大、德国、韩国、俄罗斯等国家在健身休闲产业领域也有自己独特的做法,并取得一定的成绩。到20世纪30年代,作为户外运动的基础性项目的定向运动就已经在芬兰、挪威、瑞典、丹麦立足。在瑞典,全国有700多个定向俱乐部,每年组织1 000多场正式定向比赛。健身休闲产业的发展与经济社会的发展水平密不可分,是现代文明的重要体现。西方国家经过几百年的资本主义发展,经济发展已进入发达阶段,物质财富积累充实。依据马斯洛需求层次理论,随着低层次需求得到满足,人们不仅关注消费和娱乐,而且会主动地体验生活和创造生活。人们力求通过健身休闲等积极的活动方式去缓解压力、愉悦身心、获得尊重、实现自我价值等目的。在这些发达国家,休闲教育已经融入每一个家庭,融入人们的日常生活之中。同时,休闲体育价值类型呈现出了多元化特征。可以看到,发达的经济生活与先进的健身休闲理念总是协调发展的。物质充裕与精神满足相适应的特点,与我国“仓廪足而知礼节,衣食足而知荣辱”有着相似之处。但西方发达国家休闲体育发展的背后是深入民众心中的休闲观以及体育文化价值观,而这两种观念的形成是西方文艺复兴与工业革命之后几百年发展的沉淀与积累。

此外,西方的健身休闲产业规模巨大且竞争力强的重要原因是政府的重视和高度支持。政府、体育企业与体育非营利性组织是西方健身休闲产业供给的主体。三者角色清晰,责权分明但又相辅相成。政府、体育企业与体育非营利性组织共同促进了健身休闲产业的发展。

西方自由的市场环境和激烈的市场竞争促使企业不断增强其创新力。这些健身休闲企业不断开发出各式各样的健身休闲产品，不断推动健身休闲市场发展，创造并满足了民众的健身休闲需求。

二、国内发展概况

（一）中国健身休闲产业的发展历程

20 世纪 70 年代末期以前，中国体育事业基本上以由政府主导的计划经济体制运行。在这一时期，由于没有管理经验，中国体育的社会化程度非常低，各级政府的体育行政管理部门几乎是管理体育事业的唯一主体。改革开放后，我国人民看到在以美国为代表的西方国家中体育还能以产业形态存在，形成一种新的体育休闲形态。当时，由于没有发挥体育的经济价值，加之经济基础薄弱，各级体育行政部门依靠财政支持的经费严重短缺，因此各级体育行政部门相继开展创收活动，探索“以副养体，多种经营”的部门创收活动成为支持体育事业发展的重要形式。经过四十多年的探索和发展，中国健身休闲产业逐步实现了由政府办向社会办、企业办的转变，产业发展业态逐步丰富，内容逐步充实，整个产业规模迅速扩大，产业地位稳步提升。然而，时至今日，健身休闲产业的管理仍存有政府主导模式的传统管理烙印，对健身休闲产业的加速发展产生了诸多不良影响，在某些方面甚至阻碍了健身休闲产业的发展。

中国户外健身休闲大会

我国休闲体育市场先后经历了体育经营性活动尝试的萌芽阶段（1978—1992）、体育设施社会化、产业化、市场化改革的培育阶段（1993—2008）和北京奥运会后体育产业作为国民经济新增长点的发展阶段（2009 年至今），共三个阶段。在市场经济背景下，我国政府鼓励和引导社会主体投资健身休闲产业，目前已初步形成多种投资主体并存，服务产品多样化的市场格局。虽然与发达国家相比，我国的健身休闲产业发展还比较滞后，但整体而言，我国的健身休闲产业已成长为体育产业的重要组成部分。按照国际通行的标准，当一个国家人均 GDP 达到 5 000 美元的时候，这个国家的体育产业会呈现“井喷式”的发展态势。国家统计局信息显示，2017 年我国体育产业总规模为 21 988 亿元，在国内生产总值中占比为 1%。2019 年我国人均 GDP 首次站上 1 万美元的新台阶，这标志着我国中等收入群体规模继续扩大，人们的可支配收入不断增加。健身休闲产业必将随着消费升级，发挥越来越重要的作用。

（二）室内健身休闲行业竞争激烈

值得一提的是，对于国内市场而言，健身文化是舶来品。自20世纪80年代兴起于深圳至今，其市场化进程已有近40年的历史。过去的健身活动经历了力量型健身、有氧健身、时尚健身、全民健身四个阶段。

第一阶段，力量健身。盛行于20世纪80年代，主要针对男性顾客，强调体型塑造，专业性强，参与人数少。第二阶段，有氧健身。主要在20世纪90年代比较流行，通过有氧健身运动带动国内健身俱乐部发展，会员制的概念开始盛行。进入21世纪以前，受国内居民可支配收入限制，人们的健身需求还比较少。实际上，当时的健身房只是为少部分专业人士服务的，普通人根本无法享受到相应服务。当时，健身房人均拥有面积也较低，人们的健身习惯在有限的健身条件里难以培养。因此，这一时期，中国健身房产业发展缓慢。第三阶段，时尚健身。主要在2000—2014年，这一阶段，大型健身俱乐部出现，主要特点是行业门槛较低、行业标准不完善，各俱乐部之间的竞争较为激烈，房租上涨，会员费降低，企业经营压力大大增加。后期行业竞争加剧，俱乐部出现关门潮，俱乐部的数目整体有下滑迹象。第四阶段，全民健身、专业健身。我国《全民健身计划（2016—2020）》的推广为大众健身提供了健身指导和制度保障，全国各地的体育人口数量增长加快。但是，我国体育人口总数虽多，但体育人口占总人口数的比例远远低于欧美国家。2014年起，我国社会的健身热潮再次兴起，一些经营多年脱颖而出的老品牌积极地拓展本品牌门店数量。目前我国健身行业呈现出互联网新型健身俱乐部、小型私人工作室和传统健身俱乐部并行的竞争格局。

随着我国国民经济的快速发展，居民收入的增加，“健康投资”已经成为人们的重要认知，在有钱、有闲、有需要的氛围中，体育健身休闲活动逐步融入人们的日常生活，健身休闲服务类产品也在快速增多，各种社团组织、协会、俱乐部、休闲中心等机构的数量快速增长，服务的覆盖面进一步扩大，社会上开展休闲体育教练培训的组织单位增多，培训内容多样化，管理力度也在加大。根据中商产业研究院数据，2018年中国商业健身市场规模达983亿，近年复合增速超过12%，远高于拥有成熟健身市场的国家。国内健身产业仍有很大的发展空间，《2018 IHRA亚太健身俱乐部产业报告》显示2017年中国前十大城市健身会员渗透率，即健身人口占总人口的比率，仅有0.97%。随着居民消费升级以及生活方式的转变，健身成为越来越多人选择的健康生活方式。

体育健身领域的发展，主要表现在项目内涵不断丰富，体育健身休闲消费市场逐步建立。中小型健身休闲场所以社区、城区 CBD 为中心，日益普及；以中体倍力、青鸟、浩沙、一兆韦德、英派斯等为代表的一批全国连锁的健身场所形成了一定的品牌效应，快速布局于新一轮产业发展之中。专业健身休闲场所主要以城市体育设施为中心，其发展模式也日益成熟。大型专业会所依托投资企业得到快速发展：美国韦德公司、中国香港美格非等知名健身企业开始抢占内地市场。目前，我国初步形成了多元化、多层次、互为补充的激烈竞争的健身休闲市场格局。

（三）户外健身休闲产业发展迅猛

随着中国公民户外休闲需求的增长，体育旅游已经成为一种受大众欢迎的休闲娱乐生活方式。体育旅游业快速发展，经济贡献能力初步显现，体育旅游多样化产品体系初步形成。人们的旅游消费由单纯的观光向休闲、度假、体验、参与等方面全面升级，集健身、体验、休闲等多种功能于一体的体育旅游逐渐受到人们的喜爱，体育旅游产品的开发亦逐渐受到一些景区景点所在地政府的重视，他们纷纷通过开发体育旅游产品来优化现有旅游产品的结构，吸引游客，拓宽发展路径。一大批体育旅游热点项目，诸如山东潍坊国际风筝旅游节、河北崇礼国际滑雪节、黄山国际山地自行车节、河南登封少林国际武术节、内蒙古中蒙国际马术节等，都取得了很好的效果。

根据凯度消费者指数 2019 年发布的全球户外消费市场报告，中国一、二线城市人均年户外活动消费达到千元。随着国内人均收入水平提高和消费结构升级，户外运动已经成为许多人假日休闲的首选。因为登山、攀岩、徒步、滑雪等活动，需要在严苛的自然环境中进行极限挑战，所以男性成了参与这类户外运动的主体。中国体育报上一项调查数据显示，户外运动消费者中男性的比例达到 64%。而随着“减压、释放”的宣传理念广泛流行，户外运动消费正逐渐成为时尚新宠，更多女性的参与让男女比例差距不断缩小。年龄结构上，户外运动消费者主要集中在 26 ~ 35 岁人群，占被调查人数的 41.1%；其次是 36 ~ 45 岁人群，占据了 22.7%。由此可知中、青年人已成为户外运动消费的主体。同时，57.3% 的受访者来自国内一线城市，人均月收入在 4 000 ~ 10 000 元的受访者比例接近六成。以登山为例，仅入门级的墨镜、登山杖、登山靴以及衣裤等装备，总价就接近万元，如果购买包括登山包、绳索和锹具等在内的专业高海拔登山装备，费用将超过 40 000

元。亚马逊中国发布的《2017户外运动地图》显示，专业装备中蛋白粉、户外耐用运动鞋服和登山杖成为重复购买率最高的户外单品，户外运动消费明显向专业化升级。

（四）产业布局不均衡

国家体育总局统计数据显示，2018年我国体育产业总规模和增加值大幅提高，总规模达到26 579亿元，较2017年增长20.9%；产业增加值达到10 078亿元，较2017年增长29.0%，显示出强劲的增长潜力和巨大的市场空间，其中体育服务业增加值达到6 530亿元，在体育产业中所占比重约为64.8%。在全国健身休闲产业发展的同时，我国部分省市健身休闲产业的发展也呈现出了新的变化趋势。很长一段时间里，我国健身休闲产业在区域层面发展不平衡，主要表现在不同区域间发展不平衡，城市与乡村间发展不平衡。总体而言，呈东部沿海快速发展，中部稳步发展，西部要素聚集潜力发展的梯度发展格局，中西部地区总体发展水平落后于东部地区。同地域内城市与农村地区相比，前者体育场地设施更齐备、档次更高，体育组织网络搭建得更有效，开展体育活动更便利，参与体育锻炼的人数比例也更高。

城市休闲化发展

体育小镇及体育产业基地成为区域体育的主要发展载体。2017年国家体育总局公布了首批96个国家运动休闲特色小镇试点项目，主要集中在北京、广东、江苏、上海、浙江、四川、河北、湖北等省市，促进了我国健身休闲市场供给能力的提升。经过社会各界的努力，健身休闲产业区域发展不平衡得到了一定程度的改善。

（五）产业人才培养滞后

我国体育活动创新意识不强、创新力度不够、自主知识产权不多，究其原因，在于我国健身休闲产业人才培养相对滞后。目前我国健身休闲市场的管理人员学历水平和专业能力参差不齐，管理人员中有一部分体育专业人才，但所受教育以体育教育、体育训练、运动训练类课程为主，缺乏经济、管理等方面的知识和技能；甚至一部分管理人员既不是体育专业人才，也不是经济或管理方面的人才，对健身休闲的专业技术掌握不足，对于健身休闲产业经营管理缺乏经验。此外，我国健身休闲产业从业人员中有很大一部分是兼职人员，只接受过简单的、短暂的培训，这无疑会影响健身休闲产业的长期稳定与健康发展。

为了培养健身休闲服务业的高素质专业人才，2007年，休闲体育专业经教育部批准而设立，成为体育学与休闲学交叉的一门学科专业。2018年，上海体育学院申报的国内首个体育旅游专业获教育部批准。

这些举措为我国培养各类健身休闲项目经营策划、运营管理、技能操作等应用型专业人才，提高健身休闲场所工作人员的服务水平和专业技能提供了保障，有力地促进着我国健身休闲产业和地方经济的发展。

健身休闲产业是一个具有经济、社会和生态三重效益的新兴体育产业。它作为促进体育全面发展的重要推动力，正以鲜明的市场导向将我国体育事业的发展推向经济领域。面对国内健身休闲市场的旺盛需求以及国内健身休闲产业发展存在的诸多问题，2016 年，国务院办公厅印发了《关于加快发展健身休闲产业的指导意见》（以下简称《意见》）。《意见》聚焦健身休闲产业领域，以加快发展健身休闲产业为中心，以提升国民健康水平和幸福指数为目的，以推动健身休闲产业供给侧结构性改革为主线，从求深求实方面提出加快健身休闲产业发展的创新理念，不仅为补齐当前我国健身休闲产业发展短板指明了方向，也为解除当前我国健身休闲产业发展桎梏找到了最佳的破解路径。《意见》成为我国健身休闲产业的行动纲领，全国各地根据《意见》要求及相关配套文件制定了适合自身健身休闲产业发展的地方政策，并积极实践，促进了我国健身休闲产业的迅速发展。

复习思考题

1. 什么是休闲？健身与休闲具有怎样的天然联系？
2. 健身休闲产品具有哪些特点？
3. 简述中国健身休闲产业的发展概况。

第二章 健身休闲产业的基本理论

学习目标

1. 学习并理解产业结构基本理论，产业结构效应与演进、影响演进的因素及演进趋势。

2. 熟悉并掌握我国健身休闲产业结构的基本情况及发展的动力系统。

3. 加深对中国健身休闲产业发展的保障机制的认识。

本章导语

现代经济发展的历程不断证明，一个国家经济发展的过程，主要表现为国民经济总量的增加，同时还伴随着产业结构的不断演进和经济结构的持续改变。本章主要从产业经济学中有关产业结构的基本理论出发，阐述了产业结构效应与演进、影响演进的因素及演进趋势，介绍了产业兴衰的动力机制等产业基础理论知识。结合中国健身休闲产业实际，对我国健身休闲产业结构的基本情况和我国健身休闲产业发展的动力系统进行了较为详尽的阐述，并提出了推动我国健身休闲产业发展的措施和政策，以建立和完善我国健身休闲产业发展的保障机制。

第一节 健身休闲产业结构

一、产业结构效应与演进

（一）产业结构效应

产业结构效应，是指产业结构变化对经济增长所产生的效果，也就是说，产业结构对经济增长发挥着一种特殊的作用，这种作用主要表现为以下两方面：

1. 产业关联效应

产业关联包括产业间的前向关联和后向关联。当供给部门与需求部门之间发生供需关系，需求部门就是供给部门的前向关联产业，供给部门则是需求部门的后向关联产业。

产业关联效应是指一个产业生产、技术等方面的变化通过前向关联关系和后向关联关系对其他产业产生的直接和间接影响。相应地，产业关联效应包括前向关联效应和后向关联效应两种。例如，随着健身休闲产业的发展，对健身、休闲体育类基础设施的需求不断增加，要求也不断提高，迫使上游的体育设施生产和制造的供应部门不断地加大投入、升级产品、完善管理与服务、加快研发。

2. 主导产业扩散效应

主导产业扩散效应是指主导产业通过“不合比例增长”的作用对其他关联产业产生的影响。回顾效应、前向效应以及旁侧效应是主导产业扩散效应的三个具体体现。主导产业发展对上游那些为其提供投入品的产业产生的影响被称为回顾效应。主导产业的成长引起其周围地区在经济、社会等方面发生一系列变化，而这些变化大都能推进工业化进程，这一影响被称为旁侧效应。最后，主导产业的成长诱导了新产业、新技术、新原料、新材料、新能源的出现，这种影响称为前向效应。投入与产出之间需要一个合理的比例，才能维持经济持续健康发展。而产业结构就可以被看成投入产出的转换器。产出是否有倍增效果，主要取决于产业结构这个转换器。假设一定时期内，各种资源的投入量固定不变，那么产出量就主要取决于产业整体结构水平了。如果产业结构僵化，其转换缓慢甚至停止，不能优化配置资本、劳动力等资源，那么产业效率就不会向良性方向发生变化。如果产业结构转化能力强，低效率产业的比重能够被迅速压缩，高效率产业的比重就会被相对提高。因此，产业结构的转换能力决定着一个国家或地区经济的兴衰和不同产业相对地位的变化。转换能力越强的国家或地区，其低效产业的衰退周期就会越短，其新兴产业成熟得也越快。一些国家或地区总是通过缩短产业转换周期，抢先占据某一新兴产业的优势地位，以提高有限资源的利用效率，进而提高本国或本地区的综合竞争力。由此可见，“资源倾斜配置—经济发展不平衡—机构优化与升级—经济增长和效益水平提高”成了世界经济领域专家和学者对产业结构进行研究的新模式。

（二）产业结构演进

一般而言，一个国家的经济发展总是在产业结构由低级到高级演进的过程中实现的。产业结构演进理论是研究产业结构问题的指导思想和理论基础，其作用在于阐明产业结构与经济增长间的关系。

历代经济学家对产业结构的演进有着自己独到的认识。1841 年，德国经济学家李斯特在《政治经济学的国民体系》一书中，提出了产业结构演进的五阶段理论，认为国家经济必须经过如下五个发展阶段：原始未开化时期、畜牧时期、农业时期、农工业时期、农工商时期。英国古典政治经济学创始人威廉·配第发现产业结构的不同可以导致各国国民收入水平的差异乃至经济发展的阶段差异。他认为在三大产业中，商业的收入位居首位，工业次之，农业更次。这一重大发现为人们探索经济发展规律及趋势指明了研究方向。英国经济学家克拉克在配第的研究成果上，创立了著名的配第—克拉克定理，即劳动力将随着人均国民收入水平的不断提高由第一产业向第二产业转移。当人均国民收入水平进一步提高时，第三产业所占比重最大，劳动力便向第三产业转移。美国经济学家库兹涅茨则从国民收入、劳动力在产业间分布情况的视角，在继承了克拉克的前期研究成果基础上，对伴随经济发展形成的三大产业结构做了分析研究。在从传统社会向现代社会转变过程中，第二产业的产值比重和劳动力比重在工业社会初期呈现上升趋势，当人均 GDP 达到一定程度之后，第二产业的产值比重和劳动力比重就会下降。现代经济增长中，制造业和服务业将代替农业生产占据经济结构的主导地位，这是产业演进的趋势。

二、产业结构演变的影响因素与趋势

一般来讲，一个国家或者地区的经济发展往往会受到产业结构的状况和产业结构的变动影响，这种影响往往是巨大的、深刻的。产业结构的影响因素往往是复杂的。因此，认识和研究制约产业结构及其变动的因素，正确认识产业结构现状和变动的原因、规律和趋势，有利于政府相关部门制定合理的产业政策并优化产业结构以提高资源配置的效率，对于促进经济发展将起到重要的作用。

（一）产业结构演变的影响因素

1. 供给因素

影响产业结构现状和变动的供给因素是指影响生产要素供给方面的因素，主要包括自然条件、劳动力资源和资本供应状况等。资本供应的总量规模、增长速度、充足程度、利息率等，直接影响产业的形成和发展，是产业维持和扩张的重要条件，因此资本供应的情况是影响产业结构的重要因素。一个行业或企业在发展过程中总是需要分析自身供给方面的各要素，并合理地扬长避短，合理配置资源，发挥内在优势，促进自身经济发展。

2. 需求因素

人口数量的增加和人均收入水平的提高都会扩大消费需求。社会的需求总量增大，就需要提供更多的产品和劳务，这就要求相关企业扩大生产和服务的规模，就会导致产业总体规模相应扩张。由此可见，需求总量的变化会促使生产结构和供给结构发生变化，最终导致产业结构的变化。除了需求总量外，需求结构也会影响产业结构的变化，需求结构包括消费结构、投资结构、消费与投资的比例结构三个方面，其中，消费结构对产业结构变动影响最大，它直接影响投资结构的变化，从而也影响消费与投资的比例结构。因此，需求总量和需求结构客观上要求社会生产提供相应数量的各种不同类型的产品和劳务，需求影响和制约了产业结构的变化。

3. 国家产业政策

国家产业政策是指导产业发展和产业结构调整的主要依据。产业政策是国家加强和改善宏观调控产业结构的主要途径。为了实现既定的经济发展目标，政府会对影响产业结构变动的诸因素进行调整。通常而言，政府会通过投资、管制等措施，制定产业发展战略和财政、货币等政策来鼓励或限制某些产业的发展，它是保持国民经济持续、快速、健康发展的重要手段。

市场调控手段是市场经济中社会资源配置的基础性方式，起决定性作用。市场给出的信号将直接引导人们的投资与消费行为，并促进产业结构的变动。因此，经济学家和社会学家们普遍认为市场法规与政策性调控机制的完善程度也是影响一个国家或地区产业结构的重要因素。

（二）产业结构演变的趋势

以往经济增长的结果往往以产业结构变化的形式呈现出来，新的产业结构又成为未来新一轮经济增长的基础，并不断演变成为推动经济发展的主要因素。通常而言，产业结构往往与经济发展相对应，并不断变动。这一过程体现了如下特征：由低级向高级演进的产业结构高度化和横向演变的产业结构合理化。正是产业结构的高度化和合理化推动着一个国家或地区经济不断向前发展。通常而言，产业结构演进与工业化发展阶段相关，主导产业的转换过程具有顺序性，产业结构演进的阶段区间也具有可塑性和可逆性。

三、健身休闲产业结构的概念

回顾健身休闲产业发展的过程，可以发现：中国健身休闲产业的产生和发展是中国产业结构不断优化的结果。而健身休闲产业内部结构的演进既是健身休闲产业发展的重要组成部分，也强有力地推动着产业自身的发展和进步。健身休闲产业结构的高度化和合理化水平决定该国或地区健身休闲产业能否持续、健康、快速的发展。因此，健身休闲产业结构成为学者研究健身休闲产业的重要内容。

健身休闲产业结构是指健身休闲产业内外部的构成以及各行业门类之间存在的比例关系。健身休闲产业整体水平的发展必须依靠合理的产业结构来提升。因为，健身休闲产业结构是推动该产业持续、快速、健康发展的根本保证。健身休闲产业结构按其内涵进行划分，可以分为内部结构和外部结构两个部分。健身休闲产业的内部结构主要包括休闲健身、体育文化等活动所涉及的相关业态。健身休闲产业的外部结构主要涉及体育产业的各相关领域及社会经济环境。

四、我国健身休闲产业结构特点

随着我国经济发展、人民余暇时间和可支配收入的增加，休闲体育产业的发展必然前景广阔。根据国家发改委发布的《2017年中国居民消费发展报告》，2017年全国居民恩格尔系数为29.3%，进入了联合国划分的20%~30%的富足区间。服务消费占比不断扩大，教育文化娱乐、医疗保健支出占居民消费总支出的比重分别为11.4%和7.9%，比2016年提高0.2个和0.3个百分点。作为消费升级类商品的体育娱乐用品销售增长较快，达到15.6%。然而，我国健身休闲产业结构虽然经历了从无到有、从小变大的过程，但是，我国健身休闲产业结构还不够合理，主要体现在健身休闲产业的内外部结构方面，其整体结构正在逐步优化的过程中。

我国体育产业结构不均衡

（一）产业内部结构高度化程度不足

1. 消费需求方面

目前，我国城乡居民在参加体育健身的过程中，以广场舞、乒乓球、羽毛球、足球和篮球为主要活动方式，健身项目参与率前5项加起来达82.8%。由此可见，城乡居民有意识地参加体育健身，所采用的健身休闲项目比较单一，健身休闲消费层级不高，均为日常健身项目。

同时，健身休闲消费内容结构表现出更加趋向服务型、参与型消费的特征。户外运动的主要参与人群是追求时尚、刺激的中青年。城市健身休闲消费支出水平随着学历水平和收入水平的上升而上升，城市高级专业技术人才的体育消费支出额度最高。

2. 产品供给方面

与西方体育强国相比，我国健身休闲社会组织的数量较少，社会化程度较低，组织开展各类型健身休闲活动能力和提供健身服务的水平不高，造血功能不足，还不能有效满足广大人民群众的健身休闲需求。从健身休闲产业内部结构看，健身休闲服务业和器材装备制造业两大产业结构比例失调；健身休闲服务业、器材装备制造业及相关产业都停留在低附加值环节，亟须向高附加值环节转型升级；健身休闲产业中劳动密集型产业占比较大，其产业结构高度化程度不够，健身休闲产品质量参差不齐。健身休闲产品结构和服务水平还无法适应消费结构和水平的变化，高质量、个性化、高附加值产品和服务的生产能力欠缺。

3. 市场主体方面

优质的健身休闲企业数量不多，造成生产要素不能集中配置到高效企业，无法实现资源最有效配置。健身休闲产业运营的专业化和市场化程度不高，导致国际竞争力有限。企业经营管理水平、资本化运作水平以及自主创新能力有待提升，鼓励具有自主品牌、健身休闲骨干企业做大做强，将有利于我国健身休闲产业各类资源有效整合。部分优秀企业培育和创建具有地域特色的传统体育活动品牌，实现产业爆发式增长，有效激发了健身休闲市场主体活力。

（二）健身休闲产业外部结构逐步优化

中国体育消费发展情况

1. 体育产业总量快速增长

2014—2017 年，我国体育产业增速一直保持高位，增加值年均增速达到 24.6%。2018 年，我国人均 GDP 已达 9 123.03 美元。2018 年，虽然人均体育消费仅为发达国家平均水平的 10%，但体育产业总量在快速增长。

2017 年，全民健身“六个身边”工程——健身设施、健身活动、体育健身组织、健身赛事、健身指导、健身文化在群众身边稳步实施。这些全民健身工程的实施为我国群众体育的发展创造了良好氛围，也进一步促进了健身休闲消费市场的形成。同年，国家投入 30 多亿元，支持地方建设了一批县级公共体育场、社区健身中心、农民体育健身工程等，改善了公共体育场地设施。虽然健身休闲产业整体落后于发达国家，但我国民众积极参与健身休闲活动，反映了“健康中国”理念在群众中的普及程度提升，群众体育蓬勃发展，健身休闲活动快速增长，体育服务业在体育产业中的发展势头强劲，2019 年我国体育服务业增加值为 7 615 亿元。体育产业规模的扩大有力促进了我国健身休闲产业消费市场的培育和发展。

2. 产业占比调整优化

体育产业在国民经济中所占的比重低，制约了我国体育产品和服务的有效供给的现象。在体育产业内，本应该作为主导产业的健身休闲业产值占体育产业的比重较低，而体育用品及相关产品制造、体育博彩业等行业产值占体育产业的比重较高，这形成了不合理的健身休闲产业发展环境。随着基础设施建设逐步完善，我国健身休闲业在体育产业中的占比正在逐步提升。

3. 产业融合度增强

从健身休闲产业外部结构看，健身休闲产业与旅游业、医疗、养老、文化传媒、互联网等相关产业的融合度正在提升。多地以健身休闲为端口，采取“健身休闲 +”的产业集合，发挥健身休闲项目具有的体验、重复消费、跨界、融合等功能，实现多项产业融合发展，达到了振兴实体经济产业的效果。

4. 产业布局不平衡逐步改善

很长一段时间，我国健身休闲产业在区域层面发展不平衡：一方面，地区间发展不平衡，东部、中部、西部地区总体发展水平存在较大差异；另一方面，城乡间发展不平衡，城市地区的产业现状要优于同地域的农村地区，主要表现在参加体育锻炼的人数、体育场地设施、体育组织网络和体育活动开展等方面。近年来经过社会各界努力，健身休闲产业区域发展不平衡得到改善。

2017 年国家体育总局公布了第一批 96 个具有一定资源优势的国家运动休闲特色小镇试点项目，这一举措为国内体育消费市场提供了新的供给能力。同时，各级政府兴建了一批具有一定特色的体育产业示范基地，而且部分区域探索性地制定了体育产业发展的相关政策，这些都为我国地方体育消费市场提供了有效的供给能力。

同年，甘肃省依托自身资源建设了一批满足消费者需求的汽车自驾运动营地、沙漠特色体育活动营地、垂钓基地及其他体育与相关产业融合基地。甘肃省一系列措施的实施，基本建成了河西走廊航空运动产业圈，使得西部地区休闲体育消费市场的供给能力在一定程度得到了提升。2017 年北京、天津、河北联合发布了《京津冀体育产业协同发展规划》，提出重点打造贯通京津冀地区的六条特色旅游休闲产业带，将有力推动京津冀体育旅游消费市场的发展。2017年上海、江苏、浙江、安徽体育产业协作会议的召开,为长三角地区体育产业发展和体育消费市场的形成提供了强有力的支持。西安国际马拉松赛、环青海湖国际公路自行车赛(甘肃段)、张掖祁连山国际超百公里户外运动挑战赛、浙江国际传统武术比赛、绍兴环城河国际皮划艇马拉松经典系列赛、世界斯诺克巡回赛海宁斯诺克国际公开赛等一系列精品赛事以及山东泰山国际登山节、酒泉"玄奘之路"戈壁挑战赛、嘉峪关国际铁人三项赛等一系列具有地方特色体育活动的举办,有力地提升了地方体育供给能力和供给质量,在一定程度上满足了地方体育消费需求。

发展健身休闲产业,应把握健身休闲产业的特征,厘清健身休闲产业链、价值链,发挥区位优势与资源优势,优化健身休闲产业空间布局。同时,在健身休闲产业发展过程中,应该客观反映体育产业运行规律,优化产业核心业务流程,提升产业核心竞争力,促进区域内健身休闲产业的协同发展。目前中国正处在经济结构转型的关键时期,健身休闲产业作为服务业中的朝阳产业,其快速发展将丰富广大人民群众闲暇生活,提高人民的生活质量和全民素质,进一步拓展我国体育产业的发展空间,进一步促进我国经济社会协调、健康发展。

第二节　健身休闲产业发展的动力机制

一、动力机制的概念

动力机制,是指推动工作、事业等前进和发展的在一个工作系统的组织或部分之间相互作用的过程和方式。

从激励的角度来分析,动力包括物质动力、精神动力和信息动力。从产业发展的角度来分析,推动健身休闲产业发展的动力主要有改革的动力、科技进步带来的动力和组织创新带来的动力。这些动力各具有不同的优势,但只有综合利用好这些动力并形成强大的合力,才能更好地提高我国健身休闲产业发展的整体水平,实现健身休闲产业发展的良性循环。

二、健身休闲产业兴衰的动力机制

(一)利益驱动是健身休闲产业兴衰的原动力

从本质上讲,产业之所以能从无到有、从小到大、从弱到强,其根本原因或内在原动力在于“利益”。这其中既包含物质利益也包含精神利益,对资本而言,指经济利益。健身休闲产业发展正是围绕“利益”,推动着产业改革、科技进步和企业组织创新,由此带来源源不断的发展动力。

健身休闲产业涵盖健身服务、设施建设、器材装备制造等业态。体育健身服务行业的上游行业是健身设施提供商,主要包括商业地产商、健身器械生产商以及健身补给生产商等;下游行业则由个人客户和企业客户构成。利益的范围较为广泛,它贯穿着整个行业的产业链,既包括了产业主体的经济利益,又有企业厂商的经济利益,还包括了政府的经济利益,涉及产业投资、产业贸易、产业空间转移等。因此,利益驱动是健身休闲产业兴衰的原动力。

(二)投资回报率高低决定产业兴衰的速度

一般来讲,经济需求是健身休闲产业兴衰中非常重要的条件,但不是充分条件。如果只有现实的健身休闲市场需求或产业经济、社会经济发展的需求,而政府、相关的健身休闲制造厂商、健身休闲服务商却没有利益的驱动,则资本因其逐利本质就难以聚集于健身休闲这个领域,健身休闲产业就不可能形成,也谈不上发展。因此,造成健身休闲产业兴衰过程快慢的根本原因是健身休闲领域中利益对资本吸引的大小与强弱。

通过平均利润率和超额利润规律,由价格传导形成了利益驱动的具体作用机制。除此之外,现有产业的边际收益递减规律也会起到一定的作用。如果有新领域出现,而且其投资预期回报足够诱人,同时,在政策、供给、需求等条件都有保证的情况下,多余的社会经济资源就会被吸引过来,一些敏锐的资本会从原有产业向这些新领域转移。产业兴衰就随着资本转移而实现,其速度与程度由资本转移速度与规模决定。总体上讲,当投资回报率高时,产业的形成和发展就快;而在投资回报率降低时,产业的发展趋缓;随着投资回报率的不断下降,产业便开始走向衰退。

(三)改革、创新与科技进步形成产业发展合力

健身休闲产业正是随着社会经济发展而迅速发展壮大的。我国经济高速发展、人们的运动理念逐渐普及、国家政策持续支持和资金日益关注,为健身休闲产业发展奠定了良好的发展基础。产业发展的动力机制同样作用于国家的幸福产业——健身休闲产业的发展。

由于起步较晚,目前多数健身休闲产业尚处于发展初期,但产业内各细分领域发展程度存在相对差异。例如,健身行业的快速发展并没有带动国内健身器材产业的快速发展。根据某健身品牌连锁企业2017年度报告,其年度业绩不尽如人意,虽然营业收入增长约10%,但由于成本上升等原因,净利润出现小幅下滑。若将这个成绩放到整个健身产业中时,人们就会发现:在整个健身产业掀起发展热潮、无数线上线下企业乘势而起时,部分企业却未能享受到行业发展红利。同样,国内某领先健身器材品牌,2017年的净利润较2016年出现小幅下滑,而扣除非经常损益后的净利润下滑幅度甚至达到18.4%。若单以体育品牌健身器材产品收入来看,其销售额在2017年甚至出现了负增长。

目前,我国健身器材生产制造业面临更加激烈的竞争,在这种情况下企业必须调研市场需求,依托政策进行改革、组织创新,形成新经济、新业态、新产品以应对竞争。当前,我国健身休闲产业存在的投资机会,更多存在于以互联网为依托的健身产业新业态,健身产业新业态将与传统健身业并存很长一段时间。由此,各类业态对产业资本集聚能力就会存在明显差异,从而影响产业内部结构及其发展。

三、中国健身休闲产业发展动力系统

健身休闲产业的发展动力,从本质意义上讲属于资本趋利,但具体是如何运行的呢?为寻求对健身休闲产业发展系统有更为深入的认识,需要先了解这个产业的动力系统。产业发展动力系统是直接或间接推动产业发展的力量总和。健身休闲产业发展动力系统由各子系统共同构成,相辅相成、协同配合、共同作用并推动健身休闲产业发展,具有整体性特点。

依据产业发展动力论、系统动力学等理论,中国健身休闲产业发展的动力系统应该同时围绕供给侧和需求侧两个方面,建立"双侧调控"体系,实现健身休闲产业的发展。而健身休闲产业的发展不仅仅是有供给侧和需求侧就可以完成,还需要有控制方和支持方,所以本书在进行健身休闲产业结构动力系统构建时综合考虑了各方面因素,将其划分为供给、需求、控制以及支持四个子系统。

在产业发展过程中,居民消费需求所形成的动力系统与企业供给所产生的动力系统,构成产业发展中的基本关系与矛盾,二者的良性互动作用,推动着产业的发展。

(一)需求动力系统

在促进健身休闲产业结构合理发展方面,需求子系统发挥了源动力作用,是整个动力系统中的最核心的部分。

1. 居民身心健康与休闲需求

居民能否真正投入到健身休闲消费中去,首要问题是,居民是否有身心健康需求？在我国有近3亿人被确诊为慢性病患者。同时，超过80%的人口死亡与慢性病有关。由此可见，慢性病成了居民健康的头号威胁。目前，传统意义上的老年病，如高血压、糖尿病等慢性病有向青年群体蔓延的趋势。国家卫健委发布的《中国家庭健康大数据报告（2018）》显示，18岁以上的成年居民患慢性病的原因主要有缺乏锻炼、体质指数不达标等。可喜的是，我国居民积极预防疾病意识在不断增强。调研发现81.8%的受访者希望获得能够改善自身不良生活方式及习惯的健康干预服务，居民把希望寄托在健身休闲活动中，这也是健身休闲消费的愉悦身心、预防和治疗慢性疾病的主要的功能体现。

2. 居民消费能力

居民健身休闲的消费能力决定了健身休闲的需求是否能转化为推动产业发展的真正动力。在健身休闲的消费过程中，影响健身休闲需求有效性的重要因素是“可自由支配收入”和“可自由支配时间”。随着经济的发展，从人均收入水平看，我国居民收入已达中等发达国家居民水平。根据前国家旅游局（现文化和旅游部）测算，我国户外运动产业产值目前正以30%~40%的年均速度增长，其项目主要集中在骑行、垂钓、游泳等户外休闲消费方面，攀岩、滑雪、马术、皮划艇、击剑等中高端健身休闲项目的消费需求也很旺盛。可以看出，我国居民随着收入和闲暇时间的增加，其健身休闲消费的需求及消费的能力都表现出持续增长的态势。居民更愿意参与户外活动，中高端健身休闲消费市场在逐步增长。

3. 居民健身与休闲消费意识和习惯

居民健身休闲的消费意识和习惯直接影响其健身休闲消费的选择。我国青年群体和文化程度较高的中年群体的体育消费意识较强；老年人虽然也有很强的体育健身意识，但相关的消费意识较弱。针对现实情况，相关部门已经加强了受众的健身休闲教育，我国居民健身休闲消费的意识正在逐步形成，健身休闲消费的习惯正在发生改变。可以预见的是，我国健身休闲产业的需求市场正在形成，其规模和价值不容小觑。

（二）供给动力系统

事实上，供给和需求这一对矛盾，总是在相互作用中形成推动产业不断发展和前进的重要力量。健身休闲产业的供给与消费主体的需求是密不可分的，只有健身休闲产业的供给结构与需求结构不断协调适应，才能促进整个健身休闲产业结构不断优化与发展。市场的需求决

北京奥运会掀起了群众体育的热潮

定着企业的供给，生产厂商和供给企业提供的产品和服务又引领和激发新的需求，这是产业发展亘古不变的定律。

1. 产品与服务供给力

供给动力系统主要是针对健身休闲产业各个消费主体的需求，提供相应的服务、信息与产品。企业为消费者提供产品和服务，是企业供给动力系统实现的途径。当前，我国经济社会迅猛发展，国家提出了“健康中国”的国家战略，健身休闲产业发展的经济、社会环境得到了巨大的改善。一个庞大的健身休闲消费市场已经形成。各类型的健身休闲企业和机构、体育场馆和社区体育健身俱乐部、体育社团，结合市场需求，推出了各类型的健身休闲项目，包含传统类、时尚类及户外类。但我国健身休闲产业的产品和服务的质量还不高、总量仍不足。

2. 企业创新力

企业是否具有市场竞争力，取决于企业的创新能力，因此企业的创新力是企业供给动力子系统的核心动力。因国内产品升级能力不够，导致高端健身休闲消费者选择出国消费，如户外项目消费等。我国健身休闲企业在运营管理过程中不断创新发展模式和经营模式，研发新型健身休闲产品及服务，将为企业创新提供活力。

（三）控制动力系统

健身休闲产业在面对市场机制，接收需求供给信息过程中会有一定偏差，因而需要对健身休闲产业需求与供给结构进行深刻的分析，通过外力，对健身休闲产业结构进行一定调整和干预，外力的调控与干预对维持健身休闲产业结构动态平衡起着非常大的作用。

控制动力系统是以政府及行业协会为代表，从外部为促进健身休闲行业的发展及健身休闲活动的开展提供了强劲的推动力。健身休闲产业能否健康快速发展与当地政府颁布的政策与所持的态度有极大的关系，一些政府与相关部门也会为健身休闲行业提供一些资金等方面的优惠政策。控制子系统不仅影响了整个动力系统，同时也对其他子系统造成了一定的影响，影响了其他主体对健身休闲活动的态度。

有学者认为，在我国健身休闲产业发展动力系统中，政府动力系统为营造良好的健身休闲产业环境提供了强劲的支撑力，并引导刺激力、约束调控力。

总体而言，政府的控制力主要存在于对产业的引导激励、约束调控中，其目的在于引导和规范产业发展。这两种力量的相互协调、相互作用，从外部为我国健身休闲产业发展提供了控制性动力，有效促进了健身休闲产业的健康发展。

1. 引导与刺激

随着《国务院关于加快发展体育产业促进体育消费的若干意见》《国务院办公厅关于加快发展健身休闲产业的指导意见》等国家政策相继出台，在此指导下制定的山地户外运动、水上运动、冰雪运动、体育旅游等配套专项发展规划为我国健身休闲产业发展提供了强大动力。与此同时，各地方相继出台相关地方法规和政策，着力推动健身休闲产业的发展。例如，重庆市编制出台了《重庆市渝北区健身休闲产业专项规划（2019—2025）》，统筹该区城乡健身休闲产业全面健康可持续发展。一项政策的提出，以及社会对政策的解读和后续的相关政府行为都会对产业发展产生促进或限制作用。我国政府提出全国健身休闲产业到2025年将实现3万亿元的产业发展规模，这一愿景将会吸引大量资本和各层次人才资源涌入健身休闲产业。

2. 约束与调控

随着社会文明的不断进步，社会法制更加健全，我国政府的产业发展约束调控力逐渐增强。健身休闲产业法律法规体系逐步建立健全，比如，《公司法》《反不正当竞争法》《行政许可法》《体育法》《体育产业发展纲要》等，这有力地约束和规范了健身休闲企业行为。政府产业管理行为也有力地保护了健身休闲消费者合法权益。但健身休闲产业政策在制定过程中相关条目还不够完善，在执行过程中存在不能完全执行等情况，导致政府相关政策只能部分执行，造成有效执行力度不足。

（四）支持动力系统

支持子系统在整个健身休闲动力系统中发挥辅助作用，这种作用的发挥主要体现在为健身休闲产业结构合理发展提供所需要的软硬件条件。硬件条件包括健身休闲场馆、场地、交通等设施及适合的自然条件，和健身休闲产业中需要的户外健身器材装备等相关设备；而软件条件即健身休闲行业的信息化和网络化。所以既要强化健身休闲行业设施设备的硬件建设，也要推动其软件建设，共同提升消费者参与健身休闲的体验感以及健身服务的专业水平。

1. 场地设施

在发展环境方面，体育公共服务供给为我国健身休闲产业提供了主要的支撑力量。随着全民健身场地、设施、设备的完善，区域健身休闲的环境也得到不断的改善。

2. 科技支持

目前，随着科技的发展，许多发明创造被应用于健身休闲领域，例如，人们利用 AI 穿戴设备进行运动监测，并养成了记录健身运动数据的习惯。科技对健身休闲产业的支持集中在人工智能、大数据、云计算等领域。这些科技支持企业为健身休闲消费者提供精细化、专业化的产品和服务，推出了“体育+旅游”休闲、“健康+养老”等融合性健身休闲类产品，开发了“智能健身仓”、场馆智能系统等，使消费者获得健身休闲产品及服务更加便捷，满意度更高。

3. 人才支持

目前我国健身休闲产业的管理人员学历水平参差不齐，专业背景不足。健身休闲产业经营管理人才缺乏成为制约产业发展的重要瓶颈。

培养健身休闲服务业的高素质专业人才，离不开高等教育和职业教育。2007 年，休闲体育专业经教育部批准而设立。该专业旨在培养德、智、体全面发展，适应新世纪社会发展需要，具有休闲体育的基本理论、知识与技能，能够从事休闲体育研究、体育旅游、休闲体育产品策划与设计工作的高素质、应用型专门人才。截至 2019 年，为适应社会经济发展对体育产业发展专业人才的迫切需要，共有 76 所各类院校开设了体育运营与管理专业，58 所院校开设了休闲体育专业，22 所院校开设了体育经济与管理专业，部分专业类体育院校围绕体育产业开设了体育经济学、体育市场营销等专业。这些专业的开设为我国健身休闲产业发展储备了各类应用型专业人才，服务了我国健身休闲产业和地方经济的发展。

综上所述，需求动力系统、供给动力系统、控制动力系统和支持动力系统在产业发展过程中，依托市场机制作用，相互影响，共同作用，形成内源动力与外源动力协同运行，合力发展。健身休闲产业结构动力系统作为综合系统，其中任何一个子系统或子系统的内部要素发生变化，都会对健身休闲产业的整体发展产生影响。

第三节　中国健身休闲产业发展的保障机制

健身休闲产业发展保障机制是指国家和社会为了保证体育产业健康发展而建立的一系列的相关措施和制度的总称。由于我国政府在制定和执行相关的健身休闲产业政策时存在力量、强度不均，产业约束调控力不强等问题，严重影响了政府在健身休闲产业发展中的宏观调控效能，因此，在健身休闲产业发展的保障机制方面，我国政府还需要加大力度，合理规划，科学构建，为健身休闲产业的有序、健康、可持续发展保驾护航。

随着社会经济的迅速发展，政府越来越意识到在资源配置中，市场发挥的作用越来越重要。“让市场在资源配置中起决定性作用和更好地发挥政府作用”就是党的十八届三中全会围绕经济体制改革提出的核心思想。这一思想的提出为我国健身休闲产业发展提供了良好的制度保障。具体而言，国家和社会在健身休闲产业发展过程中应该做到以下几个方面。

一、扩大供给，建立现代健身休闲产业体系

以满足人民群众日益增长的多元化、多层次健身休闲消费需求为导向，深化健身休闲产业供给侧改革，不断消除制约健身休闲产业发展的体制和机制障碍，建立现代化的中国健身休闲产业体系。主要从以下几方面着手。

首先，科学的规划是健身休闲产业健康发展的前提，应该吸取其他发达国家健身休闲产业发展的经验教训，结合中国经济、社会、文化发展实际，做好健身休闲产业规划。

第二，健身休闲项目，应该成为健身休闲产业发展所围绕的核心，着力开发相关运动项目，这是健身休闲产业成功的关键。大力发展运动项目产业，通过建立与完善各类运动项目产业体系，提升项目产业市场供给能力和水平，满足各类运动项目爱好者的消费需求。

第三，随着当前中国经济快速发展，城镇化率提升，乡村振兴计划的实施，应该将打造优质的城乡健身休闲综合体作为健身休闲产业发展的抓手，紧紧围绕市场需求，满足人们健身与休闲的需要，开发健身休闲产品或服务。

第四，围绕健康中国战略和体育强国建设，加强健身休闲消费宣传，促进健康生活方式和休闲体育消费习惯的形成与普及。

第五，发挥体育场馆、健身俱乐部、运动休闲特色小镇等对健身休闲消费的促进和带动作用。

最后，支持社会各界主办和承办健身休闲类体育赛事，将区域性、民间性的健身休闲赛事或活动创建为自主品牌活动和特色体育赛事，满足民众多层次、多元化的健身休闲活动需求。

比如,广西壮族自治区政府在发展健身休闲产业过程中明确提出到 2025 年,自治区内基本形成布局合理、功能完善、门类齐全、特色鲜明的健身休闲产业发展格局。这个经济不算发达的省份,试图在健身休闲产业有所突破,制定了总体规模达到 1 000 亿元以上、体育人口达到 2 200 万人以上的目标。政府将大力建设体育场地,使人均健身休闲场地面积达到 2 平方米以上,使全民皆可享受到健身休闲公共服务。利用广西壮族自治区作为我国西南地区最便捷的出海通道这一优势,政府着力打造面向东南亚地区的国际健身休闲产业示范区,其辐射范围将扩散至我国西南、中南地区,成为我国和东南亚国家交流合作的重要平台。由国家体育总局和广西壮族自治区政府主办的中国—东盟国际汽车拉力赛自 2006 年创办至今,线路横贯中南半岛,穿越马来半岛,途经中国、越南、老挝、柬埔寨、泰国、马来西亚和新加坡,全程约 1 万公里,是中国汽车运动史上路线最长、跨越国家最多的拉力赛,成了广西壮族自治区重要的体育赛事 IP,提升了健身休闲产业的核心竞争力。除此之外广西壮族自治区利用自身拥有的独特山地资源和水资源,发展山地户外、水上、汽车摩托车、航空运动等健身休闲项目;利用别具一格的民族特色资源,发展抛绣球、打扁担、抢花炮等独具特色的民族传统健身休闲体育项目,打造"壮族三月三"、炮龙节等一批民族传统体育活动。

二、加强科技创新与产业融合,延伸健身休闲产业链条

以"体育 +"和"+ 体育"为路径,以产业园区、体育小镇、体育基地和大数据为平台,以创新为动力,以健身休闲产业政策为保障,实现健身休闲与其他产业的融合发展。通过延伸健身休闲产业链,推动健身休闲与相关产业融合发展,促进健身休闲产业集聚发展,拓展体育消费市场空间,发挥健身休闲产业的综合效应和拉动效应。为此,政府应该加强健身休闲产业科技创新,促进健身休闲装备业与室内健身休闲业快速发展,围绕山地户外、水上运动、冰雪运动、航空运动等项目,进一步发展与健全健身休闲产业链,并带动健身休闲与养生、养心、健康、文旅等方面的消费。这几年随着移动互联网的飞速发展,健身房新业态涌现,"互联网 + 体育"兴起。主要表现在:

第一,小型社区健身房走红。近年来,租金及人力等健身房主要成本快速提升,专注于精品的小型社区健身工作室成为行业新秀。以行业领先的某健身平台 A 为例,其将传统健身房上千平方米的面积标配减少至 300~500 平方米,以 24 小时开放、99 元包月等为主要卖点,降低了

用户入会门槛，目前已在全国开设200余家门店，并处于急速扩张中。

第二，数字健身进一步兴起。微信公众号、App等互联网工具有效提高了用户“黏性”与用户体验，客户可在App上方便地查阅健身房课程时间，并在线进行场馆和课程预约，大大提高了场馆的运营与管理效率。互联网还可通过增值服务提高健身房盈利能力，如通过电商或24小时健身等服务特色吸引用户。由此可见，科技创新与产业融合成为促进健身休闲产业持续健康发展的重要路径选择。

三、大力发展群众体育，夯实体育消费基础

河北省健身休闲产业保障机制

持续加大健身休闲设施建设投入，优化学校、社区公共体育设施的布局和结构，建立健全社会资本参与健身休闲公共体育设施建设的投融资机制，有效对接居民休闲健身实际需求，提高公共体育设施的利用率。体育作为重要的休闲方式和行为习惯，政府要充分发挥体育社会组织在培养民众体育运动兴趣，提高居民体育消费技能，养成体育消费习惯等方面的重要作用。国家和各地方政府要完善健身消费政策，支持鼓励群众健身消费。积极落实“六个身边”工程，大力发展群众体育，不断夯实体育消费基础。

四、加强舆论引导，优化体育消费环境

国家发展改革委员会在《2017年中国居民消费发展报告》指出：加强舆论引导，发挥新媒体传播优势，激发新的体育消费热点，倡导健康的生活方式，广泛宣传科学健身知识和方法，推介各类体育健身场所和消费信息，增强公众体育健身意识，引领体育消费趋势。合理利用带薪休假制度，增加居民闲暇时间，为居民体育消费创造有利条件。丰富体育消费文化内涵，引导形成积极向上的体育消费理念。创新体育消费方式，提高体育消费便利化程度。加大体育消费市场的监管力度，不断优化体育消费市场环境。

复习思考题

1. 我国健身休闲产业的结构合理吗？为什么？
2. 中国健身休闲产业发展依靠哪些动力系统？
3. 健身休闲产业需要得到怎样的保障？
4. 结合实际，说说健身休闲产业与科技创新的融合发展。

第三章 健身休闲产业资源

学习目标

1. 了解体育产业资源、健身休闲产业资源等相关概念及其相互联系。

2. 熟悉健身休闲产业资源的分类和特点。

3. 理解并掌握健身休闲产业资源的配置方式、开发内容、开发原则和保护方式。

本章导语

健身休闲产业资源是健身休闲产业发展的基础,影响和制约着健身休闲产业的发展。本章首先对体育产业资源、健身休闲产业资源等相关概念及其相互联系进行了论述,并阐述了健身休闲产业资源的分类和特点,对健身休闲产业资源的配置方式、开发内容、开发原则、可能被破坏的原因及应采取的针对性保护方法进行了概述。

第一节 健身休闲产业资源概述

一、资源的概念

马克思认为,劳动和土地是财富两个原始的形成要素。恩格斯认为,劳动和自然界在一起,才是一切财富的源泉,自然界为劳动提供材料,劳动把材料转变为财富。马克思、恩格斯对资源的定义,既指出了自然资源的客观存在,又把人类所独有的劳动和经验形成的技术等因素看作财富不可或缺的另一个来源。可见,资源的来源及组成,不仅指自然资源,而且还包括人类劳动的社会、经济、技术等因素,也包括人力、人才、智力(信息、知识)等资源。因此,资源指一切可被人类开发和利用的物质、能量和信息的总称，它广泛地存在于自然界和人类社会中，是一种自然存在物或能够给人类带来财富的事物或现象。“资源”分为自然资源和社会资源两大类。自然资源指的是阳光、空气、水、土地、森林、草原、动物、矿藏等；社会资源包括人力资源、信息资源以及经过劳动创造的各种物质财富等。经济学领域研究的资源不同于地理资源（非经济资源），需要具有与经济关联的属性，具有使用价值，可以被人类开发和利用。资源也是在生产过程中所进行的投入，包含人力、物力、财力、政策、技术、土地等，具有明显的经济学内涵，资源从本质上讲就是生产要素的代名词。

二、体育产业资源的概念

体育资源作为资源体系中的一个部分，它是体育赖以运行的基础。体育资源是体育发展过程中的一个重要载体和对象。目前，对体育资源的理论研究严重滞后于实践。从已掌握的资料来看，当前对体育资源进行的专题研究较少。虽未发现较多关于体育资源的专门性研究，但有关区域体育资源的研究，以及关于体育场馆资源、人力资源、体育旅游资源、高校体育资源的许多具体应用型研究均从不同方面探讨了体育资源的应用问题。

柳伯力等人认为，体育产业资源主要指能影响体育产业发展，并能在参与体育产业发展中产生一定的社会、经济效应的物质和非物质形态的事物或现象。此处将体育产业资源概括地理解为能够支持各体育产业部门开展业务活动所动用和产生的所有资源的总和。它既包括物质形态的体育资源，也包括非物质形态的体育资源。

对区域经济发展而言，打破区域壁垒，加强信息共享，实现资源合理高效配置有利于区域体育产业的协调发展。近年来，安徽、江苏等省相继建立了体育产业资源交易平台。2019 年，由北京、天津、河北三地共同建设的京津冀体育产业资源交易平台也在北京产权交易所上线。该平台在京津冀协同发展的大背景下，以冰雪联动活动为契机，联合三地体育局，共同推进体育产业发展，从而实现了资源有效配置，使各方社会效益与经济效益双丰收。

三、健身休闲产业资源的概念与属性

（一）概念

健身休闲产业资源是指能影响健身休闲产业发展，并能在参与健身休闲产业发展中产生一定的社会、经济效应的物质和非物质形态的事物或现象。本书将健身休闲产业资源概括地理解为支持各健身休闲产业部门进行业务活动所使用和产生的所有要素总和。它既包括物质形态的健身休闲资源，也包括非物质形态的健身休闲资源。它是支撑和推动健身休闲产业发展，并产生各种社会经济效益的载体和源泉，是健身休闲产业发展的根基和支柱。

（二）基本属性

1. 属于休闲求知健身类

根据《中国旅游资源普查规范》，旅游资源也分为三大类，即古迹与建筑类、休闲求知健身类（包括科教文化设施、疗养和福利设施、动物园、植物园、公园、体育场馆、游乐场所、节庆活动、文艺团体等）和购物类（包括市场与购物中心、著名店铺、地方产品等）。健身休闲产业资源属于休闲求知健身类资源。

2. 体育旅游业依托的核心资源

近年来，蓬勃发展的体育旅游业依托的核心资源是休闲求知健身类资源，辅助资源是其他两类资源。例如，武汉市的长江江滩是其公共休闲景观的名片，因为在这里留存了汉口沿江大道的欧式建筑，以及重现老汉口的码头风情和当代生活休闲场景的雕塑群。各式各样的体育设施坐落在江滩的花坛与绿树中，构成了江滩全民健身长廊。沙滩游戏、体育健身、生态园艺三大板块成为武汉滨江城市自然和谐的健身休闲产业资源合理规划与开发的典型范例。

3. 社会文化的一个重要组成部分

健身休闲作为社会文化的一个重要组成部分，无论是健身休闲消费活动，还是健身休闲服务活动，健身休闲设备及产品生产活动，其行为和服务主体都是人。在健身休闲消费活动中，人与资源的互动无处不在。人、空间、地点、地理环境、设施、技术等均是构成人们健身休闲活动的基本要素和基本资源形式。而且人们在利用上述要素开展健身休闲活动的同时又造就了其他形式的资源，如组织机构、制度规范、文化传统、道德意识、风俗习惯等，它们既是健身休闲消费活动的衍生物，又反过来对健身休闲消费活动的发展产生着强有力的影响。比如，国务院于1995年颁布实施的《全民健身计划纲要》，是20世纪末至21世纪初我国发展全民健身事业的纲领性文件。它既是社会经济发展对人们健身活动需求的产物，也是健身休闲产业产生和发展所依托的重要政策资源。

第二节　健身休闲产业资源的分类与特点

一、健身休闲产业资源的分类标准

健身休闲产业资源是体育产业资源中的一部分,包含了多种体育资源内容,它是各种要素资源在健身休闲产业各领域共同形成的资源总和。这些资源是健身休闲产业发展的重要支柱,它们支撑和推动着健身休闲活动的产生和发展,是产生各种社会效益、经济效益的载体和源泉。因此,对健身休闲产业资源进行合理分类,有利于健身休闲产业快速、健康、可持续发展。

(一)按照基本属性划分

按照健身休闲产业资源的基本属性进行划分,可将健身休闲资源划分为健身休闲自然资源、健身休闲人文资源两大类。这是一种比较传统的两分法,在几乎所有的资源分类中都会使用到。从划分结果来看,由于健身休闲本身的特点,健身休闲人文资源涵盖范围较广。

(二)按照存在形态划分

按健身休闲资源的存在形态划分,可将健身休闲产业资源分为物质形态的健身休闲产业资源和非物质形态的健身休闲产业资源。这种分类法与传统的两分法相比,更易于从资源的形态角度直观地把握和认识各种健身休闲资源。

(三)按照要素特征划分

按健身休闲资源的要素特征,还可将健身休闲资源分为健身休闲项目资源、政策资源、场地设施资源、人力资源、经费资源、信息资源、健身休闲文化资源、健身休闲组织资源等社会资源,还包括天气、山地、水、植物等自然条件类资源。这种分类方式按要素的特征进行划分,兼顾要素形态与特性的综合特征,有利于产业链中各生产要素在产业运行过程中的合理配置与优化。

(四)按照所处空间划分

依据健身休闲资源的空间分类,以陆地、水域、空中三个维度,对健身休闲资源进行分类。该分类的优点是能够充分整合、发挥区域健身休闲资源“总量”优势,不足之处是容易造成对体育节庆等人文健身休闲资源的忽视。

（五）按照开发程度划分

依据健身休闲资源的开发程度及所处开发阶段分类，从纵向上可以分为已开发已使用、已开发未使用（开发中）和待开发（潜在的）健身休闲资源三类。健身休闲资源的开发是以资源为基础、市场为主导的循序渐进的过程。掌握已开发已使用的健身休闲资源及其市场运营情况，使之与已开发未使用和待开发的资源形成差异化、相互衔接的格局，有利于健身休闲市场健康发展。

由于健身休闲产业总是随着消费者需求不断变化供给内容，因此企业和政府管理部门总是不断地对健身休闲产业资源进行开发。相对于那些潜在的还未开发的健身休闲资源，已开发已使用的健身休闲资源是现实存在的，更是可为该时期健身休闲产业发展创造价值的。例如，湖南省以湘江为纽带，将不同开发程度的健身休闲资源合理利用，以长沙、株洲、湘潭、衡阳、永州健身设施为依托，形成了一条沿湘江健身走廊；充分利用常德、益阳、岳阳环洞庭湖生态资源，渐进设置各级别自行车、轮滑、龙舟、划船等健身项目，把生态环境和环湖健身有机结合起来，逐步建成环洞庭湖生态健身圈；围绕张家界、衡山、崀山等山地类自然资源，组织开展一系列以登山、攀岩为主题的登山活动，吸引户外爱好者参与登山、攀岩等户外运动。

（六）按照来源划分

依据健身休闲资源的来源进行划分，可以分为本土健身休闲资源和引入健身休闲资源。健身休闲资源很大一部分以人文活动资源为主，这一特点决定了健身休闲资源是开放的。在对体育旅游业的研究中，黄海燕等人认为体育旅游资源的开放性对于盘清、盘活体育旅游资源存量，根据区域经济状况、发展需要，适度、有序引入增量，具有直接的参考价值。由此可见，适当引入健身休闲资源，如健身休闲项目，有利于为区域健身休闲市场提供更丰富的产品和服务，促进健身休闲产业的繁荣。我国某些健身休闲项目就是在历史发展的长河中进入中国大地，并逐渐发展成为人们健身休闲新选择，如保龄球、攀岩等项目。

二、基于二分法的健身休闲产业资源分类

健身休闲资源的基本属性决定了它是一个伸缩性极大的领域。健身休闲产业是一个新兴产业，往往因人们的认识不足、估计不足，从而导致资源的浪费。对健身休闲产业资源范围及特性的认识，决定了对

其改造、开发、利用的空间、力度和成效。通常而言,对健身休闲产业资源进行划分时兼顾形态特征和要素特征,更利于人们对健身休闲产业资源的认识、开发和利用。本文将在前文所述的传统二分法这个一级分类标准基础上,分别以要素特征作为二级分类标准,对健身休闲产业资源进行详细阐述。

(一)健身休闲产业自然资源

健身休闲产业自然资源是以天然形成为主要特征的健身休闲资源大类。包括地质状态、地理环境、气候条件以及综合自然环境等多方面因素共同形成的资源,如山峰河湖、高原气候、海域、海浪、草原、冰场、雪场等。它以自然天成的物质要素为健身休闲活动提供了重要的物质载体。这类健身休闲资源既是在区域范围内开展登山、溯溪、露营、滑雪、冲浪、帆船、赛艇等健身休闲项目的必要条件,又是针对相关项目进行区域健身休闲产业开发的重要物质基础,也是吸引消费者前往健身休闲消费的重要因素。企业或政府管理部门充分发掘并利用各地自然环境资源,可为消费者的健身休闲活动的开展提供广阔的空间。各地应利用当地自然资源开展具有当地特色的健身休闲运动,如草原地区的滑草运动、西部地区的山地户外运动、东北地区的冰雪运动以及沿海地区的帆船等水上运动项目等。

随着人们认知水平的不断提升,人们逐渐利用自然资源开展以健身休闲旅游、健身休闲娱乐活动为主的健身休闲活动并逐渐兴起了对其进行经营开发的健身休闲产业,大大加强了人们对健身休闲产业自然资源的利用。比如拥有湘江、洞庭湖、张家界等丰富健身休闲自然资源的湖南省,倾力打造了“江”“湖”“山”三个极具湖南特色的全民健身活动新品牌,为体育爱好者提供了优质的体育活动环境。

(二)健身休闲产业人文资源

1. 人力资源

健身休闲产业人力资源主要是指从事健身休闲产业活动的专业人员以及开展健身休闲产业活动的辅助人员和各类参与者,如社会体育指导员、健身休闲爱好者、体育经营管理者等。健身休闲产业的工作人员为这个产业提供自己的产品和服务,而健身休闲产业的消费者则购买和享受相关服务和产品,并为这个产业创造着生存和发展的消费市场。

随着社会经济快速增长,我国健身工作室数目逐渐增多。健身工作室主要为健身用户提供具有特色的定制化服务,服务更加专业化和精细化。以北京为例，在某网站搜索健身房并按照用户评价排名，前10名都是私教工作室。因此，从供给层面讲，一方面，社会和市场对健身休闲产业生产者的要求越来越专业化，因此相关的人才培养更应结合市场，增强应用性和可操作性，并分层培养，以满足健身休闲市场需求。另一方面，将潜在需求转化为有效需求，才能真正促进产业的发展。客观来讲，每个人都应该有健身休闲的需求，但是否进行消费，还涉及消费观念问题、消费能力问题。从需求层面讲，社会在宣传、教育等各环节中应该增加健身休闲消费意识宣传，激活潜在的健身休闲消费者，促进健身休闲产业经济总量增长。健身休闲产业消费者应加强学习，养成健康生活习惯，建立自己的健身休闲支撑体系，包括健身休闲人际圈、健身休闲知识与技能、健身休闲物质支持、健身休闲时间等。

2. 场地设施资源

场地设施资源不仅是健身休闲产业发展的重要物质保障，还是健身休闲产业经营必不可少的物质载体，对其进行开发利用是开展各种健身休闲活动的关键因素。此处所指的场地仅包含经过人为建造、修缮的体育场馆、健身步道、国家公园等，不包含自然类的健身休闲产业资源，如山地、河流等。

人们开展健身休闲活动需要一定的空间，而良好的健身氛围营造和健身效果的实现，必须依靠一定的场地条件和设备器材。健身休闲设施已经构成了现代社会特有的文明景观。这些健身休闲设施包括由国家、社会、集体或个人投资兴建的各种正式健身休闲场所和各种规范的、符合标准的健身休闲基础设施，如健身绿道、健身路径、单双杠等；也包括在健身休闲活动开展中发挥重要作用的各类非正式的健身休闲场馆、设施资源，如被用作临时健身器材的台阶、扶手，经常开展群众健身休闲活动的各类广场、公园、空地等。

目前，各地出现大型体育场馆赛后运营困难的问题，许多场馆的建造耗资巨大，赛后却不能利用自身场地设施资源实现造血功能，维持自身运营。另外，社区居民与日俱增的健身需求却因场地设施资源的缺乏而得不到满足。因此，世界各国都在设法解决健身休闲场地设施资源的合理配置与利用问题。比如，根据美国布鲁金斯学会的数据，在美国60个人口超过10万的城市中，平均每1 000户居民就有两栋空置的建筑物。如何合理利用这些闲置的空间来开展健身休闲活动，成为美国社会一直致力解决的问题之一。美国娱乐与体育节目电视网（简称 ESPN）联合相关企业和金融机构合作实施“ESPN Replay”倡议计划，计划内容之一就是向位于美国巴尔的摩、洛杉矶和费城的社区组织进行资助，帮助该地区将空地改造成体育、娱乐和休闲场所。该项目的实施有利于帮助当地组织和居民“规划及实施振兴项目”，将闲置的空间转化为供社区居民使用的既安全又优质的健身、娱乐活动场地设施资源。武汉合理利用并科学布局了军运会场馆资源；上海徐汇滨江地区从工业码头变为最美的跑步胜地……这些都是我国在健身场地资源开发与利用方面的典型成功案例。

3. 经费资源

当前健身休闲产业投资多元化与需求多样化的发展趋势，决定了健身休闲产业经费资源的规模和构成。应该说健身休闲产业的发展不仅需要大量资金，还能“创造”出大量资金。健身休闲产业经费资源是指健身休闲产业发展必需的资金投入和产出。经费资源的投入和产出形式与体育产业经费资源的投入产出形式相同，可以是多样的，如财政拨款、上市募集资金、产业发展利润的资金再循环、群众自有资金、企业商业赞助，以及由体育产业部门通过其他各种渠道筹措到的经费。

4. 文化资源

健身休闲产业文化资源是指由于各种健身休闲文化、健身休闲行为习惯、健身休闲项目或其他健身休闲机构影响力等方面的原因，而产生并形成的一种对健身休闲产业活动发生、发展具有独特而持续影响力的健身休闲文化资源。它包括体育民俗、民间健身休闲活动、健身休闲技术技巧、健身休闲行为习惯等方面内容。健身休闲文化资源是基于已有资源而衍生出来的一种影响力资源，也是一种无形资源。健身休闲文化资源被健身休闲产业经营主体、政府及消费者所利用，并能在一定范围内产生一定影响力，其形式表现为各类节庆、健身、休闲、体育赛事及相关活动，属于文化资源的范畴。

这里的体育赛事是指大众健身休闲类赛事，并非职业竞技类赛事表演。健身休闲类赛事作为社会文化现象的重要表现形式，是各种健身休闲资源综合发挥作用的产物。通常而言，体育赛事活动都不是单一出现的，往往分类分级，形成一个综合的赛事体系。同时，健身休闲类赛事本身也是影响和制约人们健身休闲行为的一个重要因素。

沙漠上的精彩体育赛事

5. 政策资源

健身休闲政策资源是指政府所制定和实施的、对发展健身休闲产业有利的各种政策法规的总和。它包括健身休闲产业投资政策、市场准入政策、税收等各类政策。这些政策为健身休闲产业的发展提供了保障条件。尤其是政府为发展健身休闲产业出台的优惠政策,对鼓励和刺激健身休闲产业的发展起着积极的作用。如由云南省体育局牵头,省发展改革委员会、财政厅、教育厅、住房城乡建设厅、省总工会、团省委、国土资源厅、旅游发展委员会、省民族宗教委员会、文化厅配合实施的《云南省人民政府办公厅关于加快发展健身休闲产业的实施意见》,提出了健身休闲产业体系,明确了六大重点任务,各项任务极具特色,强化了云南的高原地理特征和多民族文化并存的特色,相关政策的提出将为云南省健身休闲产业发展提供保障条件与政策支持。

综上所述,健身休闲产业资源涵盖范围广泛、类别多样、特性突出。健身休闲产业资源存在于健身休闲产业活动发生、发展的整个过程之中。各种健身休闲产业要素资源是健身休闲产业经营活动赖以运行的基本元素和必然产物,是发展健身休闲产业的载体和动力,它构成了千变万化的健身休闲产业链。健身休闲产业资源知识既是进一步认识各种特殊的综合性健身休闲产业资源的重要基石,也是人们认识各领域、各地区、各项目健身休闲产业发展状况的基础。

三、健身休闲产业资源的特点

(一)多样性

健身休闲资源从形态、空间、内容上都表现出多样性的特征。从项目内容上看,健身休闲产业可以利用徒步、攀岩、滑雪、保龄球、骑马、射箭、射击、游泳等多种多样的健身休闲项目,开展健身休闲活动,提供健身休闲产品与服务。从空间上看,健身休闲产业可以依托陆地、水域、空中三维空间,开发健身休闲产品,开展健身休闲服务。健身休闲产业资源可以不同的空间存在形式,展现同一类健身休闲项目,如室内排球和沙滩排球。同样,健身休闲资源既可以单一的状态存在,也可以集聚的状态存在。由于健身休闲爱好者本质上以追求个人发展为目的,因此其需求具有个性化特征,多样性的健身休闲资源有利于满足消费者个性化需求,推动健身休闲产业的健康发展。

(二)开放性

健身休闲资源具有鲜明的开放性特点。在健身休闲自然资源方面,随着科技对人们生活的加速渗透,人类对自然资源的利用能力会逐渐增强。一些自然资源被开发和利用,人们到达从前人迹罕至的森林、悬崖、海底,参与速降、溯溪、潜水等体育项目,又将这些项目以人们更能接受的方式传播给更广泛的消费者，吸引越来越多的健身休闲消费者前往，以此刺激当地健身休闲产业的繁荣发展。

在健身休闲人文资源方面，在全球化时代，各种健身休闲资源要素快速流动，各国或地区的本土健身休闲资源与引入的健身休闲资源融合配置，不断满足着世界各地消费者的健身休闲需求。例如，中国的武术深受欧洲、北美洲健身休闲爱好者的喜爱，而西方国家的球类文化也深深地吸引着我国的年轻人。

（三）康体性

人们参与健身休闲活动，虽然可能是休闲、社交、健身等多元动机共同驱使的结果，但健身休闲必定是其主要的动机。在健身休闲资源的开发与使用过程中，资源的康体性特征应该得到凸显。围绕健身休闲、运动参与、体验为核心开发健身休闲服务产品时，应该注意运动项目的技术难度设置和普及程度等因素。

第三节　健身休闲产业资源的配置

一、资源配置的含义

资源配置有广义和狭义之分。广义的资源配置是指经济社会为达到最优或最适度的境界对相关资源在各部门或个体之间或者各种用途之间的配置。

狭义的资源配置是指在资源分配方式和比例为既定的条件下，一个生产单位、一个地区或一个部门如何组织并利用这些资源，使之足够合理，并发挥尽可能大的作用。

显然，资源配置的最终目标是使资源的利用更加合理，实现资源价值最大化。

二、健身休闲产业资源的配置方式

社会冲突论认为，资源具有稀缺性。健身休闲资源也具有资源的一般属性，它在一定时期及一定条件下表现为相对于需求而言的稀缺。这种资源的有限性、稀缺性，是进行健身休闲资源配置的前提和基础。健身休闲资源配置就是指在健身休闲产业活动中，人们如何在时间、空间及部门间，合理地分配资源，如何使稀缺的健身休闲资源得到最充分、有效和合理地使用，以最大限度地满足人们的各种健身休闲需求，兑现经营者的经济利益及实现相关的社会效益。各种健身休闲资源在健身休闲产业活动中的时间分布、空间布局和效用发挥问题往往由健身休闲资源配置来决定。

（一）以市场需求为中心的配置方式

以市场需求为主的配置方式，主要指完全依据健身休闲市场的实际竞争状况来确定健身休闲资源的流向和配置。这是一种以市场需求和市场竞争为主导的资源配置方式。在这种方式下，人们的健身需求、休闲需求，体育市场的有效供给状况，会形成健身休闲市场中的价值信号，成为调节健身休闲资源流向的唯一因素。

从本质上来讲，健身休闲产业发展作为一种经济活动，必然以追求经济利益为目的。在完全市场化时，市场行为会促使稀缺的健身休闲资源在某一阶段集中流向最有利可图的区域、部门或行业。但从长远来讲，这可能导致这些稀缺资源的浪费，因为这些区域、部门或行业未必最需要该种健身休闲资源。

因此，为了实现供给与需求的平衡，单一地采用市场竞争手段很有可能导致健身休闲资源事实拥有上的不平等状况不断加剧。比如，自然资源丰富的山地，适合开展户外健身活动，但由于地理位置等因素，导致消费群体较少，从而影响企业将更多的经费、人力等资源投入其中。这就未达到健身休闲资源合理配置的目的。在中国，健身休闲产业具有社会主义公益性特点，产业资源的配置应在保证经济效益的同时，注重避免由市场配置带来的社会效益的损失。事实上，社会效益的产生和累积又会带动和促进健身休闲产业的发展，形成良性互动。政府和企业必须认识到这一点，避免短视的经济行为。

（二）以政府目标为主的配置方式

以政府目标为主的配置方式主要是指当地或健身休闲资源的管理部门完全凭主观意志确定健身休闲资源的流向和配置，而不考虑现实的市场状况及当地的健身休闲资源状况。这种方式下，政府大多使用行政计划的形式实现资源的调配，政府的意志成为资源配置的主导力量和决定性因素。政府的计划部门，若在制定目标时充分认识其资源优势与劣势，并能够对市场规律及未来发展有科学、客观、正确的预测，则可以优化配置健身休闲资源，制定适应健身休闲资源需求与供给状况的计划和方案。

事实上，健身休闲产业系统是一个复杂的大系统，受到各种因素的影响，并始终处于一个动态的发展变化过程中，导致政府难以获取“完全的产业信息”。同时,政府部门作为社会利益主体的一部分,其决策及目标的设立反映了其决策者的主观意愿。因此,以政府目标为中心,完全以计划为核心配置的方式,具有复杂性、主观性和多元化特点。这种方式在进行健身休闲资源配置过程中存在不确定性。

(三)以资源优势为主的配置方式

以资源优势为主的配置方式主要是指健身休闲资源的流向和配置完全由该地区健身休闲产业的资源拥有情况来确定。这种资源配置方式着重强调资源在健身休闲产业发展中的中心地位,不考虑健身休闲市场状况及政府意志,忽视市场需求及资源向健身休闲产品与服务转化的市场必要条件。这是在资源丰富状态下经常采用的一种资源配置方式。某地区或因健身休闲资源丰裕,或因其他产业资源优势,在产业发展过程中依托资源优势,开发相关产品与服务,形成本地健身休闲产业链。但从资源配置的最终目的来看,以健身休闲资源优势为中心,不考虑市场状况和地区发展目标的资源配置,最终可能因市场需求不足,或因其他区域政策因素导致健身休闲资源过度开发,造成资源浪费。

综上所述,实现健身休闲资源配置合理化是健身休闲产业资源管理要达到的重要目标。通过一定的方式将现有各种健身休闲资源科学地、合理地、有效地分配到健身休闲产业链中,使之充分发挥作用,实现最优效益的过程就是健身休闲资源的合理配置。管理者、开发者、经营者必须认识到并非所有的配置行为都会产生好的效益,所有的资源配置方式也存在使用的适宜环境。因此,选择合理的资源配置方式,优化配置健身休闲资源,是实现健身休闲产业健康发展的重要途径。

实践证明,市场机制是极具效率的运行机制。在资源配置中它能够根据价值规律,依据价格杠杆和竞争机制实现资源的配置,所以市场在健身休闲产业资源配置中起到了基础性和决定性的作用。但政府行为作为市场的有力补充,在健身休闲产业发展初期,在产业引导、政策和基础设施支持方面,对健身休闲产业的发展具有不可替代的作用。同时,当地健身休闲资源的现实拥有情况是进行健身休闲资源配置的重要基础要素之一,管理者、开发者、经营者务必严谨地、客观地分析当地健身休闲资源的优势与劣势。当市场机制、政府行为及资源优势三者有机结合、协同发力,才能实现合理、有效的健身休闲资源配置。

第四节　健身休闲产业资源的开发与保护

一、健身休闲产业资源的开发

资源开发利用是指人类利用一些工具或智慧将发现的可以为人们服务的物质、能量、生命体、智慧进行加工、改造或利用进而为人类服务的行为。健身休闲产业资源的开发就是要将相关资源进行加工、改造或利用进而为人的健身休闲活动服务。

（一）开发的内容

1. 产品选择

产品选择指根据区域经济社会发展水平、健身休闲自然资源与人文资源特色、区域及周边区域健身休闲产品的竞争力、健身休闲市场消费特征的客观状况，确定可供利用的健身休闲资源，选择规划适宜的健身休闲项目和内容，提供给市场所需的健身休闲产品或服务。

2. 市场定位

市场定位准确是健身休闲资源开发成功的重要保证。在健身休闲资源开发的过程中，通常需依据交通条件和费用、时间跨度、空间距离、客源地的经济社会发展水平等做出明确的健身休闲市场定位，以便根据健身休闲资源的开发状况，有的放矢地拓展客源市场。通常而言，健身休闲市场分为一级市场、二级市场、三级市场等。一级市场即核心市场，是企业重点发展的市场，一般处于经济社会发展较好、区位交通优越、资源地健身休闲产品对其居民有强烈吸引力的地区。二级市场是发展市场，是依据健身休闲资源开发时序和健身休闲爱好者的消费需求状况不断开拓的市场。三级市场是机会市场，根据健身休闲资源开发时序，处于中远期开拓的市场，一般所占市场份额比较小。

3. 设施建设

设施建设包括基础设施和运动设施的建设与开发。场地、交通、通信、水电是健身休闲爱好者消费的先决条件，是健身休闲资源开发首要关注的内容。体育场所、休闲公园、医疗机构、安保组织是健身休闲爱好者生活所需的基本设施，步道、标牌、接待服务中心、健身房是健身休闲的配套条件。只有这些基础设施得到配套、完善，健身休闲资源的开发才能够展现出一定的吸引力。当然，在健身休闲资源开发过程中，这些基础设施也可以通过对区域基础设施的整合与共享来实现。

体育健身设施建设及其相关的配套保障是健身休闲资源开发的核心，主要包括健身设施的购买安置、安全保障设施的建设、健身场所及其配套建设。如滑雪场地的开发，就涉及雪道开发、缆车、飞毯、滑雪板、滑雪杖、滑雪服、手套、护膝、帽子和滑雪镜甚至造雪机等众多设施。

4. 专业管理及服务人员

健身休闲资源开发中需要各类专业人员，包括管理者和一线服务人员。企业管理者主要对健身休闲企业进行现代化管理，组织各部门，实现对各类健身休闲资源的利用，共同服务健身休闲消费者。一线服务人员主要包含：一类是普通的健身服务人员，如社会指导员等；另一类是具备健身与休闲运动技术的专业人员，如滑雪的导滑员、漂流的导漂员和专业的救护人员、讲解人员等。以上专业管理与服务人员缺一不可，否则将严重影响健身休闲资源开发的质量和效益。

健身新业态——极限运动综合体

（二）开发的原则

1. 计划性与阶段性相结合原则

要将资源转化为健身休闲产品，实现其健身休闲的价值或功能，需要一个逐步推进的过程。各地要根据实际情况进行探索，逐步寻找到最适合自身资源类型和特点的开发利用途径，从而有计划、有步骤地开发各类健身休闲资源。在这一过程中，企业和政府部门要做好健身休闲资源的发掘与整理工作，组织专家开展科学评估，并实现有针对性的差异化开发规划工作。事实上，企业和政府部门在做好充分调查和评估的基础上，根据本地区健身休闲资源的特性，需要区别对待不同类型的健身休闲资源，探索不同的开发利用模式，为各类健身休闲资源寻找适合各自表现形式的载体，并制定可行的开发方案，分阶段逐步推进，实现计划性与阶段性的有机结合。

2. 可持续开发原则

可持续开发原则要求在资源与经济发展之间建立起良性的、可以循环并再生的开发机制。对健身休闲资源进行可持续开发，就是在健身休闲产业化开发过程中，充分发掘各类健身休闲资源的潜力，尽可能地发挥其效用和价值，让区域内有限的健身休闲资源发挥出最大的社会效益和经济效益。并且，社会各界要面向未来，用发展的、可持续的眼光看待健身休闲资源，确保后代所获得的福利，实现代际共享，实现健身休闲资源的永续利用。

事实上，健身休闲资源具有良好的再生能力和机制，能够不断创造和再造新的健身休闲资源，如健身休闲节庆类、赛事类文化资源。因此，在健身休闲产业发展中要避免资源开发中的短视行为，结合先进科技，融合发展，提供有效的健身休闲供给，发展新项目、新业态。

3. 兼顾保护与创新原则

资源是可以不断被发掘和提炼的。在健身休闲资源的开发利用过程中，企业和政府需要创新，思考“如何激活资源潜在的健身休闲价值”，让资源散发出健身休闲的魅力。创新是拉动经济的又一驱动力。没有创新，健身休闲产业就会走向萎缩，产业规模难以扩大，发展水平也难以提高。政府和企业一定要以一种开放的态度和创新的意识来开发利用健身休闲资源，并善于把健身休闲资源保护与创新有机结合起来。如果只会固守传统，而不在内容和表现形式上有所创新，以适应社会对健身休闲的审美心理和市场需求，就会导致这种传统健身休闲资源沉眠于“地底”，缺少现实发展的强劲动力。

因此，要做好健身休闲资源保护工作，同时不能因保护而被束缚不敢变通，要将传统资源融入当代健身休闲活动之中，使之有机结合，满足当代健身休闲消费者的需求，只有这样才能促进健身休闲产业的长久持续发展。

二、健身休闲产业资源的保护

工业码头变最美跑步圣地

健身休闲资源的破坏可分为自然性破坏和人为性破坏两类。自然性破坏主要是由各种自然因素引起的破坏，如地震、海啸、火山喷发、山体滑坡、自然火灾等引起的地形地貌、森林植被的改变、破坏等。健身休闲资源依托特定的地形地貌和草原、大气、冰雪、动植物等自然资源而存在，因此，一旦自然资源的自然性被破坏，势必导致健身休闲资源在一定程度上的损失。自然破坏，虽然不以人的意志为转移，但随着科技的发展，人们逐渐增强了对自然的认识和利用。人为性破坏主要由健身休闲资源开发性建设和健身休闲消费者消费过程中的破坏性行为引起，健身休闲资源开发的建设性行为如漂流基地建设对水域的破坏、丛林探险对植被生态的破坏、攀岩对自然山体的破坏等。需要说明的是，人为性破坏包含健身休闲资源开发利用过程中的合理性破坏和衰竭性破坏。所谓合理性破坏是指资源开发建设中必需的步道建设、场地使用等。而衰竭性破坏是指资源开发建设中因短视的经济行为或其他原因，造成健身休闲资源后续使用枯竭的行为。健身休闲参与者的破坏性行为包括在健身休闲过程中对自然资源的乱挖乱采、对人文资源的乱写乱涂，对生活垃圾的乱扔乱放，在大众休闲活动、大众健身赛事观赏过程中的乱喊乱叫、车辆乱停、垃圾乱丢等扰民行为等。这些破坏有的是管理不善造成的,有的是健身休闲参与者的环保意识、社会责任意识欠缺造成的。

根据健身休闲资源破坏的不同原因,可采用不同的保护方法。对自然性破坏,要防治结合,相关部门和企业要加强科技研发,综合运用法律、行政、经济手段,加大保护力度。

对不同经营市场主体对健身休闲资源的人为性破坏需要提高警惕。第一,加强保护宣传,增强健身休闲爱好者健康的健身休闲意识。第二,提高各类经营市场主体的社会责任意识。第三,加强健身休闲资源开发的科学规划,防止过度、无序开发,使开发行为保持在环境可承受程度之内。第四,创新是健身休闲产业发展的根本动力。通过资源开发的制度创新、渠道创新、技术创新、产品创新推动健身休闲产业资源开发模式升级,避免资源耗竭性开发。第五,加强管理监理。科学设定健身休闲场所的环境容量,合理控制健身休闲人数,积极、全面地做好对经营主体、健身休闲参与者的环境监理工作。避免管理者利用职权便利破坏健身休闲资源中各要素的合理配置。第六,通过制定详细的保护法规,对各类主体的行为加以约束,使健身休闲资源保护做到“有法可依、执法必严”,以法律法规保障健身休闲资源保护与开发的平衡、和谐。

复习思考题

1. 什么是健身休闲资源？它具有怎样的特点？

2. 在开发健身休闲资源过程中应该遵循怎样的原则？

3. 请列举你身边健身休闲资源开发与保护的成功案例和失败案例,并和同学们一起讨论分析。

第四章 健身休闲市场与消费

学习目标

1. 了解健身休闲市场与消费的基本概念。

2. 学习掌握健身休闲市场的性质及构成,健身休闲消费者行为的分类、特征及影响因素。

3. 熟悉健身休闲消费动机和消费水平相关指标。

4. 理解我国健身休闲市场细分程度及市场策略。

本章导语

随着社会经济的发展和人们生活水平的提高,广泛的健身休闲活动已成为社会生活的重要组成部分。国家一系列健身休闲产业政策颁布,健身休闲市场呈现勃勃生机,极大地刺激着健身休闲消费领域。健身休闲市场作为体育市场的专业领域之一,与其他行业领域有着不同之处。本章将对健身休闲市场与消费的基本概念、基本特点与基本划分进行介绍。

第一节 健身休闲市场

一、健身休闲市场的概念及内涵

(一)市场的概念

人们在日常生活中,往往将市场看作是进行买卖的场所,这是一个时空市场的概念。根据《易·系辞下》的记载,早在我国古代就有“日中为市,致天下之民,聚天下之货,交易而退,各得其所”的记载,这是对在一定时间和地点进行商品交易的市场的描述。

经济学家认为市场是跟随着商品经济逐渐发展而产生的,这就揭示了市场的经济实质。自从生产结果超越了人们自己的需求,而且还有多余的用来交换的产品后,就产生了市场。市场是商品交换关系的总和,是体现供给与需求之间矛盾的统一体,市场上的卖方想高价卖,而买方想低价买,这种矛盾长期存在。当这种矛盾在市场上达到统一时,买卖双方各自的销售和采购愿望就得以实现。

随着社会的发展,市场成为全社会分工的产物。在商品生产的条件下,社会内部分工的前提是不同种类劳动的相互独立,即它们的产品必须作为商品相互对立,并且通过交换完成商品的形态变化,使商品之间相互发生关系。因此,市场是为完成商品形态变化,在商品所有者之间进行商品交换的总体表现,这是抽象的、广义的市场概念。

狭义的市场是指销路,这是从经营者的角度看待这一概念的。人们常常把卖方称为行业,而将买方称为市场。按照这一含义,西方经济学提出了这样一个公式:

市场 = 人口 × 购买力 × 购买欲望

西方经济学家认为,市场主要由三大因素构成:人口、购买力和购买欲望。通常来讲,人口、人的购买力、人的购买欲望与市场成正比关系。即使有充足的消费人群和购买力,但是如果货不对路,加之人没有欲望购买,市场就难以产生或规模受限。因此,在市场研究中,人口、购买力和购买欲望是必须要选择的目标,是必不可少的因素。

(二)健身休闲市场的概念

目前,对于健身休闲市场概念的认识缺乏统一性,学者们从自己的研究视角对健身休闲市场的概念进行了不同的界定。现代经济学理论认为,一个真正的市场的存在必须满足两个条件,一是存在对某种产品或服务有需求的潜在消费者;二是这部分潜在的消费者有购买能力。在此基础上生产者与消费者才能实现产品的买卖关系。

通常来讲,在国家相关法律法规和宏观调控的指导下,健身休闲市场具有一定的程序交易,即主体经营以健身休闲装备与商品、健身休闲服务为对象的交易机制或者体系。从前面几章的论述中可以看出,随着社会经济的发展变化,健身休闲成了人们的一种需求。他们是健身休闲产品和服务的潜在消费者。随着消费者“可自由支配收入”的增加,他们具备了购买健身休闲产品与服务的能力。

综合各种观点,可以将健身休闲市场的概念界定为:狭义上,是指对某种健身休闲产品和服务具有购买欲望,并有能力购买的人群;广义上,是指健身休闲产品与服务的经营和交换场所及交换关系的总和。

二、健身休闲市场的性质及构成

(一)健身休闲市场的性质

在市场经济体系支配下,市场由两个统一的子系统构成,它们是物质资料市场和非物质资料市场。在健身休闲市场中,二者相互依存、互为依托地运转市场机制。

根据健身休闲市场的流通对象、存在形态等的不同,健身休闲市场可以分为生产资料市场和消费品市场。从细节上划分,健身休闲消费品市场又可分为实物形式与非实物形式的消费品市场。健身休闲服务市场是指以劳动形式存在的健身休闲消费品市场。服务类健身休闲市场虽然依赖相关健身休闲要素的支持,但健身休闲服务是健身休闲市场的主体性内容,这一点决定了健身休闲市场的独特性,实物类健身休闲消费市场则都围绕相关健身休闲活动与服务产生和发展。

(二)健身休闲市场的构成

市场体系是各种商品经济关系的具体体现和综合反映,是各种商品市场在相互关联、相互制约的关系中形成的动态有机整体。学习掌握健身休闲市场的构成,有助于掌握健身休闲市场的变化特征,正确认识和把握健身休闲产业的发展规律。

健身休闲市场体系是随着我国经济社会发展而形成并逐步发展完善的。健身休闲市场由健身休闲服务消费品市场、健身休闲实物消费品市场、健身休闲要素市场构成。

健身休闲服务消费品市场主要指健身休闲服务市场和运动休闲服务市场。

健身休闲实物消费品市场主要指健身休闲装备市场。

健身休闲要素市场主要指健身休闲的资金、劳动力与技术产品市场。

健身休闲市场是一个有机体。从市场营销学角度考虑,只要包含健身休闲内容,具有市场经营的元素,都有必要对其经营过程规律和经营策略进行研究。

三、健身休闲市场细分

中国已进入居民中等收入水平国家行列,但受居民消费习惯影响,我国居民消费率还较低。为了将居民的消费需要转化为现实的消费需求，有必要对健身休闲市场进行细分。依据不同的标准对健身休闲市场有不同的划分。本书依据人口的年龄分布特征进行细分，并寻求各细分市场特征，以此为依据，进行健身休闲目标市场开发的分析。

（一）老年人健身休闲市场

1. 老年人健身休闲市场特征

老年人作为一类特殊的社会群体，具有特定的生理和心理方面的行为方式，在很大程度上驱使他们形成一套特定的消费偏好、消费行为、消费观念、消费习惯等。当前，我国人口结构发生了显著的变化。从全国范围来看，随着医疗条件、生活条件的改善，65 岁及以上的老年人数量显著增长，老年人口数量占总人口数量的比重迅速提高，人口老龄化趋势明显。卢元镇等人认为，21 世纪初我国将完成向老龄化社会过渡的全过程，2020—2050 年我国将进入高度老龄化社会阶段。

长期以来，老年人在健身休闲消费心理和消费行为方面，主要表现为以一种“既不花钱，也能买健康”的心态从事健身休闲活动，比如对广场舞，晨跑等这些经济成本低的运动有很大需求。这样做既可以保持身心的愉悦和健康，也能满足对健身休闲的需求。但近年来老年人体育消费规模的明显提升，也表现出老年人健身休闲消费观念的转变。

2. 老年人健身休闲市场开发

地方经济发展水平也会制约老年人的健身休闲消费水平。尽管老年人的健康意识逐步加强，但老年人专门去消费健身休闲产品和服务的数量仍然有限，即使参与消费也仅仅消费低附加值的健身休闲简易器材和运动服装。上海市作为我国经济风向标，其统计局信息显示，2018 年上海市 60 岁及以上人群有体育消费的比例达 60.8%，人均体育消费金额由 746 元上升至 987 元，实现较快增长。未来，一方面，大部分老年人将会有更多经济来源去支持自己对于运动器材的追求；另一方面，儿女也会愿意花大价钱去购买健身休闲产品，保证父母的健康和家庭美满。老年人在所有人群中属于“有闲”一族，因此，老年人健身休闲市场是一个潜力巨大的市场。注重宣传和社会氛围的引导，并提升健身休闲产品质量与服务水平，丰富健身休闲产品与服务供给成为挖掘老年人健身休闲市场消费潜力的重要途径。

银发健身房

（二）中青年健身休闲市场

1. 中青年市场总体特征

中青年群体是社会的中流砥柱，也承受着现代社会的巨大竞争压力和快节奏生活。中青年群体因为处于“无闲”的状态，制约了自身的健身休闲消费能力。但中青年人大多认识到身心健康的重要性，选择“抽空休闲”的方式参与室内外健身休闲活动。中青年健身休闲消费者在进行健身休闲方面的消费时更加遵从于自己的目的和想法，消费水平可能层次更高，对健身休闲项目、健身休闲服装、运动鞋等都具有很大的品牌忠诚度，并且需求稳定。阿里巴巴平台数据显示，2017 年，26~30 岁人群体育消费总金额最高，为 185 亿元；19~25 岁人群次之，为 175 亿元；19~35 岁人群体育用品消费额占总消费额的 66.7%。

总体而言，健身休闲活动中男性参与人数占比大于女性，但女性健身休闲消费力大于男性，而且增速也快于男性。英国的《投资参考》发布的数据显示，2016 年，平均每位中国女性在运动装备方面的消费达到人民币 1 141 元，比同期男性的支出多 60 元。这可能显示了社会的深层变化：随着女性成员的家庭地位的变化，很多女性成员掌握了家庭的消费主方向。这也说明处于扩张阶段的我国女性运动消费市场仍有巨大的商业空间，因此，需要重点研究和分析女性健身休闲消费市场的特点和市场策略。

2. 女性中青年市场特征

首先，女性消费者容易受到个人情感的影响。在具体健身休闲消费实践中，容易受到很多因素的影响，出现冲动性消费。其次，女性消费者热衷于时尚健身消费。阿里体育提供的电商数据显示，2018 年女性线上运动商品消费的增速也快于男性。当流行风尚从活力四射的动感健美操转向均衡调和、身心具修的瑜伽时，女性消费者表现出对身材管理、身心管理的热爱与追求。女性消费者正成为体育消费市场的重要增量。

3. 中青年健身休闲市场策略

首先，调整产品上市的时间，做好不同时期产品的营销，满足中青年群体健身休闲需求。以个性化定制方式弥补因时间管理不足造成的有效需求得不到满足的问题。其次，根据不同层次和级别的女性消费者提供不同种类的产品，丰富产品内涵，提升产品占据市场的能力。再次，增强品牌战略，推进健身休闲品质消费。最后，建立灵活的价格策略，包括设立价格目标、选择定价技巧和进行价格调整，以“价廉物美”

激发女性健身休闲消费欲望。

（三）青少年健身休闲市场

1. 青少年健身休闲市场特征

从长远看，青少年是健身休闲消费的关键主体，青少年健身休闲消费市场在体育消费发展中占据基础地位，影响和制约着健身休闲产业发展的持续性。2018 年，上海市 6~17 岁青少年人均体育消费金额高达 3 327 元。可见，我国青年健身休闲市场需求主要来源于青少年学生。

青少年通常以家庭参与、体育培训、集体活动等形式参与健身休闲活动，往往有自己独特的个性，他们在运动服装衣帽、小型运动器械、运动饮料、体育出版物、健身休闲杂志、健身休闲赛事、租用场地等方面有一定需求。运动消费的项目主要集中在一些比较激烈自由的运动项目上。

从上海市不同年龄段人群体育消费结果看，6~17 岁儿童青少年人均体育消费金额连续 4 年均接近或超过 18~59 岁人群。花钱参加体育培训的比例超过 40%，并呈现增长态势，参与培训人数占比较高的项目既包括游泳（35.4%）、羽毛球（19.8%）、篮球（19.4%）、足球（13.2%）、乒乓球（7.6%）等传统运动项目，还包括舞蹈、韵律操（街舞、形体操、健美操、体育舞蹈等）（13.2%）、体育搏击（跆拳道、空手道、拳击）（11.3%）、极限运动（轮滑、跑酷、自行车等）（7.9%）等新兴运动项目。可以预见的是，随着运动项目产业的发展，在传统运动项目消费发展之外，新兴运动项目在青少年中的消费潜力将得到进一步激发。

2. 青少年健身休闲市场开发

针对以上两种青年健身休闲市场的情况，对于青少年市场开发的问题应该一分为二地看待。对于青年学生健身休闲市场的合理开发，首先在于提高校内健身休闲场所的服务质量，营造良好的运动氛围，开发适合青年学生的健身休闲产品。同时，健身休闲俱乐部也要根据学生消费特点对项目进行合理的定价，因为学生的消费水平有限，只有合理定价，才能满足学生这类人群的消费需求并促进消费的产生。对于消费新兴运动项目的青年健身休闲人群，应当作为中高端健身休闲消费市场对象来对待，要迎合青年群体追求时尚、展现自我的心理，开发适合青年健身休闲人群的产品。

青少年体育服务标准体系正在建立

四、建设高效的健身休闲市场体系的路径

（一）配置市场要素，力求高效公平有序

健身休闲市场的生产要素具有公共属性特征，我国健身休闲体制的改革正在进行，行政管理滞后影响了生产要素的协同高效配置。高效有序配置健身休闲市场要素，必须健全科学反映成本效率的灵活定价机制，使价格体现质量，体现成本。健身休闲市场要素主体拥有要素流动的自主性，并遵守市场规范。健身休闲市场要实现市场决定价格、流动自主有序、配置高效公平的要素配置机制体制。

（二）健全产权制度，保护供给主体权益

产权制度是市场经济的基石，亦是市场体系有效运行的基础性制度。健身休闲市场的供给主体是指那些提供健身休闲产品和服务以满足社会不断增长的健身休闲消费需求的政府部门、企业和个人。对健身休闲场地等城乡基础设施的建设主要由政府部门承担，以支撑健身休闲市场的正常运行。政府应制定相关政策和法规积极引导社会资本参与建设，培育市场供给主体，充分利用现有的场地、设施和器材，兴办各种以休闲、娱乐为主的健身休闲经营场所，提供以健身休闲活动为主的多种健身休闲产品和服务。要积极扶持商业健身俱乐部的发展，以不断增加健身休闲市场产品的供给总量。在这过程中，应厘清健身休闲市场供给主体的财产权利的边界，用制度来保障主体权益。

（三）培育消费主体，提升消费意识与能力

健身休闲市场指的是对某种健身休闲产品和服务具有购买欲望，并有能力购买的人群。健身休闲市场的规模和质量由现实和潜在购买人群的人口数量、购买力和购买愿望决定。目前，我国社会已进入新时代，社会的主要矛盾为人民日益增长的美好生活需要和不平衡不充分的发展之间的矛盾。现代社会中“文明病”越来越普遍。在健身休闲领域，社会各界需要全面落实《全民健身计划纲要》《“健康中国 2030”规划纲要》，扩大健身休闲市场的需求。比如，依托各类健身休闲项目协会，培育基层健身休闲社团组织；依托大众传媒加强对国民的健身休闲与健康宣传与引导，培养健身休闲消费意识与习惯。

第二节 健身休闲消费

一、健身休闲消费的概念与分类

（一）健身休闲消费的概念

消费是人类社会经济活动的重要行为和过程。通俗来说，消费就是用钱买东西，通过消费各种商品和服务来满足生产生活需要。所以消费就是“为了生产和生活需要而消耗物质财富”。广义的消费包括生产消费和生活消费。健身休闲消费是个人生活消费的一部分，更是现代生活消费中不可缺少的一部分。健身休闲消费是体育消费的一个分支。

健身休闲消费是健身休闲产业存在和发展的前提条件。健身休闲消费决定着健身休闲产业的规模、结构、质量和效益。人们健身休闲消费水平，可从侧面反映人们的生活消费水平和生活质量。

狭义的健身休闲消费，主要指与消费者参与或者从事健身休闲活动并且在此过程中消费与健身休闲有直接关系的实体产品或者服务的购买行为。比如，为了健身运动时的舒适和安全，会购买一些运动服装、健身器械等产品，或获取健身教练的指导服务。

广义的健身休闲消费，主要是指人们为了获得心理方面的愉悦和身体方面的健康，升华自己对于健康和情操方面的思想，促进人的体力、智力、脑力等各方面的发展而去从事广泛而综合的个人消费行为。比如，消费者可能更加追求健身休闲活动中音乐、环境等方面的消费质量，这对参与健身休闲活动时更好地放松、缓解压力起到了积极作用。

本书从经济学角度将健身休闲消费的概念界定为：健身休闲消费是指消费者以货币购买健身休闲产品获得健身与休闲效用的行为。这就强调了消费主体的选择性，以货币购买形式，获得具有健身休闲效用的产品，以满足自身健身休闲需求为最终目标。

（二）健身休闲消费的分类

目前对健身休闲消费分类的认识，仍是从现实的健身休闲消费角度出发进行归类的。依照不同的标准，可以将健身休闲消费分为以下几类。

1. 按健身休闲消费层次划分

健身休闲消费是经过一定历史时期的发展，当社会生产力达到了一定水准后，人们寻求的新消费方式。人们健身休闲消费层次的高低一定程度上反映出人们的收入水平高低和生活质量状况。按消费层次不同可将健身休闲划分高端型、中档型和经济型消费。

（1）高端型：在高端型健身休闲消费行为中，人们通过各种享受健身休闲要素的方式来实现健身、休闲的需求。它是部分消费者以专业的精神和技能投入到自己热爱的健身休闲活动中，达到极致舒服、充分愉悦的一种消费模式。

（2）中档型：随着社会财富的不断积累，中产阶层的扩大，中等收入人群成了健身休闲消费的主力军。为了满足自身发展需要，选择舒适型健身休闲消费，成了中等收入人群的主要选择。值得注意的是，存在部分中等收入人群因酷爱某项健身休闲活动，在消费时压缩其他生活方面的开支去选择高端的、专业型的健身休闲装备以满足自身健身休闲需求的现象。

（3）经济型：为了促进社会的稳定和发展，各国政府都会推出满足消费者需求的、形式多样的健身休闲产品和服务。该类健身休闲产品的公共产品属性，决定了消费者可以以较低的成本，甚至免费参与健身休闲活动。因此，低收入人群，或者不愿在健身休闲活动中投入太多的中等收入人群会普遍选择经济型健身休闲消费。

消费者的收入水平决定了消费者的消费能力。消费者所处的消费层次，除了受消费者的收入水平影响外，还会受到消费者健身休闲消费意识、愿望、爱好的影响，同时，消费的层次性与消费者的运动技能水平也存在紧密的联系。所以，上述三种层次的健身休闲消费，在健身休闲活动中是相互交错、密切联系的，很难划分它们的边界。

2. 按照消费形式划分

按照消费形式划分，健身休闲消费可划分为参与型和实物型健身休闲消费。

（1）参与型：参与型健身休闲消费是指人们用货币购买参加健身休闲活动的权利，享受相应健身休闲服务的消费行为。参与型健身休闲消费是健身休闲消费的核心内容，也是最能反映健身休闲消费特征的一类消费，包括室内外的健身消费、运动休闲消费、休闲娱乐消费、健身康复消费和体育旅游消费等。

（2）实物型：实物型健身休闲消费是指人们用货币购买各种与健身休闲活动有关的物质产品的行为，主要指购买健身休闲装备的消费。根据所购物质产品的用途，实物型健身休闲消费主要包括运动服装、运动护具、运动器材、户外健身休闲运动装备、运动健康食品、运动健康饮料等。

3. 按健身休闲消费主体划分

按消费主体不同,可以将健身休闲消费划分为个人型、家庭型和集体型健身休闲消费。

(1)个人型:个人型健身休闲消费是指为迎合个体成员健身休闲的需求而引发的在健身休闲产品及服务方面的消费。个人健身休闲消费是个性全面发展所需的消费,是为了提高人们的文化素质水平,陶冶情操,增强劳动者的智力、体力而进行的消费。因此,健身休闲消费既包含了人们在健身休闲过程中所获得的满足其活动实施要求的实物型产品,也包含了满足其发展与享受的精神产品和健身休闲服务三个方面的消费,是一种满足健身休闲参与者个性全面发展需求的高层次消费。

(2)家庭型:家庭型健身消费是指社会成员以家庭为单位进行的健身休闲消费。家庭作为一个社会的组织存在,是补偿家庭成员劳动力消耗、再生产劳动力、提高成员素质的重要场所。在我国实施《全民健身计划纲要》过程中,家庭成了进行健身休闲消费重要的、基本的经济单位。家庭健身休闲活动中包括了家庭成员的物质消费与精神消费两个方面。因此,积极引导家庭健身休闲消费,正确开展各种类型的健身休闲活动,对于促进健身休闲产业的发展和社会精神文明建设都具有十分重要的意义。

(3)集体型:集体型健身休闲消费是指以团体形式进行的健身休闲消费。这种消费的主要目的是为了凝聚集体力量,丰富团队文化生活。集体健身休闲消费是我国健身休闲消费的一大特点,各行政单位、企事业等内部及单位之间、企业之间举行的健身操比赛、篮球赛、健步走活动、户外登山活动、骑行活动等都属于这类消费。

二、健身休闲消费的特征

健身休闲产品的特点决定了健身休闲消费是一种包括多方面内容的消费,因此健身休闲消费具有不同于一般实物产品和服务产品的消费特点。具体讲,健身休闲消费的特点,主要表现在健身休闲消费的综合性、自由性、技能性、高弹性及积极性方面。

(一)综合性

健身休闲消费是贯穿于整个健身休闲活动的连续动态过程,由于这一过程会涉及各方面的支撑要素，因此健身休闲消费具有综合性消费的显著特点。一方面，从健身休闲消费活动的对象看，健身休闲消费以参与健身休闲为中心，是集健身休闲实物消费和服务消费为一体的综合性消费活动。任何参与者都可以在健身休闲活动中购买一定的健身休闲产品和服务，实现自己的健身休闲目的。另一方面，从健身休闲消费的构成看，健身休闲消费不仅包括对健身休闲产品、健身休闲设施、健身组织与指导服务等多种直接要素的消费，也包括对衣、食、住、行等多种间接要素的消费。因此，健身休闲消费是一种涉及多方面和多因素的综合性消费，需要多部门的协同合作。

（二）自由性

健身休闲的消费具有明显的休闲体育消费特征，即“自由”。在是否选择健身休闲消费，选择健身休闲消费的时间、空间以及方式上都存在典型的自主选择性特征。人们在自由条件下感受到的运动比在其他情况下体验到的运动具有更强烈的体验性，也就是说，在健身休闲中得到运动体验的质量更高。

（三）技能性

通常而言，消费者参与大众健身休闲一般不需要掌握太多技能。但是，当消费者参与健身休闲达到较高频率，对自身健身休闲有更高的体验需求，或者体验一些特色健身休闲项目时，健身休闲消费就成为一种典型的技能性消费。也就是说消费者必须具有一定水平的消费技能，才能真正实施消费行为，因此它属于一种特殊的消费能力。

通常而言，消费者在物质消费活动中，只要拥有一般消费能力，就能消费。但是健身休闲消费则不同，它具有很高的消费能力的要求，也就是说，健身休闲的消费者必须具备与健身休闲消费相适应的知识、经验和技能。一个人要想得到健身休闲享受，就必须具备一定的体育素养。例如，户外自行车骑行要求参与者了解路线设计、骑行知识与技术、车辆维护等。

事实上，健身休闲的技能水平与消费效用有着密切的关联。也就是说，消费者对健身休闲的认知水平、技能水平越高，对健身休闲项目的理解就越深刻，对健身休闲带来的感受也越充分。由于前期社会经济发展水平的限制，体育技能习得水平低，导致很多人因为受消费技能缺乏的制约而不能消费他们所喜爱的健身休闲产品。

（四）高弹性

健身休闲消费作为一种更高层次的消费，其需求在产品的品种、数量和质量方面具有较大的变动性。首先,健身休闲消费是一种弹性较大的消费,健身休闲参与者的职业、年龄、性别、宗教信仰、兴趣爱好、受教育程度等方面的差别,使其对健身休闲产品消费的品种、数量和质量之间存在着一定的差异。因此,许多因素都会影响健身休闲消费的数量和质量。

（五）积极性

科学的、健康的健身休闲消费方式有很强的积极性。健身休闲消费是人类社会从低级发展到高级阶段的产物。实践证明,健身休闲是体育社会化的衡量尺度,是有利于人类生存和发展的有效手段,也是社会文明发展程度的重要标志之一,因此,健身休闲消费带来的积极性是多方面的。人们通过健身休闲消费可以提高自身的身心健康水平,提高工作和学习的效率,降低个人和社会的医疗成本。很多人在健身休闲活动中舒缓了心理压力,调节了情绪。家庭型、集体型的健身休闲活动促进了家庭、单位和社会的和谐。

疫情催生线上居家科学健身指导

三、健身休闲消费者行为及心理活动

（一）消费者行为的含义

西方经济学理论对消费者行为进行分析的时候,往往运用效用论的分析方法,包括基数效用论和序数效用论。这两种方法从基本的层次出发,从人的主观愿望或者心理想法出发,试图找出这些主观愿望背后的深层次的经济因素和驱动力。但这两种理论也仅仅考虑了消费者消费商品或劳务而获得的物质收益以及精神收益。

消费者行为是消费者在感知、认知、行为以及环境因素的相互作用下,与他人或组织之间的交易与交流,是一种交易行为,涉及产品或服务的交换。此行为是动态的,随着时间的不断推移而不断发生变化。

消费者行为研究就是要研究不同消费者的各种消费心理和消费行为,以及分析影响消费心理和消费行为的各种因素,揭示消费行为的变化规律,以便更好地促进市场需求的满足与资源再造。

学界普遍认为,消费者行为存在狭义和广义之分。狭义的消费者行为指消费者的购买行为以及对消费资料的实际消费。广义的消费者行为指为索取、使用、处置消费物品或者服务,所采取的各种行动以及先于且决定这些行动的决策过程,甚至还会包括消费收益的取得等一系列复杂的过程。

（二）影响健身休闲消费者行为的因素

影响消费者行为的因素主要有三大类：消费者自身因素、环境因素和企业市场营销因素。同样，这三个因素也影响着健身休闲消费者行为。

1. 消费者自身因素

健身休闲消费者自身因素包括身体因素、心理因素、技能因素。身体因素指消费者的性别、年龄、健康状况和生理特点等，不同健康状态与生理特点的消费者会选择不同的健身休闲项目。健身休闲消费者心理因素指消费者的意识、感觉、知觉、情绪、情感、意志等。健身休闲消费者的技能因素，指消费者掌握的健身休闲知识和技能。这一点本书在前面已经阐述过，此处不再赘述。健身休闲项目因其自身特点，对参与者和体验者产生不同的情感体验，从而吸引自身因素不同的健身休闲消费者。

2. 环境因素

环境因素还可以分为微观环境和宏观环境两个层次。微观环境因素是指消费者切身感受到的具体的物质因素和社会因素的总和。宏观环境是指具有广泛性和影响力的物质环境和社会环境的总和。从微观上讲，健身休闲消费环境因素指消费者参与健身休闲活动的场所及部分所需物质资料的总和，包括有形的物体，如健身房、球场、步道、山地、油轮、航空器等，还包括消费者的社会行为，如在健身房健身时消费者的心理活动等。

3. 企业市场营销因素

健身休闲企业市场营销因素包括健身休闲企业的营销计划、产品结构、价格方式、渠道方法和促销行为等。对健身休闲消费者行为的研究，其中一个主要用途就在于帮助企业根据消费者心理和行为制订营销原则和策略。

（三）健身休闲消费者行为类型

健身休闲消费者的消费除受消费动机影响外，还受其性格、受教育程度、实施消费行为时的客观环境等的影响。因此，又可把健身休闲消费者的消费行为分成若干类型来研究，这里介绍的某些类型同后文介绍的某些心理动机类似，所以只是简单列出，以便学习和运用时加深理解。

1. 习惯型

习惯型健身休闲消费行为是指健身休闲消费者根据自己已经形成

的健身休闲消费习惯而消费。例如,某自驾爱好者,总是乐于搜集整理与自驾相关的路况、汽车旅馆、露营装备等信息,并选择自驾的休闲方式度过假期。

2. 理智型

理智型健身休闲消费行为是指消费者在进行健身休闲消费时,经过对消费产品或者服务的了解、分析、反复比较后才会消费。这种消费行为属于经济实用的消费心理行为,要求健身休闲卖家的产品、服务和价格更为公道。

3. 经济型

经济型健身休闲消费行为是指消费者对健身休闲产品及服务的价格特别敏感。他们追求物美价廉的健身休闲产品及服务。比如,某户外健身房推出打折卡,形成大幅度减价冲击,他们就会忽视自己对该产品的其他需求程度而选择购买。

4. 冲动型

冲动型健身休闲消费行为是指消费者在外界条件刺激下,临时作出的消费决定。据统计,高达 93.5% 的 18~35 岁的女性消费者都有过受情感心理影响的冲动型消费行为。比如,消费者在失恋因素影响下可能导致其以户外休闲消费的方式改善其情绪。

5. 从众型

从众型健身休闲消费行为是指消费者在消费时采取了从众心理,这类消费者缺乏主见,往往别人买什么,自己也买什么。比如,消费者在一次户外健身推广活动中产生的从众购买行为,会忽视自身是否具有参与该项户外活动的身心条件。

四、健身休闲消费动机

(一)动机与消费动机

1918 年,伍德沃斯率先引入心理学的动机概念。他把动机视为决定行为的内在动力。人们从事任何活动都由一定动机所引起。引起心理动机有内外两类条件,内在条件是需要,外在条件是诱因。内部刺激唤醒人的需要,使需要产生驱动力,驱动主体去追求需要的满足。一般来讲,需要只为行为指明大致的或总的方向,而不规定具体的行动线路。有的时候,需要只引起人体自动调节机制发挥作用,而不一定引起某种行为动机。

人的消费行为也总是受到一定动机的支配。满足同一需要的方式或途径并不是唯一的。需要这一概念并不能很好地解释消费者为什么在众多的选项中选择某一方式而不选择其他的方式。因此,学者引进动机概念,试图从能量与具体方向两个方面为人的消费行为提供更充分的解释。

依据杰克·特劳特的定位理论,有人把消费者的消费动机称为消费者心理定位。消费者心理定位有价值心理、标准心理、习气心理、身份心理、情感心理等。常见的消费者购买行为动机有:求实动机、求新动机、求美动机、求名动机、求廉动机、求便动机、从众动机、兴趣动机等。

(二)健身休闲消费动机的分类

健身休闲消费者的消费动机就是要让消费者有购买产品的欲望,促使消费者有消费产品的冲动或者激发购买行为的内在可能。消费者的健身休闲消费动机来源于自身的健身休闲需要和外在环境的培养。当消费者在内部刺激和外部刺激下,唤醒了自身对某种健身休闲的需要,并期望得到满足时,就会产生健身休闲消费动机,并逐步转化为消费行为。如前所述,不同性别、年龄、文化、职业、收入的人,消费行为具有不同的特点。究其原因,正是消费者内外部条件、环境的共同作用使自身的健身休闲消费动机存在一定的差异。

健身休闲消费动机是指健身休闲消费者的心理定位,也指消费者健身休闲消费行为所要达到的目标,即健身休闲消费的预期目标。健身休闲消费动机的多元化和实用性是现阶段的主要特点。根据马斯洛需求层次理论,结合健身休闲产业现实特点,可以将我国消费者的健身休闲消费动机主要分为以下几种。

1. 增进健康动机

增进健康动机指消费者为了恢复机体功能、增进健康、抵抗疾病、延年益寿而进行健身休闲消费,包含室内外的健身锻炼、休闲疗养,为强身健体而购买健身器材和设备等。

2. 健身健美动机

健身健美动机指消费者为了追求自己形体美、服装美、身心健康目的而参与的健身房练习等健身休闲消费,如为了形体优美而参加健身培训班,为了美丽而买时髦的运动服、运动鞋等。

3. 满足兴趣动机

满足兴趣动机指消费者为了满足自身兴趣爱好、提高修养和品位而专注于有关健身休闲的相关技能和知识的学习,并为参与健身休闲活动而进行健身休闲消费。

4. 消遣娱乐动机

现代社会激烈的竞争、繁杂的人事关系、快速的生活节奏,使很多人渴望摆脱心理和生理上的压力,放松自己的精神,而最能满足这种需求的莫过于各种各样的健身休闲消费。消遣娱乐的动机是指消费者为了消遣娱乐、提高生活的情趣而参加健身休闲活动进行健身休闲消费。

5. 社会交往动机

社会交往动机指消费者为了扩大社会交往的机会,建立一种真诚、合作、融洽、信任的情感,提高自身能力,丰富生活等目的参与健身休闲活动,加入健身休闲相关组织等进行健身休闲消费。

6. 求新奇与刺激动机

求新奇与刺激动机指消费者为了满足猎奇的心理,追求心理刺激而进行风险比较大的健身休闲消费,如漂流、蹦极等。

7. 自我实现动机

自我实现动机是指消费者为了追求一种自我实现而组织或参加健身休闲活动,购置和改装健身休闲装备以支撑高端健身休闲活动或追求名牌、名品进行健身休闲消费。

总之,人们在进行健身休闲消费的过程中,往往会呈现不同的健身休闲消费取向和消费观念,导致其在消费行为和消费过程中存在很大的差异。需要指出的是,上述消费动机并不是彼此孤立的,而是相互交错、相互制约的。在有些情况下,一种动机居支配地位,其他动机起辅助作用;在另外一些情况下,则可能相反。因此,在调查、了解和研究过程中,对消费动机不能仅作静态和简单的分析,应进行动态而复杂的分析。

五、健身休闲消费水平

(一)健身休闲消费水平的含义

健身休闲消费水平是指一定时期内人口平均实际消费的健身休闲产品数量与质量。健身休闲消费水平由健身休闲消费的本质属性所决定,它可以反映人们对健身休闲消费需求的满足程度,是社会生产力和整个国家经济与社会发展综合指标在健身休闲领域的表达方式。

(二)健身休闲消费水平的指标

健身休闲消费水平的指标主要包括三种。

1. 健身休闲消费总额

健身休闲消费总额是用货币表示一定时期内的健身休闲消费的总

和，包括个人健身休闲消费与社会公共健身休闲消费、实物型健身休闲产品消费与劳务型健身休闲产品消费等。健身休闲消费总额可以反映健身休闲消费需要满足的程度和总水平。健身休闲消费总额体现了健身休闲产品与服务消费对消费增长和经济发展的贡献，解答“人们为健身休闲花了多少钱”的问题。

2. 参与健身休闲消费的总人口数

参与健身休闲消费的总人口数，包括已就业人口数和未就业人口数在内的全体公民数。参与健身休闲消费的总人口数量体现了健身休闲消费市场的现有规模，并有助于寻找潜在消费群体，解答“谁在为健身休闲买单”和“多少人有能力为健身休闲花钱”的问题。

3. 健身休闲消费结构

健身休闲消费结构是指各种健身休闲消费品在健身休闲总消费中所占比例和相互关系，可以从不同角度反映居民体育消费被满足的程度。在健身休闲消费结构中，这些被消费的健身休闲产品和服务，其比例和相互关系能更清晰解答健身休闲消费者“钱都去哪儿了”的问题。

复习思考题

1. 简述市场与健身休闲市场的消费特征。
2. 健身休闲消费与健身休闲市场存在怎样的内在关系？
3. 我国消费者的健身休闲消费动机主要有哪些？

第五章 健身休闲装备产业

学习目标

1. 了解健身休闲装备产业的概念及其在国内外发展概况。
2. 熟悉健身休闲装备产业的产品分类及产品特征。
3. 明确中国健身休闲装备产业的现状、存在问题及发展对策。

本章导语

人类凭借自己的智慧和经验开发了运动和游戏的工具和道具,并逐渐成为装备类产品。丰富的健身休闲装备与服饰通过不断地发展与进步,极大地拓展了人类的休闲活动空间。本章首先对健身休闲装备产业的概念、产品分类、产品特征及产品研发现状进行阐释,结合当前时代特征分析了健身休闲装备产业的发展现状、存在问题及发展措施,最后介绍了国内外健身休闲装备产业的发展状况。

第一节 健身休闲装备产业概述

一、引言

追溯起源,健身休闲装备作为人类开展运动游戏的工具和道具,在人类社会已存在了数千年。丰富的健身休闲装备与服饰不仅为人们探索未知的领域和开拓视野提供安全可靠的帮助,也为日常生活带来不可缺少的便利。时至今日,这些“古老”而不朽的产品依然发挥着重要的作用和价值,很多也成为了现代健身休闲装备设计的灵感之源。

但是,作为一个产业门类而独立存在的健身休闲装备产业,却只有两百多年的历史。人们之前从事运动游戏所需的用品大多直接取材于人们日常工作和生活所用的工具和器物，如石头、木棍、刀斧等，生产工具和生活器物在这里被直接作为游戏的工具和道具。近代工业革命之前，人类的运动形态基本上都限于一隅的地域运动文化，且规范化和标准化程度都较低，因此很难形成对游戏工具规模化和标准化的商品需求。然而，随着英国工业革命拉开全球现代化进程的序幕，传统体育在工业化和城市化进程的驱动下也开始了现代化转型，即由地域性的民族民间体育向以英国“户外运动”为主要内容的现代体育转变。正是在这样的背景下，包括制造和销售在内的现代健身休闲装备产业开始在欧美国家出现。

健身休闲产业是体育产业重要的组成部分。随着经济形态的不断变化，健身休闲产业依托互联网，从线下经济实体拓展到了线上经济领域。事实上，健身休闲产业的发展是推动体育产业向纵深发展的强劲引擎。

发展健身休闲产业，首先要讲硬件质量，即加强装备器材的创新设计、科技含量。有了优质的硬件设施才能让人民群众享受更高质量的健身休闲服务。2017 年京东与尼尔森联合发布《2017 互联网体育消费报告》显示近三年互联网体育用品消费逐年提升，2016 年达到近 2 000 亿元，2016 年人均年消费额较 2014 年几乎翻倍，但人均体育消费只有全球平均水平的十分之一，向人们展现了一个相当可观的上升空间。

装备制造业是为国民经济发展和国防建设提供技术装备的基础性产业。装备制造业的演化水平在一定程度上决定了一个国家或地区的经济实力、国防实力以及在全球经济中的竞争与合作地位。在现代体育的价值链体系中，健身休闲装备产业因其为整个健身休闲活动提供物质装备而处在相对独立又相对有利的地位。过去 300 多年全球相继展开的工业化和城市化进程，使得世界上绝大多数国家的体育运动，总体上都在朝着大众化、职业化和商业化方向迈进。体育运动的大众化为健身休闲装备产业带来了不断扩大的 B2C 的商机，而体育运动的不断职业化和商业化又给这个行业带来 B2B 的商机。

健身休闲装备产业是健身休闲产业的重要组成部分，近年来发展速度较快，取得了较好的经济收益。随着居民健康意识的增强，居民在健身方面的投入逐年增大。健身休闲器材装备逐渐进入普通群众的家庭，体育装备销售额逐年增长。随着大众健身休闲的兴起，人们对健身休闲装备的需求不断增长，各大体育装备生产商也瞄准健身休闲产品的开发、生产和销售市场。因此，健身休闲装备产业的产值将持续增长，高科技的合成材料和新材料将代替传统材料运用在健身休闲装备上。

二、健身休闲装备产业的定义

户外装备的演化

如前所述，产业是具有某些相同特征的经济活动的集合或系统。健身休闲产业是体育产业的重要组成部分，是以体育运动为载体、以参与体验为主要形式、以促进身心健康为目的，向大众提供相关产品和服务的一系列经济活动，涵盖健身服务、设施建设、器材装备制造等业态。

健身休闲装备产业是生产和销售用于满足人们健身休闲需求的实物装备的行业，是健身休闲产业最重要的组成部分，是现代体育产业体系中商业模式最明确、市场成熟度最高的业态之一。健身休闲装备产业是以促进人们身心健康为目的，满足其参与体验健身休闲活动需求，向大众提供相关实物产品的一系列制造活动，涵盖健身设施建设、器材装备制造等业态，是体育产业基础行业。传统健身休闲装备产业包括健身休闲装备制造业和健身休闲装备销售业，而且体育健身娱乐业、体育竞赛表演业、体育培训业和体育中介业等体育服务行业的发展都离不开健身休闲装备产业的支持。

然而，现在健身休闲装备产业已经纳入全球产业分工的新体系之中，整个健身休闲装备产业正在按照价值链上各环节利润的厚薄进行重组。健身休闲装备产业按照价值链划分，主要包括战略管理、研发设计、生产制造、综合物流、销售与渠道管理和组合营销促进等。

三、健身休闲装备产业的发展概况

目前，全世界越来越多的健身休闲装备生产和销售企业，正在不断地被纳入由少数体育装备跨国公司主导的全球分工体系。在这一分工体系中，发达国家的体育装备企业凭借着其在品牌、研发、推广、销售渠道等方面的优势，占据着价值链的两端，享受着“微笑曲线”带来的高收益；而发展中国家的体育装备企业则只能被动地承接外包业务，在生产加工环节赚一点“血汗钱”。

最大的体育用品市场在美国、英国、法国、意大利等国家。如今，大多数体育用品都在亚洲生产，但大部分设计都在欧洲、美洲进行。比如，运动品牌耐克和阿迪达斯公司目前的运营就展现出了这样的特征。中国成为全球最大的体育装备生产加工基地，全球销售的体育装备有

60% 以上印有“中国制造”。阿迪达斯在中国拥有 3 000 家品牌店，构建了自己的配送、销售体系。

可见，全球健身休闲装备产业正在呈现一个新的格局，那就是一个由全球著名品牌主导，其总部负责战略规划、研发设计、营销策略、渠道管理，并在全球建立自己的配送体系、生产体系和销售体系的新格局。

第二节　健身休闲装备产品

一、健身休闲装备产品的分类

健身休闲装备产品指由休闲体育产业经营者提供给消费者，用于满足其健身休闲体育需求的各种产品。依照不同的参照标准，健身休闲装备也被划分为不同类型。鉴于健身休闲有专业性和业余性、娱乐性和竞技性的区别，企业生产和制造了功能不同的健身休闲器材与装备。根据其不同的属性，可分为健身休闲器械、健身休闲装备、健身休闲辅助设备及衍生品三大类。

1. 健身休闲器械

健身休闲器械是指在健身活动中，消费者和从业人员使用的跑步机、踏步机、仰卧起坐器、握力器、臂力器等。

2. 健身休闲装备

市场景气指数

健身休闲装备是指在健身休闲活动中，人们使用的各种装备，包括运动服饰、运动护具、竞赛项目专业用品等。运动服饰是所有适用于消费者参与健身休闲运动所需的运动服、运动手套、运动鞋、运动袜、运动帽、运动饰品等；运动护具是指在健身活动中，消费者和从业人员使用的滑雪镜、护腕护膝、防护眼镜、骑行镜、篮球眼镜、游戏眼镜、头盔等；竞赛项目专业用品指在中级、高级、极限型竞赛中使用的专业产品，包括在大众健身休闲活动中满足人们参与竞赛活动需要的足球、篮球、排球、乒乓球、网球、棒球、垒球、壁球、保龄球、台球、高尔夫球、围棋、象棋、扑克等各种项目用品。

3. 健身休闲辅助设备及衍生品

健身休闲辅助设备及衍生品是指在参与健身休闲活动过程中，企业和政府提供的场地设施、场馆设施、游乐场设施、场馆灯光、音响等，以及消费者需要使用的水杯、球迷装备、球迷纪念品等。

二、健身休闲装备产品的特征

随着全球经济的稳步增长和全球体育运动的不断普及,特别是信息化、数字化和新技术、新材料不断在健身休闲装备设计、制造和营销环节的应用,健身休闲装备产业作为体育产业中最早、最成熟的行业,正在步入新的生长周期,它向人们展现了良好的成长空间,主要呈现以下特征。

(一)类型多样化

健身休闲项目和运动方式广泛而多样。为了满足具有不同爱好、不同技能、不同性别、不同年龄的人们的健身休闲体验的需要,健身休闲装备产业需要适用于户外或室内各种环境,如自驾游装备、露营装备、户外背包、渔具装备等都成了时尚的健身休闲产品。

(二)功能层次化

健身休闲装备需要照顾不同年龄段、不同性别、各种不同消费水平人群的需要。例如,普通健身者对健身休闲装备综合性能要求较低。中级型项目参与者,需要兼有休闲与竞技性的功能产品;高级项目且多为专业性项目的参与者,对装备功能要求较高;极限项目对参与者装备要求最高,参与者必须配备专业的、个性化的装备。

(三)品质高端化

健身休闲活动是人们为了满足自身发展的需要而进行的体育类活动,消费者对健身休闲装备的要求显示出了品质化的需求取向。近年来,在政府的高度重视和国内强大的市场需求刺激下,我国健身休闲装备产业快速发展。健身休闲产业快速增长、全民健身诉求的增多和体育消费的崛起,直接吸引了健身休闲装备的研发投入,产品增加值在体育产业中的占比持续上升。

(四)操作人性化

操作人性化是指让技术和人的关系协调,即让技术的发展围绕人的需求而展开。健身休闲装备的人性化特征体现在能根据消费者的生活与操作习惯进行开发,既能满足消费者的健身休闲功能诉求,又能方便消费者,满足消费者在健身休闲活动中的安全、舒适方面的需求。现在的科技日新月异,健身休闲装备的设计也越来越人性化,给人们生活带来了不一样的健身体验、休闲体验。人们在使用健身休闲装备的同时,不仅仅体验了健身休闲运动,还在其中寻找到了令人愉悦的感觉。

（五）产品智能化

如今，健身休闲已成为时尚生活方式。随着移动互联网信息化的普及，健身休闲也进入了数字化时代，越来越多的硬件器材开始与互联网科技结合，变得更加智能，健身爱好者只需佩戴一款智能设备，就可以实现人机交互。智能设备可以感受地理位置、气温状况，记录人体的心率、能量消耗等信息。2019 年，中国国际体育用品博览会上，多功能健身一体机、智慧健身跑步机等新型健身设备几乎是各大品牌的标配；场馆设施及营造展区的可拼装环保泳池、新材料塑胶跑道、智慧场馆也纷纷亮相；智能手环、智能跑步机等科技类运动产品已成为家喻户晓的时尚健身休闲产品。此外，未来 5G 与人工智能技术的普及，互联网会将用户与健身休闲装备更好地连接。用户对科技类、增值类产品的需求将持续扩大，具有增值服务属性的健身休闲装备仍然有着广阔的市场空间。

三、我国健身休闲装备产品的开发现状

改革开放后，我国制造业得到了快速蓬勃发展。随着人们健身休闲需求的增长，健身休闲装备产业也迅速发展起来。《国家体育产业基地发展报告（2017—2018）》显示，2017 年，国家体育产业示范基地体育用品及相关产品制造从业人员达到 229 570 人，创造增加值 152.72 亿元，占到体育产业的 40.27%，表明体育用品制造业的贡献仍保持较高地位。体育用品制造企业数量为 2 390 家，占比仅 18.94%，示范基地体育用品制造企业规模较大，生产能力较强。我国健身休闲装备企业数量庞大，但知名度不高。从行业获利水平来说，我国体育装备业总体的利润率相比世界平均水平偏低，相比欧美等发达国家我国健身休闲装备产业市场总体规模仍有待提升，产品缺乏高附加值。目前，健身休闲装备产品开发表现出以下特征。

（一）创新能力不足

如今，技术创新已成为产业创新和产业升级的主要动力。产业创新的核心竞争力体现在核心产品的技术创新能力。新技术在健身休闲产业领域中的应用，创造了大量的高科技运动装备，如目前航空运动产品中的无人机、自旋翼飞机、三角翼飞机、无动力滑翔伞、热气球，等等。

但我国健身休闲装备产业技术创新成果少，部分企业研发经费投入严重不足，极大地阻碍了我国健身休闲装备企业的技术改进和创新，导致产品的科技含量很低，从而严重削弱了企业的持续竞争能力。国

际企业界普遍认为，如果企业投入到技术研发方面的经费占企业销售额的比例不足1%，那么这个企业就会难以生存下去；如果技术研发费用占比达2%时，那么这个企业仅能维持生存；如果技术研发费用占比达到5%以上时，那么企业在市场竞争中就会具备一定的竞争力。我国多数体育装备制造企业产品技术含量较低，相应研发经费投入较少，创新能力不足，致使中国体育装备企业的生产仍以翻版、仿制为主，原创力缺失。可喜的是，根据国家体育总局体育器材装备中心与社会科学文献出版共同发布的《体育蓝皮书：国家体育产业基地发展报告（2017—2018）》：2017年国家体育产业示范单位制造企业营业收入为348.01亿元，同比增长15.53%；用于创新研发投入达到12.52亿元，同比增长21.79%。可见，健身休闲装备企业开始逐步重视创新驱动的重要作用，通过积极加大创新研发投入力度，进一步提升企业发展质量。

（二）面向中低端市场为主

我国健身休闲装备产品的发展大致经历了三个阶段：第一个阶段是代工阶段，第二个阶段是制造商制造纯装备产品阶段，第三个阶段是健身休闲装备产品大量批发阶段。我国健身休闲装备产业的发展路径存在一个致命缺陷，那就是缺乏自主品牌，导致相当一部分企业生产规模小、技术含量低，仍然靠仿制国外品牌及国内知名品牌求生存，所生产的产品雷同，造成严重的低水平重复生产。缺少与国际知名品牌的对抗能力，致使多数中国健身休闲装备企业的主要目标只能锁定在低端市场，而高端市场的产品则只能依赖进口。有效供给不足使健身休闲装备产业的巨大利润空间可视而不可得。

（三）标准化程度低

质量标准是产品质量特性应达到的技术要求，是产品生产、检验和评定质量的技术依据。成熟的质量标准和体系能够规范并不断促进行业的发展。我国健身休闲装备标准化工作起步晚、标准少、标准低、标龄长。此外，我国健身休闲装备产业的标准化工作，由于种种原因相对比较滞后，在国际标准化认证中缺少发言权。标准化执行过程中控制不力，造成用于产品检测、监控的设备本身“非标”程度普遍。除了质量标准，我国体育装备企业在环保标准、定价标准和社会标准方面与国际标准差距更大。

体育建材行业的“爆米花”

第三节　国外健身休闲装备产业发展

一、美国健身休闲装备产业

（一）美国健身休闲装备产业的基本格局

美国是当今世界上健身休闲装备产业最发达的国家，这不仅因为它是全球最大的健身休闲装备消费国，更在于它拥有全球实力最强的健身休闲装备跨国企业和全球最有影响力的运动品牌，在产品研发、品牌管理、渠道管理、物流配送、营销策划等方面占有绝对的比较优势。今天，一个“美国研发—全球制造”“美国品牌—全球代工”“美国产品—全球销售”的垄断格局正在形成。

美国以数据为主体，提出“工业互联网”理念。它利用软件和网络技术对数据进行分析，根据客户的需求，解决健身休闲装备供应链上的各类问题。这也在一定程度上说明了美国是当今全球体育装备业最发达的国家。

（二）美国健身休闲装备产业的发展历程

19 世纪上半叶，美国的体育装备业开始起步。美国军械工乔治·泰勒（George Tryon）在 1811 年与人合伙成立了泰勒公司生产钓鱼渔具。公司成立不久，就成了密西西比河以东最主要的健身休闲装备批发商。

19 世纪后半叶，美国健身休闲装备产业中最著名的人物是前职业棒球运动员斯伯丁（Spalding），他的公司为所有阶层的人生产不同品质的健身休闲装备，从而使普通大众也能买得起健身休闲装备，在拓展健身休闲装备市场方面做出了突出的贡献。同时，他还创造性地为不同运动项目编写指导材料，这些指导手册不仅为他的公司做了广告，而且也拓宽了公司产品的销售渠道，提升了产品的销售额。

1905 年全美健身休闲装备制造商协会成立。20 世纪 20 年代美国的一批著名运动员开始与健身休闲装备公司签约，为不同健身休闲装备品牌代言，从而带动了健身休闲装备产业的发展。在随后的 50 年代，特别是朝鲜战争结束以后，美国人对健身休闲装备的需求与日俱增，亟须健身休闲装备市场提供更多的产品供给。此时，日本、韩国等地区的健身休闲装备大量涌进美国市场。20 世纪 70 年代，健身休闲装备产业开始出现全球快速增长的势头。1977 年，在多方努力下，全美健身休闲装备生产者协会在芝加哥召开了一次会议，决定成立世界体育用品业联合会。

美国在20世纪80年代产生了两大健身休闲用品巨头：耐克（Nike）和锐步（Reebok）。1980年耐克以2.69亿美元的销售额首次在美国市场击败之前排名第一位的阿迪达斯。随后的几年，耐克公司市场份额曾出现小幅下滑，1986年锐步超过耐克，排在首位，但很快耐克公司在"乔丹气垫鞋"（Air Jordan）上开展了一场声势浩大的营销攻势，迅速收复失地，重新回到首位。耐克公司利用软件和网络优势，建立了直接面向客户的在线销售渠道，2019财年耐克公司直营销售收入达到118亿美元，其中在线零售额同比增长35%。

（三）美国健身休闲装备产业的发展趋势

美国体育用品制造商协会认为本国未来的健身休闲装备市场走向具有以下特点。

1. 专业（主题）运动用品店将增多

单一产品类型的专业运动用品店或主题式健身休闲装备零售店将大量出现，大型健身休闲装备量贩店也会越来越多。

2. 零售商的采购发言权增大

零售商的采购发言权越来越大。这导致了供货商在交易市场上的让步。但竞争使得能够提供独立品牌产品给大型零售商的供货商在市场的竞争地位日益重要。

3. 老年人健身休闲装备需求将增长

婴儿潮时期出生的美国人现正逐渐步入老年，由于目前银行存款利率下滑，这些美国人愿意花更多的钱购买优质的健身器材和高尔夫用具等健身休闲装备。

应该说，美国健身休闲装备制造商协会对该国未来健身休闲装备市场发展走势的部分判断，很可能也是今后全球体育装备市场发展的方向。

二、德国健身休闲装备产业

（一）知名运动品牌凸显核心竞争力

德国人民凭借其严谨务实、精益求精、执行到位的民族性格和注重过程、注重细节、追求品质的高超工艺，在全球健身休闲装备产业的分工体系中居于高端地位，是引领欧洲乃至全球健身休闲装备产业发展潮流的国家之一。

阿迪达斯是德国著名的运动品牌。2006年1月31日,阿迪达斯正式完成了对美国锐步公司的收购,成立了新的阿迪达斯集团。今天,阿迪达斯集团是欧洲第一大、全球第二大的体育装备公司,集团通过对旗下Adidas、Reebok和TaylorMade-adidas Golf三大品牌的产品组合为消费者提供种类齐全的运动装备,包括足球、篮球、健身、训练、高尔夫球、越野等系列的运动服饰和鞋类产品。

(二)博览会为健身休闲装备提供交易平台

在运动装备领域让德国人引以为豪的不仅有阿迪达斯集团,还有德国慕尼黑国际体育用品博览会。这是一个迄今为止已举办了60多届的国际性专业展会,是世界上冬季、夏季和无季节体育装备及运动时装等领域中最重要、规模最大的综合性展览会。由于该展览会对全球体育装备产业的生产及销售有巨大的引领作用,且仅对专业观众开放,所以每年都吸引了大量客商到会参观、订购。

三、英国健身休闲装备产业

英国是近代历史上第一个进入现代社会的国家。300多年前在这个国度里发生的“工业革命”,拉开了全球工业化、现代化的进程。在世界体育史上,英国也是一个有着特殊地位的国家,它不仅是现代体育的主要发源地,而且它的国民创造的“户外运动”也构成了现代体育的主要内容。和英国成熟发达的体育运动整体发展水平相对应的是,该国的健身休闲装备产业也有着悠久的历史和雄厚的实力。英国目前是全球第七大体育装备制造和销售大国,该国在赛车运动装备(赛车发动机的设计、制造、组装、调校等)和高尔夫球器具的制造和销售方面居全球领先地位。20世纪80年代以来,随着英国产业结构调整的不断加速,该国的健身休闲装备产业也呈现大进大出的新特点。

尽管近年来英国健身休闲装备产业随着该国产业结构调整而有所波动,但它在高端体育装备制造和销售方面仍具有明显的优势。

四、日本健身休闲装备产业

日本也是一个健身休闲装备产业高度发达的国家。早在20世纪80年代日本健身休闲装备产业已达到了一个相当高的发展水平,并涌现出以亚瑟士、美津浓为代表的一批国际化企业和国际化品牌。但是,随着国际体育装备市场格局的变化,特别是中国健身休闲装备企业的快速崛起,日本健身休闲装备产业从20世纪90年代中期至今,基本上处于停滞状态。即便如此，日本健身休闲装备产业在高端体育装备制造和销售方面也具有一定的优势，特别是在高尔夫球用具、滑雪器材、户外休闲运动装备等领域仍然优势明显。

总之，随着经济全球化和体育运动全球化的不断加速，体育运动作为提高人们生命质量和生活质量的手段，作为有价值、有情趣、有品位的休闲生活方式的重要内容，正在被越来越多的“地球村”的公民所认同、所实践。而健身休闲装备作为人们享受运动乐趣的工具和道具，必将伴随着这种趋势的不断演进而展现出更大的需求。21 世纪的全球体育装备业一定会有一个更广阔的商业空间和更诱人的商业前景。

以美国、德国、英国为代表的西方发达国家仍占据全球健身休闲装备产业链的高端，它们在新产品研发、品牌运营、渠道控制、物流配送、营销策略和技术（广告、公关、赞助、会展）等方面占有绝对优势，并享受着由品牌、专利和渠道等核心竞争力带来的丰厚利润，保持着强劲的品牌溢价能力。

第四节　中国健身休闲装备产业发展

一、中国健身休闲装备产业发展历程

与欧美发达国家体育装备业相比，我国体育装备业起步较晚。20 世纪 40 年代，在当时的北京、上海、天津、广州等地，开始有少量的企业生产和经销体育装备，但品种单一、市场规模很小。中华人民共和国成立以后，党和政府高度重视普及和推广体育运动的工作，随着体育事业的迅猛发展，体育装备业也进入了一个稳步发展的阶段。我国体育装备业的形成与发展大体上经历了以下四个阶段。

（一）第一阶段：起步阶段（1949—1978 年）

中华人民共和国成立以后，党和政府以“发展体育运动，增强人民体质”为宗旨，以丢掉“东亚病夫”帽子和打破帝国主义外交封锁为政治任务。“劳卫制”的制定与实施，推动了群众体育的普及和推广。随着我国体育事业的稳步发展，企事业单位，特别是各级各类学校对体育装备的需求迅速扩大，体育装备企业的数量和规模有了相应的扩大。出现了一些大众喜爱的品牌，如“红双喜”牌乒乓球，“火车头”牌篮、足、排球以及天津生产的“梅花”牌针织运动服等。但整体上，这一时

期的国内体育装备市场还没有从文化教育用品市场中分离出来，体育装备的规格品种单一、标准不全、品质不高的现象还十分普遍，而且这一时期健身装备的生产主要满足各级各类单位开展体育活动最基本的需要，个人对体育装备尚未形成规模化的市场需求。

（二）第二阶段：快速成长阶段（1979—1992 年）

党的十一届三中全会以后，体育事业迅猛发展，人们生活水平迅速提高，全社会对体育装备的需求也有了快速增长，国内体育装备市场进入了一个以满足大众个体对体育装备消费需求为主的阶段，中低档体育装备的供给水平有了显著提高，特别是运动服装、运动护具和普及型体育器材的生产能力快速提高，装备的品种、颜色、样式也呈现多元化、差异化。与此同时，随着中国经济开放程度的不断提高，以承接国外著名体育装备公司的订单、开展来料加工为主要业务的外向型体育装备生产加工企业的数量迅速增加。整体上看，这一时期我国体育装备业规模扩张的速度最快，生产和销售健身休闲装备的企业数量迅速增加。我国作为全球最大的体育装备业加工基地的格局开始形成，但是健身休闲装备企业的规模普遍偏小，拥有自己独立品牌，具有自主设计、开发能力的企业很少。

（三）第三阶段：内产外销阶段（1993—2007 年）

邓小平同志南行讲话之后，我国体育装备业步入了一个稳步、快速、健康发展的新阶段。主要标志是体育装备的消费需求和供给能力都有了进一步提升，体育装备市场的品种丰富、规格多样、质量显著提高，国外的知名品牌进入中国市场，国内体育装备市场开放度和竞争度显著提高。同时，国内体育装备的出口量快速增长，中低档运动服装、鞋帽、护具和运动器材在欧美市场的占有率不断提高，整个行业的出口依存度大幅提升。另外，经过改革开放，特别是中国加入世界贸易组织的历练，我国健身休闲装备产业已经在全球体育产业链中确立了自己的加工制造业大国的地位，并展现出明显的比较竞争优势，内产外销的生产、销售模式特征明显。

（四）第四阶段：品质提升阶段（2008 年至今）

2008 年奥运会后，中国的健身休闲市场进入一个新的阶段。自主生产的高品质、个性化、智能化、品牌化的健身休闲装备仍旧不能满足中国人民日益增长的健身休闲需要。一部分有实力的企业开始由产品经营向品牌经营转变，企业的研发投入和自主创新能力不断提高，产品营销和品牌宣传的力度不断加强，形成了一批国内知名的健身休闲装备企业和品牌，如李宁、安踏、双星、英派斯、好家庭、澳瑞特等。中国已经成为名副其实的全球体育装备生产大国，并正在从来料加工向树立民族品牌、争创国际品牌转变。

二、中国健身休闲装备产业的现状

（一）呈现产业集群化发展特征

同健身休闲产业整体发展类似，当前我国健身休闲装备产业的发展存在显著的区域性差异。福建、广东、江苏三省成为我国体育装备企业集聚之地。运动鞋的生产企业主要集中在福建的晋江、莆田，广东的东莞，浙江的慈溪；运动服装的生产企业主要集中在福建的石狮，广东的中山，浙江的海宁；健身器材的生产企业主要集中在浙江的富阳、苍南，江苏的江都、泰州，河北的沧州。由此可见，我国健身休闲装备产业呈现产业集群化发展特征。

（二）竞争性较强

从市场份额看，据世界体育装备联合会统计，我国健身休闲装备出口到近 200 个国家和地区，已在国际市场上占有 65% 以上的份额，其中健身器材占 50%，运动鞋占 80%。可以看出，中国健身休闲装备在国际市场上占据着较大的市场份额。然而在国内，中国健身休闲装备市场仅占全球 2%，人均消费为每人 6.7 美元，美国为 338 美元，其消费潜力远远没有被释放出来，预计未来 5 年中国健身休闲装备市场将保持 20% 的复合增长率。

不同的经营主体试图分享这块大蛋糕。但因人民币汇率、关税、原材料的大幅上涨及国际体育品牌的冲击，我国健身休闲装备产业竞争激烈，市场秩序受到挑战。体育装备企业整体上呈现混合所有制特征，既有国营资本也有民营资本，既有中资也有外资，且民间资本开始占据主导地位。这种所有制结构在一定程度上说明，我国健身休闲装备市场是一个竞争比较激烈的市场。健身休闲装备产业内部竞争的不规范之处主要表现在：市场运作不规范、地方保护、不正当竞争行为严重，同行业间仿冒侵权、大量假冒伪劣产品充斥市场，竞相削价倾销等无序竞争、恶性竞争现象存在，趋同定位和同质化竞争的问题较为突出。

（三）产品品类齐全，高端产品不足

从体育装备市场的产品结构看，目前我国体育装备企业已能生产运动服装、球类器材设备、运动器械及器材、健身器械、娱乐及场地设备、体育科研测试仪器、户外运动（含旅游、休闲）装备、日常运动装备、

运动保健用品、裁判教练用品共10大类产品。从大类上看，基本无缺项，但产品主要分布在市场价值链的中低端，在个别大类的高端产品中还有缺项，如户外运动中的航海、航空器材；滑雪设备以及健身器械中科技含量较高的商用器械和运动队专用器材等。

（四）标准化体系建设滞后

从体育装备标准化程度看，体育装备制造业涉及轻工、纺织、化工、电子、机械等多个领域，标准化工作很难有效地统一规划和协调，直接制约了我国健身休闲装备产业总体质量水平的提高。当前国外知名体育装备企业的标准一般都高于行业标准、国家标准。相反，我国体育装备行业在标准化执行方面，则是国家标准高于行业标准和企业标准。可见，相关企业标准的被动执行与主动创新并实现突破的内外部环境相比还有差距。

（五）市场开放度高

从中国体育装备博览会的形成与发展看，体育装备市场需求旺盛，呈现高速发展的态势。总体而言，我国的健身休闲装备市场开放度比较高。目前，中国国际体育装备博览会已经成长为亚太地区体育领域最大的专业展会，规模仅次于德国慕尼黑体育装备博览会和美国拉斯维加斯体育装备博览会。从近几届的规模上看，展览面积已达10万平方米，展位数达5 000个；参展商达1 000余家，来自国内20多个省份以及世界上30多个国家和地区；来参观的专业观众达15万人，来自国内31个省份以及世界上30多个国家和地区。该展会也被商务部列为重点支持的31个有规模有影响力的大型展览项目之一。同时，晋江国家体育产业示范基地每年举办“晋江体博会”，已成为面向国内外展示晋江制造的窗口。

（六）国产品牌知名度逐步提升

中国国际体育用品博览会

从品牌企业的成长情况看，近年来，我国一批知名的体育装备品牌脱颖而出，并逐步走出国门，积极参与国际市场竞争。李宁体育装备已与NBA和ATP进行深入合作，努力开拓国际市场，打造国际品牌，并先后成为瑞典和西班牙奥委会的官方合作伙伴，打破了国外体育品牌垄断国际顶级赛事的局面；红双喜乒乓球产品已成为世界名牌，占据了国际比赛用球的80%；浙江富阳的“无敌”牌赛艇曾被确认为2004年雅典奥运会赛艇比赛唯一的中标产品；中国星牌经过多年努力在斯诺克领域占据了全世界球桌份额的70%以上，中式台球领域的份额也占40%~50%的份额；安踏品牌价值提升，正在向全球化战略迈进，

2019 年年底，安踏提出要将所收购的亚玛芬体育旗下国际品牌始祖鸟、萨洛蒙和威尔逊发展成“十亿欧元品牌”，使亚玛芬未来五年营收复合增速达 10%~15%。

综上所述，我国健身休闲装备产业在发展过程中经验与教训并存，困难与机会共生。应该说，体育装备业与健身休闲服务业相比，已经进入了稳步增长的成熟期。另外，我国体育用品业在很多方面发生了很大的变化，比如很多企业的生产数量、体育用品的分类、一些产品的质量以及企业的结构等。由此可见，中国已经成为名副其实的世界体育用品制造大国。部分优秀企业的努力，正将中国从一个健身休闲装备生产大国转变为一个健身休闲装备创新大国。

三、中国健身休闲装备产业发展措施

（一）加强行业管理，建立良好的市场秩序

维护我国健身休闲装备产业市场秩序的主要措施：

第一，政府应高度重视，转变政府职能，加强宏观管理，集中精力在基础性工作上，成为市场交易双方忠实的、公正的裁判员，有效干预与适度调控，维护市场秩序。第二，加强行业协会的建设与管理，制定行业制度，清理现有行业法规，改进行业立法程序，加强行业立法监督，多用法律和经济手段进行调节，约束不正当竞争。第三，从制定技术、生产、安全、卫生和环境等标准入手，建立产品质量认证和市场准入规则，控制企业的数量并提高企业的素质。第四，加强指导，打破条块分割和地方保护，促进有效竞争。第五，制定相应的行业评估体系，促进市场秩序良性发展。良好的市场秩序有助于协调健身休闲装备企业之间、企业与市场之间，以及生产企业与健身休闲消费者之间的利益关系，使中国健身休闲装备产业向着一个更加健康、有序的方向发展。

（二）加快产业结构升级

当前，我国健身休闲装备企业数量多，但多数企业规模小、集中度低、产业组织不科学，影响我国健身休闲装备业参与国际竞争，因此有必要实施产业重组。首先，利用资本市场融资的手段通过联合、兼并、收购、破产等形式进行行业洗牌，推动优势企业并购劣势企业，有效整合优质资源，增强企业竞争能力，建立一批中国健身休闲装备企业的巨头，实现集约经济效应。其次，加大对国外健身休闲装备企业资产收购力度，组建在国际市场上有竞争力的大企业集团，建立合理运转的集团治理机构。再次，努力培养一批辐射带动作用强、市场需求量大、发展

前景好的优势产品，使现有名牌产品进一步提升档次，扩大规模，增长效益，培养国际化品牌。

（三）加强企业科学化管理

我国健身休闲装备企业需要提高企业经营管理能力，实施科学的经营管理策略，具体措施如下：

首先，需要提高企业的管理水平和运行效率，克服经验管理、粗放式管理、“人治”管理的缺陷；按国际惯例和现代企业管理制度管理企业，加强成本管理、质量管理及企业管理的基础工作；应用计算机集成制造系统、柔性制造系统、企业资源计划、基于电子商务平台的供应链管理系统等加强企业的信息化建设。其次，加强健身休闲装备企业的市场营销意识，建立高效的营销体系。组建相应的市场营销部门，通过各种营销活动与消费者广泛接触，建立长远的关系，加强企业与消费者的关系管理。

李宁的奔跑节奏

（四）完善质量标准体系

标准化问题是我国健身休闲装备企业面临的一个深层次问题，目前我国体育装备标准化建设步入正轨，经国家主管部门批准成立了全国性体育装备标准化机构，整体工作全面铺开并向着国际化迅速靠拢，但仍需进一步完善和加强。首先，应加强该机构的管理，加强市场的动态监管，更好地服务于健身休闲装备市场化建设工作。其次，应该积极制定并出台适应我国健身休闲装备产业发展的政策，并与各类健身休闲装备企业广泛开展合作，制定各类健身休闲装备质量标准，使各类装备的生产有据可依。最后，要完善国家体育装备的质量监控体系，加强产品质量的认证，建立市场的准入制度，开展针对产品质量的监测，落实标准化建设，以达到优胜劣汰、净化市场的目的。

（五）加大企业自主创新能力

加大政府支持力度，建立和完善产业技术创新体系，健全技术开发机构，形成引进、消化、吸收紧密结合的创新机制。我国体育装备经营者要加强体育装备创新意识，增加研发经费投入，通过引入高新技术对现有健身休闲装备企业进行改造，淘汰落后生产力，提高技术开发能力和创新能力，实现产品的升级换代。注重人才培养，建立技术创新的激励机制。通过采取与地方院校合作办学、开设短训班等多种方式尽快培养适应国际市场竞争需求的高素质的管理、研发、设计、营销人才。加强行业内的合作与交流，构建健身休闲装备企业与地方高等专业院校之间在产、学、研方面的合作交流长效机制。

综上所述，目前，我国健身休闲装备产业正在经历从“制造”到“创造”再到“智造”的过程，通过产品升级、功能升级、质量升级、技术升级、制造升级开启全新征程。部分本土企业与品牌方的合作形式从OEM（代工生产）逐渐转向ODM（原始设计）；还有部分企业鼓励员工创新研发，每年拿出10%以上的销售额专门用作产品研发经费，已成功取得一些成绩。数字和实体经济深度融合，“体育+互联网”的理念将会给人类提供更先进的设备和更好的服务。积极拥抱工业互联网，是健身休闲装备产业转型升级的现实选择，也是迎接海量市场和“数字制造”革命的必然路径。新材料和新技术应用在健身休闲运动装备产品上的案例越来越多，它让健身休闲装备更加人性化、科学化，在城市健身步道、绿道、幼儿园活动等场所的应用也愈来愈广。

复习思考题

1. 简述健身休闲装备产业的定义及特征。

2. 简述健身休闲装备产品的分类。

3. 简述我国健身休闲装备产业的发展现状及发展措施。

4. 简述国外健身休闲装备产业的发展及其对我国健身休闲装备产业发展的启示。

第六章 室内健身休闲产业

学习目标

1. 掌握室内健身休闲产业的形成过程、概念、特点、项目演变及分类。

2. 认识室内健身休闲产业的消费模式和发展价值。

3. 熟悉室内健身休闲产业在国内外的发展现状。

4. 了解我国室内健身休闲产业的发展趋势。

本章导语

随着人们生活水平的不断提升，体育健身运动已经逐渐成了人们生活中不可缺少的一部分。室内健身休闲产业具有自身的特点，对消费者具有独特的吸引力，其发展壮大具有重要的社会意义和经济价值。本章首先对室内健身休闲产业的产生、特点、项目、消费模式、价值等进行了概述，然后梳理了国内外室内健身休闲产业的发展现状，最后分析和预测了我国室内健身休闲产业的发展趋势。

第一节 室内健身休闲产业概述

一、室内健身休闲产业的产生与概念

（一）室内健身休闲产业的产生

在人类历史的每个时代，人类对于健身的理解及表现模式是不同的。在原始社会，人们依靠狩猎、耕种、采集等劳动形式获取生存资料，这样反复的体力劳动就需要劳动主体体能的保障，因此拥有强健的体魄是人类生存的基本条件。到了青铜器时代，人类为了赢得战争，开始

了系统性的健身训练,如年轻人练习基本运动技能,在崎岖不平的地形上行走和奔跑、跳跃、爬行、攀爬、搬运重物、投掷和接球、徒手格斗以及使用武器进行训练。

此后,各时期的社会经济、政治发展推进了人类健身运动的发展。16世纪,健身房和体育馆等专门用于锻炼的场所出现。文艺复兴时期,社会非常重视体育教育和对自我身体的享受,艺术家和医师们意识到,锻炼可以改变人的身体状况,他们开始广泛传播这个观点。启蒙运动时期,德国出现了训练民兵的体育锻炼机构并配备了有吊环、高杠、梯子、攀爬柱的露天锻炼场所。

19世纪,西欧迅速进入工业化和都市化进程。瑞典的整形外科医生——古斯塔夫·詹德为了治疗关节有问题的病人并协助病人矫正体态和进行康复治疗,发明了最早期的室内健身器械,建立了健身房的雏形。后来,詹德出版了有关健身器材的书籍,向欧洲宣扬“健身是一种奢侈活动”的理念,满足了当时上层社会及白领阶层的需求。面对欧洲中产阶级越来越注重身体健康的思想和试图改善身材的需要,商人们开始了相关的经营活动。1849年,法国出现第一家商业健身房。19世纪末,工人阶级也加入健身潮流,开始前往健身房活动。1897年,英国出现第一家连锁品牌健身房。

20世纪中叶,在休闲理念、好莱坞明星、健美大赛的影响下,健身房逐渐成了社会主流活动场所。2018年,5个年龄在6岁以上的美国人中至少有1人是健身房会员。健身房作为主要的室内健身场所,一般拥有齐全的器械设备、名目繁多的健身及娱乐项目、专业的教练指导、良好的健身氛围。为参与室内健身休闲提供产品和相关服务的各个业态形成了室内健身休闲上下游产业链中的各个环节。

(二)室内健身休闲产业的概念

健身休闲产业的定义对该领域中的各个分支领域同样具有普遍适用性,只是在各专业领域中又体现自身的独特性。因此,本书界定的室内健身休闲产业是指依托室内场地,以参与体验为主要形式,以促进身心健康为目的,向消费者提供相关产品和服务的一系列经济活动,涵盖室内健身服务、场地设施建设与环境改善、器材装备制造等业态。这里,室内健身休闲活动既包含了人们熟知的健身房健身,也包含公共体育场馆大众健身,还包含各种线上线下健身俱乐部组织开展的健身活动以及个人居家进行的健身活动。围绕这些室内健身休闲活动所产生的各种生产和服务,满足了参与者的各种健身与休闲需求。提供各种生产和服务的主体就是室内健身休闲产业链的上下企业和其中的从业人员。

二、室内健身休闲产业特点

（一）不受天气影响

室内健身活动由于受到建筑的庇护和配套水电的支撑，因此其最大的特点就是不受天气变化的影响。参与者无论在怎样的天气里，都能够参与健身休闲活动，并享受健身所带来的乐趣。

天气、气候变化属自然现象，是人力不可抗因素。下雨、刮风、下雪、雷电、雾霾等天气原因会使人们参与户外健身休闲活动受限，这就有可能打乱参与者的健身计划。尤其是在南方地区会有梅雨季节等较为恶劣的情况，户外运动在这些季节将很难开展；人们在雾霾天运动，吸入的 PM2.5 比平时多 6~10 倍。室内健身场所能够避开当地天气、气候变化影响，结合区域市民的实际偏好组织并实施健身休闲活动，这有助于使参与者养成坚持锻炼的好习惯，一定程度上能够提高市民对健康重要性的认识，适度转变市民的消费观念。

（二）交通便利性

室内休闲健身业的特点之一就是能够随着人们的需求，人为选择开展健身休闲活动的地理位置。一方面，人们当前的生活节奏越来越快，所以有较大一部分人只能够在工作之余空出一些极短的时间来健身。另一方面，随着代步工具的普遍使用、工业化生产规模的扩大等，城市间的污染越来越严重，寻找良好的户外健身场所对于那些本身健身休闲时间就不多的人群来讲非常困难。有限时间的要求决定了健身房的地理位置最好选在参与者容易到达的、离工作岗位或居住场所较近的区域或社区。这有利于消费者节省交通时间成本，将有限的时间投入到健身休闲活动中。国际上一般将 600 米半径作为一个步行可以到达的距离，建在居民区的健身房一般是按照这样的密度来分布的。

如此一来，室内健身休闲场所往往设置在人群较多的地方，这为企业招徕顾客和盘活体育场馆资源提供了可能，同时也为参与者最快获得健身休闲信息，顺利获得健身指导服务提供了便利。正是这些原因促使当下的室内健身休闲产业发展越来越快，不同规模的及连锁性的健身企业应运而生，并且分布在不同区域，这给予想要参与健身的人更多的方便，为平时没有足够时间来健身的人提供更多的健身选择。一方面,“是否拥有健身会所”已经成为衡量一个社区品质高低的重要指标;另一方面,高档社区也成为大型健身会所运营商的重要选址目标。在北京的金融街、新中关、亦庄等社区,在同一个居住点600米的半径之内健身房达到8~10家。

（三）安全性

室内健身休闲具有一定的安全性。因为室内环境避免了某些自然因素的影响,减少了安全隐患。室内健身休闲因为拥有线上线下专业的健身指导服务,所以能够为健身者提供更多的安全保障。户外健身休闲因地域广阔,集中指导具有难度,部分参与者因缺乏指导容易产生运动损伤,这样的运动风险在室内健身休闲活动中将得到有效避免。健身房器械的设计初衷就是为了帮助大家更好地找到肌肉训练的感觉,有针对性地进行有效训练,所以室内器械训练更安全、更高效、更能达到训练效果。部分新兴运动在室内进行更能减少安全风险。例如,攀岩运动是一项标榜时尚和先锋的勇敢者进行的运动,它可以增强人的心肺功能、肌肉耐力以及平衡能力等。户外攀岩一般带有极限挑战的性质,尤其受到天气、地理位置以及经验等方面影响,使参与者面临着较大的安全风险。目前的室内攀岩运动能够在一定的程度上避免这些风险的发生,室内健身运动能够根据人体的需要模仿户外环境,并且还能够在参与者遇到一定的风险时有效地为其提供更安全的措施,以防高风险事件的发生。因此,室内攀岩运动逐渐成为当下人们迷恋和喜爱的运动之一。

（四）环境舒适性

健身休闲环境是指人们在健身休闲活动时所处的软硬环境,如场地、运动器材设备、空气质量、健身氛围等,是以人类的身心健康为中心所创建的活动空间领域和相关的事物境况和人际关系。人们在室外进行运动时恶劣的环境可能直接影响到健身效果以及健身进度。所以运动环境的好坏对于健身运动有着至关重要的作用。室内健身休闲受到消费者喜爱的重要原因在于其人造环境的舒适性。

1. 硬环境的舒适性

越来越多的人选择到室内进行健身活动,主要的原因在于他们关心的不仅仅是各个室内健身休闲区域的运动项目,而是把室内健身休闲区域中的环境作为健身的首要考虑因素。对大多数大众室内健身休闲场所而言,宽敞的室内场地空间、齐全而先进的运动器材设备、清新的空气、动感的装潢设计,以及运动后洗漱等贴心服务对顾客形成强有力的吸引。对部分室内健身项目而言，或许并不需要太大的室内空间，但要求精于个性化装潢设计、拥有良好的空气质量保障以及专业的器材设备等，如瑜伽馆。对高端室内健身休闲消费而言，在室内硬件环境的设计和设备供应上更加注重安全性和性能优化。另外，部分运动器材模拟自然跑步、划船等姿态设计，利用人体工学等科技使设备更加舒适。室内健身休闲的硬环境为参与者更贴心、更方便的服务提供了物质支撑，随着科技的发展与进步，室内健身休闲的硬环境将得到更大改善。

2. 软环境的舒适性

室内健身休闲所提倡的就是时尚的健身理念，人们在进行健身时已经不单单要强身健体，更重要的就是“健心”，一个人的心情愉快，心态才能够平和，身体才能够得到全方位的放松。因此，人们参与健身，体验休闲的心理需求是在工作机械化、自动化情况下，人们身心健康状况不断恶化而产生的客观需求。室内健身休闲的经营场所中群体健身场景、健身教练的悉心指导、贴心的服务通常会激发消费者产生消费动机，进而出现购买行为。当参与到室内健身休闲活动中，人们会增进对某类健身休闲组织的归属感，与组织内其他成员进行交往并获得友谊。健身教练的监督和具有同类需求的人们之间相互交流，为参与室内健身休闲的消费者提供了一个舒适的软环境，这个软环境不仅包含教练的指导与服务、健身群体间的相互交流，还包括管理及服务人员的贴心服务、室内健身休闲的良好氛围等。

三、室内健身休闲项目演变及分类

（一）室内健身休闲项目演变

早在古希腊时代，运动健将就用举重物的方式来锻炼身体。在这个健身运动的萌芽时期，人们审美倾向是追求力量和强悍的美。健身运动员通过训练，得到强壮健美的体形，这一过程被雕塑家“记录”下来并留存至今。19 世纪晚期，德国人尤金・山道首创了通过各种姿态来展示人体美，为现代健身健美运动的发展奠定了基础，所以他被公认为“国际健身健美运动的创始人”。由此可见，室内健身休闲运动起源于人类的健身健美需求。随着社会发展，人们参与室内健身休闲活动的项目也发生了巨大的变化。从徒手项目到器械项目，从健身房到其他体育场所，从线下健身休闲活动到线上健身休闲活动，无不显示出室内健身休闲项目的不断发展变化和人类健身休闲需求的多样化特征。

（二）室内健身休闲项目分类

按照不同的标准对室内健身休闲项目进行分类，可以有不同的结果。本书以下面几种标准对室内健身休闲项目进行简要划分。

1. 按照适用对象性别划分

由于人们对男女的审美标准不同，因此将室内健身休闲项目分为男性项目和女性项目。通常而言，人们认为拥有高大而强壮的身材，肌肉发达而均衡，肩宽臂圆，体力充沛，体质健康的男子是强壮的、健康的。同样，人们认为拥有匀称的体形、优雅的姿态、丰满的胸部、光洁润泽的肌肤的女子是健康的、美丽的。因此，男性和女性所选择的健身休闲项目是不一样的。但这个分类方法与实际情况相比较，某些项目存在男女共同适用特征，差异并不绝对。因此，对相关消费市场的营销策略存在有限的参考价值。

2. 按照是否借助器械划分

第一类为各种徒手项目，如各种徒手健美操、韵律操、形体操、瑜伽、游泳、慢跑以及自抗力动作等。第二类为借助运动器械的健身房健身休闲项目，主要器材包含哑铃、杠铃、壶铃等举重器械，单双杠、绳、杆等体操器械，以及弹簧拉力器、滑轮拉力器、橡筋带和各种特制的综合力量练习架等力量训练器械，功率自行车、台阶器、平跑机、划船器等有氧训练器材。

3. 按照场地划分

人们在选择健身场所时，健身场所之间的不同会导致人们对于健身活动的不同取向。按照室内健身休闲场地类型划分，主要包含适用于商业经营性的健身房（俱乐部）项目，适用于大众健身休闲的公共体育场馆类的项目以及消费者居家锻炼的相关项目。事实上某些项目具有较强适应性，对场所没有特定要求，但不同类型场所的确应该选择更加适宜自身特点的项目来开展。一般而言，健身房类项目品质层次高低不同，商业性更强，因此本章将健身房经营作为重点进行介绍。公共体育场馆开展的健身休闲项目带有公共产品的属性，政府对场馆经营采取采购、补贴等形式，价格会更加亲民甚至免费。适宜居家锻炼的项目一般是徒手项目或小器械辅助项目。

四、室内健身休闲的消费模式

根据《2019 中国体育产业深度分析报告》，中国运动健身人群运动场景选择情况，有 7.5% 的用户选择在家中健身，34.1% 的用户选择在健身房健身，39.9% 的用户选择在户外公共区域，18.3% 的用户选择体育场馆，另有 0.2% 的用户选择其他。可见，选择室内健身的人群约占运动健身人群总数的 60%，这是我国重要的体育人口，更是室内健身休闲产业的主要消费人群。

（一）会员卡（服务类）消费

室内健身经营者为了鼓励消费者积极进行消费，同时为了快速收回前期建设投入的资金，通常会根据不同消费人群的不同健身需求制定各类健身会员卡，如次卡、月卡、季卡、半年卡和全年卡，部分室内健身经营者还会针对消费者的消费特征，为其量身定制一些专属会员卡。例如，针对情侣健身推出的情侣卡，针对家庭、公司团队等大团体推出的家庭卡和团体卡，针对追求更好健身服务质量的消费人群推出的贵宾卡等。因此对于室内健身消费者来说，办卡消费是室内健身最主要、最重要的一种消费模式。

（二）私教服务

室内健身休闲的私人订制模式是指向客户提供一对一私人教练服务，根据客户的需求和喜好制订室内健身计划，同时实时记录客户的健身情况并根据实际情况对健身计划、健身方式进行调整，直至客户满意。私人订制模式是室内健身休闲的主流消费模式之一，由于西方经济发展水平和居民生活水平较高，因此私人订制的健身模式已经十分常见，已形成一套完善的休闲健身私人订制发展体系。据调查，当前美国大约有 60 万名私人教练，并且有近 3 成的家庭愿意请私人教练来为自己的家庭成员量身订制训练计划。与传统的健身行业发展模式相比，私人订制模式为客户提供的服务更加优质也更加全面，并且收费也相对较高，企业所获得的收益也更多，因此私人订制的健身模式正逐渐成为室内健身休闲消费的主流模式。

火爆的“私人订制”健身模式

（三）互联网健身

互联网健身消费存在以下几种主要情形：第一，消费者安装互联网运动 App，获取运动数据指导自身健身；第二，消费者在公共空间中的共享室内健身休闲装备上健身，并支付少额的器材使用费用；第三，消费者居家进行健身活动时，得到网络资源支持。如果该网络资源是线下实体店的课程就形成了线上线下健身指导的有机结合。

（四）场地租赁

场地租赁指消费者在使用体育场馆过程中产生的费用。消费者并不成为某健身场所的会员也不购买相关课程或服务。一般来讲，这类消费者已经拥有了一定的运动健身技能，只是支付一定的费用，租借室内健身场馆及其中的器材开展健身活动，达到健身休闲的目的。

除以上主要消费模式外，随着社会的发展和科技的进步，人们多样化、个性化的健身需求将不断增加，室内健身休闲的消费模式将更加多样化。

五、发展室内健身休闲产业的价值与意义

（一）提高国民身体素质，传播健身休闲理念

废弃工厂变“室内体育健身场所”

从宏观的角度讲，健身活动产生于人们对于健康的需求，而人们在进行健身活动时主要的能源来自人体的生物本能，人的自然属性是进行健身活动的先天基础，而社会属性则是进行健身活动的后天动力，后天动力在适应先天条件的基础上才能产生较好的发展以及效果。

室内健身休闲产业的产生与发展能够让人们的健身活动有更多的健身休闲场所，同时也能够在一定程度上减少客观条件的限制，并且人们在进行健身活动时还能够有更多的选择，进而提高自身的生活质量。现代社会的快节奏生活使人们疲于工作，压力增大，参与室内健身休闲有利于缓解精神压力，促进身心健康。便捷的社区共享健身空间、各类连锁或独立健身俱乐部、体育场馆成为人们顺利参与健身而不受时间限制、不受天气影响的好去处。持续的健身休闲实践必将提升居民身体素质，陶冶参与者的情操，丰富人们的社会文化生活。参与人群的传播以及室内健身场所的运营也将促进社会健身休闲文化氛围的形成，促进社会精神文明进步。在我国，与传统体育健身运动相比，室内健身休闲有着更高的趣味休闲性，可以很好地激发人民的运动兴趣，因此我国大力发展室内健身休闲产业的首要目的是培养国民运动健康意识，提高国民身体素质。

（二）创造更多就业机会，促进社会经济发展

适龄人员的就业是每个国家和社会面临的重要问题之一，处理不好将影响社会稳定，带来一系列的社会问题。大力发展室内健身休闲产业可以很好地增加就业岗位、缓解就业压力。在资本主义国家，各类运动基本实现了职业化，健身教练已经是一个成熟的职业，大众健身休闲以体育社会组织开展，服务人员相关的专业知识与技能习得都是为从事健身休闲领域工作而进行的。室内健身休闲的发展毫无疑问有助于解决他们的就业问题。在我国，部分一线、二线城市体育教师基本饱

和，而毕业生期望留在城市中生活，供求双方的矛盾造成了体育专业毕业生近年就业情况不容乐观。退役体育运动员、退伍军人一直都是就业的困难群体，而这些群体通常有着较强的身体素质和专业的运动知识技能，十分符合室内健身休闲产业对人才的需求。因此发展室内健身休闲产业对缓解我国就业压力，解决特定人群的就业问题具有重要意义。室内健身休闲产业的发展能够有利于推动社会经济的发展。还能在一定的程度上拉动健康消费、形成经济新的增长点，促进社会经济可持续发展。

根据《2019 IHRSA（国际健康体育协会）全球健身俱乐部市场报告》，截至2018年年底，全球健身俱乐部会员人数已超过1.83亿，比前一年增加了900万人，同比增长5%；行业总收入约为940亿美元，比上一年度增长了7%；俱乐部数量超过21万家，比上年度增加了1万家。在我国，参与健身运动的人数高达2.1亿人，这一庞大的消费群体为室内健身休闲产业的发展创造了巨大的市场，每年创造的经济效益可以达到上千亿元，因此大力发展室内健身休闲产业对带动国民经济增长具有重要意义。

（三）有效盘活城市场地资源，美化城市环境

室内健身场所的建立以人类生产水平的提高为前提。也就是当人们具有了一定的经济实力时，在满足基本居住的条件的情况下，才会利用剩余的空间环境修建或改造所需的健身场所。众所周知，城市土地资源属于稀缺资源，能有效盘活城市场地资源就是对城市发展做出的巨大贡献。国内外利用城市闲置资源开展室内健身休闲的案例很多。许多城市改建废弃的工厂使之成为一个个乒乓球馆、羽毛球馆、网球馆，这就盘活了这些场地资源。另外，大型体育场馆通常为了举办某些大型体育赛事而修建，但赛事结束后存在场馆开发再利用问题。引进室内健身休闲经营主体或各类社会组织力量就能盘活花费巨额经费而建立的场馆资源。酒店、社区开展室内健身休闲服务主要依靠开辟部分剩余的公共空间，这也是有效利用城市场地资源的表现。城市中室内场地资源的开发又给这些地方带来生机和活力，美化城市环境。

（四）有利于科技创新，促进科学健身实践

随着体育建筑的正向功能多元化的不断发展，所建造的一些室内健身场所的科技含量也在不断提高，其供能也越来越能够符合人们身体的需求，并且向着生态环保的可持续发展方向不断延伸。室内健身场所本身占据的空间就小，并且尺度、动作以及小气候的环境都较为恒定，这些都有利于使用更为先进的健身设施，也可以因此拉动内需，一定程度上推动建筑、电子等其他社会行业的生产、研发以及发展。室内健身休闲产业的存在，还有利于运动生物实验室的建设，为健身过程中使用的各种仪器提供了户外健身环境无法比拟的便利条件。因此室内健身休闲产业的开展能够有效地提高体育活动领域中的科学技术的文化含量，促进科学健身实践。

第二节 室内健身休闲产业的发展现状

一、国外室内健身休闲产业的发展现状

（一）国外室内健身休闲产业的发展概况

1. 国外室内健身休闲产业的发展阶段

室内健身休闲产业兴起于西方国家，目前美国是拥有最为成熟的健身俱乐部市场的国家。国外室内健身休闲产业的发展主要经历了贵族化、大众化、多元化（个性化）三个阶段。在最开始兴起的时候，室内健身休闲产业主要表现的就是贵族化的发展模式。据美国体育俱乐部统计，从 1987 年到 1996 年其成员人数就增加了 51%，到了 2000 年以后体育俱乐部占到了所有商业俱乐部总数的 92.2%。随着健身休闲运动的不断普及，室内健身休闲产业逐渐从贵族化向大众化方向发展，各类连锁型健身俱乐部发展迅速。例如，美国的 LA Fitness 健身俱乐部，已经拥有了 600 多家门店。随着时代的发展，室内健身休闲的内容也逐渐向多元化发展，独立健身俱乐部层出不穷。各门店开始根据消费者自身的需求设计出不同层次的产品。随着现代人越来越个性化的发展需求，消费者能够根据自己的需求，要求服务商设计出属于自己的健身休闲方案，并配备私人教练，实行一对一的咨询和指导。室内健身休闲服制造业也逐渐向个性化发展，与顾客联系和沟通更加紧密。同时，大量科技应用于室内健身领域，智能化、人性化健身器械的出现，使消费者健身休闲更加便利。

2. 国外健身俱乐部的形式

国外健身俱乐部一般以以下三种形式存在。第一种，在酒店内的健身房，一般都设有游泳池，面积不大，价格也相对较高，主要面向居住酒店的客人。第二种，面向社会中上层收入人群、人气也比较旺的会员制健身房，一般配有先进的设备、丰富的课程、强大的教练团队。目前，

这类健身俱乐部正向精品健身俱乐部方向发展。第三种，就是硬件和软件水平相对较低的大众健身俱乐部，这类健身俱乐部往往利用体育馆、社区公共室内空间开展经营活动，因价格便宜所以消费者众多。

3. 国外健身俱乐部区域分布特征

从区域分布看，2018 年全球健身市场的主要增长点集中在美洲和欧洲。在欧洲，英国开创了现代俱乐部的法人治理结构和与之相配套的规章制度和运行机制，也是最早将体育进行产业化经营的俱乐部体制组织形式。目前，英国和德国继续引领欧洲健身市场。在美洲，多数美国人认为健身和学习工作一样重要，因此美国健身俱乐部的会员渗透率为 20.8%，而加拿大为 16.7%。在中东和北非地区，尽管一些国家存在冲突，但消费者寻求锻炼并从积极的生活方式中获得健康的需求仍然存在。在亚太健身市场中，印度市场规模位列第五，年收入 8.21 亿美元。拉丁美洲的健身俱乐部市场很活跃，有增长的潜力。巴西有 34 000 家健身俱乐部，在全球健身市场中健身俱乐部数量仅次于美国。

本书将主要介绍欧美发达国家较为成熟的室内健身休闲产业的发展模式和特点，以帮助读者认识其发展经验，并对室内健身休闲产业的发展有更清晰的认识。

（二）国外室内健身休闲产业发展特点

室内健身休闲产业的发展依赖社会经济的发展，对西方发达国家来说，室内健身休闲产业的商业模式已经比较成熟。自 20 世纪 70 年代以来，随着各国经济的发展，室内健身休闲产业的规模逐步扩大，其经济价值被不断开发，呈现快速化、国际化的发展趋势。健身休闲业在很多国家都是体育产业的重要分支领域，这些国家的室内健身休闲产业发展主要有以下几个特点。

1. 校企合作的人才培养模式

一个企业的发展需要大量专业人才对其进行支持，并且企业、行业对人才的需求是多方面的，尤其是对专业能力较强的复合型人才的需求更是强烈。但当前国内外就业市场存在相同之处：相关专业学生在毕业后找不到合适的工作，而企业也招聘不到需要的人才。因此，校企合作模式成为多数国家解决学生就业问题和企业人才需求问题的最佳方式。

事实上，国外学历教育中与室内健身休闲产业相关的专业十分稀少，专业技能人才培养更多依赖社会组织机构进行职业技能教育。但高校中与室内健身休闲有关的专业多采用校企合作的发展模式来解决行业专业技术和管理人才缺口问题。当前国外采取校企合作发展模式的国家主要有美国、英国和澳大利亚等,这些国家的室内健身休闲产业与高校进行合作的方式通常是向国内高等院校投入教学资金,设立室内健身休闲的相关专业。例如,英国拉夫堡大学的体育管理专业和体育教练专业、美国哥伦比亚大学的社会健身管理专业和健身教练专业,等等。欧美国家由当地政府牵头,由学校和企业多次谈判确定合作方式及双方需求后设立大学的室内健身休闲相关专业。这样做的目的就是保证学生在毕业后能够顺利就业,并从事与室内健身休闲的相关工作,也能够满足企业对室内健身休闲专业人才的需求。

国外的人才培养方案和我国高校有类似之处,只是在时间长短、落实程度上存在一些区别。这些国家相关专业的教学计划通常是入学后,前三年在学校学习与室内健身休闲相关的专业知识,在第四年进入行业进行实习、了解行业运作模式。这样的人才培养模式为学生胜任相关企业的工作岗位奠定了基础。

2. 健身—休闲一体化发展模式

与传统健身相比,室内健身休闲更富有娱乐性和休闲性。健身爱好者在健身的同时既能使自己的身体得到锻炼,还可以通过一些休闲娱乐项目使自己的身心得到充分的放松。简单来说,健身—休闲一体化发展模式就是在传统室内健身的基础上,在健身房、健身俱乐部、其他体育场馆内部划分出一块休闲娱乐区,并在休闲娱乐区内安置一些台球桌、桌游区、咖啡角、轰趴室等,这样一来就可以满足健身爱好者的多种需求,同时也可以使室内健身的内容不再枯燥单一,让室内健身更富有活力,同时还可以利用健身—休闲这一新颖特征吸引更多的健身爱好者前来消费,进而促进室内健身休闲行业更好更快地发展。除此之外,室内健身馆的休闲娱乐区可以设定为单独消费区,这样一来休闲娱乐区可以为室内健身馆提供额外的收益,提高室内健身馆的整体营业额。

3. 可穿戴技术受到消费者追捧

"健身—休闲"一体化发展模式

可穿戴技术最早是20世纪60年代由麻省理工学院媒体实验室提出的创新技术。利用该技术,可以把多媒体、传感器和无线通信等技术嵌入人们的衣物中,可支持身体运动操作等多种交互方式,主要用于探索和创造可直接穿戴的智能设备。应用于运动领域的可穿戴技术包括健身追踪器、智能手表、心率监测器和GPS跟踪设备。例如,Fitbit、

Misfit、GearFit2、Garmin、Apple 制造的相关设备和产品，可以跟踪并记录心率、卡路里、运动坐姿等。在《2020 全球健身趋势》中，可穿戴技术再次排名第一。消费者认为这些设备监测的准确性以及贴合实际运动场景应用的优化，有助于他们健身休闲活动的常规化，并增强运动体验感。因全球消费者的热捧，运动装备产品的可穿戴技术产业规模约为 950 亿美元。

4. 法人治理结构清晰

欧美国家的室内健身休闲产业的主要经济活动以企业及其他经营主体的市场行为为主，并配有一套相关的法律法规体系加以规范和约束。经过上百年的发展，室内健身休闲产业中的法人治理结构日益完善，随着以营利为目的的室内健身休闲俱乐部越来越多，室内健身休闲产业由社团化向企业化转变，而职业体育联盟在室内健身休闲产业中所发挥的作用也越来越重要。

5. 室内健身休闲产业的规模大，产值高

对于不少西方国家来说，其室内健身休闲产业的发展程度与经济发展水平呈正相关，是国民经济的新增长点。观察西方发达国家近年来室内健身休闲产业的发展，可以看出室内健身休闲产业在 GDP 中的占比越来越大。室内健身休闲产业作为一个庞大的经济部门，其在增加国民的就业机会方面有着重要的作用。一些国家室内健身休闲产业的就业人数远远多于其他传统体育行业的就业人数。根据国际健康、运动及健身俱乐部协会统计，2016 年欧洲的健身俱乐部市场在为 5 600 万会员服务，拥有将近 55 000 家健身房，年收入为 290 亿美元。其中英国有 970 万人是私营健身场所的会员，有 6 728 家健身机构在英国营业，2016 年的总年收入为 61 亿美元；德国境内拥有 1 000 万健身房会员，隶属于 8 600 家健身房，2016 年总收入为 56 亿美元。美国拥有 5 720 万健身会员，私营健身俱乐部达 36 540 家，行业年度总收入为 276 亿美元。美国的健身俱乐部和工作室对经济也至关重要，雇用超过 80 万名员工为 7 400 万消费者提供服务。2018 年全球健身俱乐部收入前三的国家分别是美国、德国、英国，销售收入分别为 323 亿美元、63 亿美元、62 亿美元。2019 年，美国健身俱乐部收入为 350 亿美元。

6. 服务评估以消费者为中心

欧美的室内健身行业普遍认为服务质量是室内健身休闲企业生存的基础，是影响消费者份额和俱乐部长期盈利能力的主要因素。为了满足客户需求，服务质量必须达到或超过会员的期望。较高的客户满意度可以提高俱乐部的声誉，降低吸引新客户的成本，减少用于处理和管理投诉的资源，以及获得更多的客户推荐。服务质量和客户满意度对购买意图也有很大影响。例如，满意的客户更有可能频繁地参与健身俱乐部提供的其他服务，并为其所接受的服务付费，对于消费成本的上涨有着更多的容忍度。由于消费者对其娱乐或健康健身服务的忠诚度与他们的消费体验有关，因此需要一个持续的评估服务质量的过程来满足客户的需求和期望。根据《2018 美国健身俱乐部消费者报告》，每年至少使用 100 次健身房的会员属于健身房的核心会员，约占会员总数的 47%，多功能的大型健身房对核心会员具有更高的吸引力。

7. 产业融合度高

国外的室内健身休闲产业和保险、医疗等行业结合得十分紧密。发达的保险业似乎无处不在，缴纳了健康保险费用的人们可以获得健身俱乐部的会员资格，享受相应的健身服务。适当的健身能提升人们的身体素质，降低了保险公司赔付医疗费用的风险。随着人们对自身健康的关注，俱乐部等室内健身休闲企业与保险公司的业务融合越来越多，保险体系的完善也为健身俱乐部的发展带来了更多的客源。除此之外，国外室内健身休闲产业与酒店、医疗行业的融合也非常紧密。

（三）国外室内健身休闲产业存在的主要问题

1. 从业人员流动率高，生存压力大

虽然国外一些室内健身休闲企业已经通过校企合作的形式在体育院校开设了相关专业，培养出来的人才能一定程度上满足行业发展的需求。但事实上，本行业的从业人员中有很多人通过健身教练培训市场和社会组织认定的健身爱好者、健身教练等途径与校企合作的毕业生抢"饭碗"。俱乐部的教练员面临很激烈的竞争，堪比弱肉强食的"饥饿游戏"。而且，国外健身教练人口流动率很高，在美国达到了 80%。这也导致健身教练难以获得固定薪资保障。健身俱乐部不给健身教练提供完善的保险制度，将增加他们的生存压力。举例来说，Bally Total Fitness 的教练必须每周进行 35 次课程教学，才能获得健康保险，如果在中途请假会视为无效。值得注意的是，"新冠"病毒的全球大流行，导致了室内健身休闲产业领域大量人员的失业。2020 年 3 月，美国成百上千家连锁店的各大知名健身房和精品健身工作室，在一夜之间宣布停业，并且迅速做出高达 90% 的裁员规模的决定，近百万名全美健身教练面临失业和转行的尴尬境地。

美国连锁健身企业因疫情破产

2. 行业竞争加剧,会员流动性大

当前,室内健身休闲产业面临的最大问题就是会员流动性大、长期参加室内健身的固定会员人数较少。国外室内健身休闲产业发展较为迅速,室内健身运动普及度较高,在城市中室内健身馆随处可见,这就使得众多健身馆、健身俱乐部为了争夺客户,经常会举办一些优惠活动,使得众多室内健身爱好者会被更为优惠的健身价格或更贴心的服务所吸引。一旦有更加优惠、优质的健身场馆,那么这些健身爱好者就会放弃当前的健身场馆,去优惠力度更大的健身房进行健身运动。另外,由于人们生活习惯的改变,有一部分健身人群的目的是减肥减脂,如果短时间内的健身效果不明显,或是达不到自己减肥减脂的目的,那么这类健身人群就会换家健身俱乐部,或是停止继续健身,这最终都会造成健身行业会员流动性大这一不良现象,阻碍了室内健身休闲产业的发展。据统计,精品健身房的会员是最“多情”的,他们中 90% 的人会体验与购买多个健身房的课程。

3. 入行门槛低,行业水平参差不齐

室内健身休闲产业属于轻资产行业,经营者仅需要租借一个健身场地就可以开办一个室内健身场所。为了促进健身行业的发展,相关管理部门通过降低健身行业的入行门槛来鼓励其进一步发展,这有利于健身教练们以开办健身馆、工作室的形式创业。目前,国外的私教工作室、操课工作室等小型室内健身休闲企业成为健身教练们创业的热点。但健身俱乐部数量急剧增长的同时,整个行业出现大小规模不等、服务水平参差不齐的现象。既有从大众健身俱乐部中分离出的精品健身俱乐部,也有大量健身教练为减少管理费支出而创办的小型健身俱乐部,其服务质量难以得到保障,使消费者满意度下降,对室内健身休闲产业的发展造成了一定打击。

4. 行业集中度加强

近年来,国外营业额排名靠前的品牌连锁健身房扩张迅速,行业集中度进一步增强。在规模扩大过程中,它们注重品牌建设与传播。大型的、多功能的健身房吸引核心会员的能力要高于精品健身房、工作室等。连锁品牌健身俱乐部相比中小型俱乐部具有更多优势,因为它们可以提供更好的购买折扣和额外的福利。美国的健身俱乐部行业媒体——Club Industry 调查显示,2018 财年部分特许加盟品牌的增长势头尤其强劲,其中一些品牌的收入增幅超过 30%。最大的特许加盟品牌 Planet Fitness 继续呈现快速增长的特征,高会员量、低会籍价格模式在2018年使营业额增长了33%。当经营者没有存储成本,退出经营壁垒相对较低的行业时,往往会缓解俱乐部间竞争。因为,此时经营者在经营状况不良时,会选择退出竞争市场,这在一定程度上增加了行业集中度,使大品牌、连锁型健身俱乐部更具市场话语权。

二、国外室内健身休闲产业对我国的启示

(一)建立合理的专业人才培养、使用制度

国外人才培养采用了学历教育与非学历教育结合的模式,但行业内激烈的就业市场竞争,让从业人员生存压力加大。因此,我国室内健身休闲产业今后的发展一定要做好该行业内专业人才的培养工作,例如,在国内高校开设室内健身休闲经营管理专业、室内健身教练等专业,借鉴国外校企合作的人才培养模式,从而为室内健身休闲产业的发展注入新鲜血液,实现室内健身休闲产业的可持续发展。

在选择和使用室内健身休闲从业人员时切勿照搬国外现有的发展模式,应当先对国内环境和市场做一个充分的调研。了解室内健身休闲从业人员的实际需求,进而在国外成功发展模式的基础上进行优化和改进,形成一套适合我国国情的室内健身休闲产业人才发展新模式,促进我国室内健身休闲产业更好、更快地发展。

(二)提高入行门槛,建立完善的行业制度

室内健身休闲产业属于服务性行业,进入门槛不高。俗话说"没有规矩,不成方圆",在大力发展室内健身休闲产业前应当先为行业制定一套完善的规章制度和行业标准,从而使室内健身休闲产业向着规范化方向发展。另外,不应当以较低的入行门槛作为鼓励健身行业发展的手段,相反地应当适当提高室内健身休闲产业的入行门槛,尽量让有能力、有实力的企业入行发展,进而从根本上避免恶性竞争、行业内水平参差不齐等问题的发生。

(三)以消费者为中心,提高市场占有率

从上述的论述中,可以看到国外室内健身休闲产业的运营以消费者为中心,注重品牌塑造并发挥品牌价值。无论是室内健身休闲产业贵族化时代,还是大众化时代,抑或是现在的多元化时代,所有的产品设计,经营模式都着眼于消费需求的变化。我国室内健身休闲企业当前更应注重健身休闲的定制化服务,部分企业已经推出的精品健身俱乐部项目得到了较快发展。一般来讲企业在市场的占有率主要取决于自身的经营实力和对消费者的了解。

（四）加强产业融合，提升产业价值

室内健身休闲产业普遍为复合型结构，产业关联度高，涉及面广，包括体育物质产品、体育服务产品等的生产和经营，并以此吸引着众多行业部门的参与。合理利用城市场地空间使室内健身休闲产业与众多行业融合发展具有诸多可能性。例如，国外成熟的保险行业发展促进了健身俱乐部的发展。室内健身休闲产业创造的顾客黏性也将成为与其他行业融合发展的重要资源。加强室内健身休闲产业与教育、医疗、酒店、保险等其他行业的融合发展，将有助于提高产业的价值。

三、我国室内健身休闲产业的发展现状

室内健身休闲产业的发展是建立在我国社会经济发展基础上的，受社会经济结构和经济发展水平制约。室内健身休闲产业的管理、运行、发展既依赖国家体制结构和经济发展水平，又反作用于国家体制结构和经济发展。

（一）我国室内健身休闲产业的发展历程

当前，人们的生活节奏快，生活压力大，在这种压力下，不少人选择通过健身缓解压力，放松身心，室内健身休闲产业也因此发展起来。室内健身作为城市居民主要的休闲、娱乐方式，近几年来，在我国受到了越来越多人的喜爱。主要发展历程如下。

1. 第一阶段

20 世纪 80—90 年代，城镇居民可支配收入有限，大众健身尚未广泛普及，大众运动健身多为自发行为。早期的健美爱好者热衷于力量型健身，主要目的为塑造健美体形，因此其参与的内容以高强度、大运动量、持续时间短的运动项目为主。这些健身活动所需的室内健身场地面积不大，设施设备简单，环境简陋，俗称“铁馆”，主要针对男性顾客，强调体形塑造，专业性强，参与人数少，同时国内健身概念开始萌芽，威尔士、浩沙等第一批健身俱乐部品牌在一线城市出现。

2. 第二阶段

2000 年后，全社会在北京申奥成功的激发下，强烈关注体育运动的发展，人们试图养成运动健身的生活习惯。健身俱乐部经营规模从一线城市向二、三线城市迅速扩大，几乎遍及全国，会员制的经营概念开始逐步流行，健身房运动以有氧运动为主，女性积极参加各类舞蹈课程，男性以跑步机、动感单车等有氧设备训练为主，器械使用量较少。体育馆、社区闲置空间等室内体育场所对外开放。2006 年，英派斯健

身遍布全国31个城市，宝力豪健身覆盖全国23个城市。

3. 第三阶段

2008年北京奥运会的成功举办，带动了全民健身的时尚热潮，多元化综合健身房开始出现。健身融合了拳击、娱乐交流、音乐、美容等多种时尚、休闲因素。健身俱乐部吸引到越来越多的资金投入，在北京、上海等城市出现了一批大型俱乐部，俱乐部的行业管理水平有了大幅提高。中国健身行业从粗放型向集约化管理转变，室内健身休闲的经营场所的面积逐渐扩大，投资额度日趋上升，俱乐部经营风险也开始逐步显现。

4. 第四阶段

从2014年起，国务院相继出台了《国务院关于加快发展体育产业促进体育消费的若干意见》《国务院办公厅关于加快发展健身休闲产业的指导意见》等有关体育产业的政策及文件，这个时期健身业从自发休闲模式向专业指导模式转变，是专业型健身与休闲型健身的有机融合阶段。大众对运动健身的需求增加，客户购买私教课程的需求逐渐增加，客户办理健身卡的目标很明确，不再盲目增肌、减脂，损伤康复、运动健身、娱乐交友等目标性区分度越来越高，客户的消费日趋理性，不再愿意办理长期会员卡，愿意按照实际需求购买会员卡，客户开始关注健身房设备的品质、服务质量、教练专业水平的高低。客户视健身为自身最好的休闲，使健身成了自己生活的一部分。

2016年前后，互联网健身兴起，Keep等互联网企业带动了大众互联网运动健身生活方式的转变。各大品牌相继推广智能穿戴设备，如智能手环等。乐刻、超级猩猩、Keepland等智能健身品牌出现，科技带动了室内健身休闲产业的转型升级，并满足了顾客更加多元化的健身休闲需求。这一阶段是大众健身、专业健身并存，互联网健身和传统健身并存的全民健身休闲阶段。

与发达国家相比，我国室内健身休闲产业虽然起步较晚，但近年来发展速度很快，室内健身休闲产业领域不断拓展，规模也在不断扩大。无论在哪个阶段，健身器材装备制造厂商总能敏锐地抓住消费者的需求，并生产适宜的产品满足这些需求。

（二）我国室内健身休闲产业的发展规模

随着人们健康意识的增强和健康生活方式的逐步形成，我国参与健身活动的人数稳步增加。因室内健身具有的安全性、便利性、舒适性等特点，更多的人会加入室内健身的行列中。经营室内健身休闲产品和服务的相关企业，如健身房等业态在国内各大城市出现。与国外相比虽然我国室内健身休闲产业起步较晚，市场渗透率较低，但由于我国是一个人口大国，当居民的健康意识被激发出来后，健身休闲爱好者数量将逐步增多，室内健身休闲产业有广阔的发展空间。

易观网所做的《中国互联网健身房市场专题分析 2019》显示，2018 年国内持有健身卡的人数为 1 742 万人（不包括小型健身工作室会员），全国健身房总量达到 53 070 家，同比增长 8.7%，健身房市场规模为 505.2 亿元，同比增长 20.7%。2019 年主流城市健身俱乐部月均收入为 54.12 万元。健身房市场保持在稳步上升的通道中，维持 20% 的年增长率。

从业人员方面，根据国家体育总局职业技能鉴定指导中心统计，截至 2018 年 4 月 30 日，共计 170 312 人报考健身教练职业资格考试，同比增长 48%，其中有 79 073 名获得健身教练国家职业资格证书，同比增长 55%。可以看出，许多人愿意投身到健身教练这个职业中，这是他们自身喜好和室内健身休闲产业良好的发展趋势所致，由此也产生了巨大的健身培训市场规模。

（三）我国室内健身休闲产业发展特点

1. 区域差异性

我国室内健身休闲产业的发展有鲜明的地域性区别，并呈东强西弱的特点。东部地区经济发展速度较快，其室内健身休闲产业的发展态势较好，我国部分地区体育运动人口占比接近发达国家。与此同时，在体育人口占比相对较低的广大地区，健身行业发展远未成熟，仍存在较大市场空间。按照城乡分布看，室内体育场地与人群分布密度紧密相关，因此我国室内体育场地呈现明显的城市多于乡村的分布现状，如表 6–1 所示。

表 6–1　中国室内体育场地城乡分布情况

类别	数量 / 万个	面积 / 亿 m^2
城镇	12.87	0.54
乡村	2.73	0.05
合计	15.6	0.59

数据来源：2019 中国体育产业深度分析报告

按照城市发展来看，不同发达程度和城市人口规模的城市里，室内健身休闲产业的发展情况也存在明显区别，其市场渗透率从一线城市向其他城市逐次降低。

2. “线上 + 线下”室内健身休闲共同发展

根据艾瑞咨询集团调研数据，57.1% 的中国运动健身人群选择参与专业的运动健身课程，其中 24.9% 的人会使用线下课程服务，如健身房课程和教练服务等，18.3% 的人使用线上课程服务，如运动教学 App 的课程支持等，13.9% 的人选择线上与线下运动健身课程相结合的锻炼方式。虽然线下课程仍是健身行业所提供的服务的主流，但线上课程已经开始成为用户较为普遍的选择。在 2020 年“新冠”病毒肺炎全球大流行背景下，线上健身课程流量大增，这不仅是特定时期的经济现象，更会改变人们健身休闲的生活方式，部分健身教练以直播、录播、社交群等形式有偿或无偿授课以增加顾客黏性，为实现线下转化提供了可能性。

3. 消费需求以大众型运动项目为主

疫情期间，居家在线健身比赛兴起

室内健身休闲产业经营项目以大众普及型运动项目为主。一方面，我国社会经济发展水平及人们所掌握的运动技能会产生很大影响。另一方面，受历史文化和生活习惯的影响，跑步、乒乓球、羽毛球、游泳等是我国人民群众喜欢的运动项目。中国健身爱好者对减重、身体形态的重视程度越来越高。而自重训练、高强度间歇训练等更专业的健身细分领域在中国消费者中的认可程度并不高。我国的室内健身休闲产业正在探索中前进。

4. 整体市场集中度低，经营模式多样化

目前，我国室内健身休闲产业形成了政府引导、市场主导型治理、体育行业协会监督的管理模式。通常而言，体育场馆等大型体育设施的所有权仍然以国有为主，在经营过程中引入了私营、合资等多种类型的经营主体。我国区域性大型连锁健身品牌在 30 家左右，商业运营的健身房以私营或合资企业为主，非公有制经济已占主导地位。

我国健身房市场集中度较低，仍以中小型非连锁经营为主，说明行业品牌相对分散，壁垒并不高。2018 年，国内排名前 5 的健身品牌合计开店 609 家，仅占市场整体的 10.4%。各大健身品牌割据混战，催生区域化龙头，如威尔士、一兆韦德、奇迹等公司，但尚未形成全国性巨头。

大众型健身房、工作室的经营活动满足了越来越多中低收入人群对健身休闲的需求。“健身 +”模式运营，将健康讲座、美容、会员活动、餐饮服务等延伸业务融合到室内健身休闲产业中，实现“健身休闲一体化”经营模式，满足了城市中高收入人群的健康生活需求。在健身品牌方面,我国健身品牌仍以终端消费连锁品牌为主,大型连锁品牌在管理、规模、资本等方面具有一定优势,在一线、准一线城市稳定增长。但私人工作室、精品工作室、自助健身房等不同种类的小型室内健身休闲场所瞄准细分市场,促进了市场的多样化供给,也增加了市场竞争的激烈程度。

(四)我国室内健身休闲产业存在的主要问题

1. 室内健身运动整体普及度较低

2015—2018 年我国室内健身休闲产业得到了飞快的发展,健身俱乐部和会员数都保持了较高速度的增长,整体行业规模排在全球健身市场第 5 位。相比于欧美发达国家,我国室内健身休闲产业还处于初级发展阶段,虽然商业投资热情高涨,但各项基础设施和设备建设薄弱,品牌知名度不高,管理和服务体系不完善。根据全球大健康研究机构 Global Wellness Institute 的数据,2018 年,国内健身房会员人数渗透率约为 0.8%,与全球平均渗透率 3.7% 相差近 4 倍,远远低于美国的 29.3%,也低于邻国日本的 7.8% 和韩国的 9.2%,整体普及度仍然较低。

从人群覆盖上看,现阶段,我国室内健身休闲行业消费人群仍以本科以上学历群体中的青年群体为主,老年人更倾向于广场舞等室外项目,少年人群的健身参与非常有限。健身消费区域主要为北京、上海、深圳等经济发达地区,与国外室内健身休闲产业仍有很大差距。此外,国内室内健身休闲产业的从业资质培训、急救知识培训、室内健身安全管理制度等体系还不健全,在很大程度上制约着我国室内健身休闲产业的发展。

2. 专业人才缺乏,未统一行业标准

在我国,室内健身行业的健身教练、体育经理人、会籍顾问、销售代表等人员都存在专业人才缺乏的状况。首先,就健身教练情况看,82% 的健身教练以男性为主,年龄集中在 20~30 岁,78% 的健身教练接受过大专以上的教育。如前所述,我国参与室内健身的群体中有 85% 以上的人拥有大学本科以上学历,素质较高,多数对健身休闲服务更看重专业知识与技能。但是,能为其提供定制健身课程、训练计划、饮食计划的教练却很缺乏。在《2018 年中国国家职业健身教练行业研究报告》的数据中可以看出,职业教练员主要通过各种官方或非官方的相关职前职后培训提升自身素质,组织方的水平不同,标准不一,反映出健身教练行业缺少对于健身教练专业系统性、标准性的技能提升路径,当前健身行业从业标准尚不统一。但在 2018 年,63% 的教练选择考取相关证书，说明相关部门的管理职能体现，也是行业标准逐步建立的体现。

除此之外，我国室内健身休闲产业的管理人员、咨询服务人员、销售人员、场馆运营人员等其他从业人员也很缺乏。比如，以售卡为主要盈利点的形式决定了销售代表的重要性，但销售是一门艺术，我国健身市场强制卖卡行为，常常引起会员的不满。这就说明营销知识、客户关系管理、消费者心理等知识成了行业内销售代表的短板。如何在激烈的竞争中脱颖而出，是管理者的智慧，更需要专业运营知识和经验的获得。因此，加强专业人才培养，引进先进管理团队并学习其相关经验有利于整个行业的健康发展。

3. 经营形式单一，缺乏创新性

当前我国室内健身休闲产业发展尚未成熟，许多经营者在经营过程中也都是“摸着石头过河”，没有一个明确的发展计划，因此只能照搬现有的国内外室内健身休闲俱乐部、企业的发展计划、发展模式。这就造成了我国室内健身休闲产业看似在蓬勃发展，但经营形式、经营项目千篇一律，没有特色，时间一长便会使消费者失去兴趣，不利于我国室内健身休闲产业的进一步发展。具体而言，传统体育场馆开发运营不足，通常仅经营单一的运动项目，以低附加值的场地出租、场景制作为主，服务产品的开发能力还很缺乏，部分体育场馆开始通过吸引大众健身休闲赛事来增强运营能力，但相关健身服务体系尚未建立，产品深度开发不足。社区便民室内健身场所以提供公共服务为主，辅以共享智能健身产品，商业开发能力不足。传统商业型健身房在经营过程中，长期以售卡、私教服务为主要盈利点，但现在同行业内竞争激烈，缺乏创新的产品和服务体系面临较大生存压力。

4. 产业结构不合理

我国室内健身休闲产业中的服务业发展水平整体落后于体育用品业和场地设施建设水平。根据《2019 年中国运动健身行业发展趋势白皮书》，处于起步阶段的中国运动健身行业虽然发展迅速，但仍然存在诸多问题有待解决，主要体现为体育大行业整体结构发展不均衡，室内健身休闲产业在发展过程中长期以场景和装备制造为行业重心。作为服务业，本应作为产业增长的核心力量在产业发展过程中却缺乏投入，传统健身房在获得客户后却没有建立配套的客户服务体系，对消费者的消费体验不够重视。随着用户服务的开展，健身课程内容资源的重要性会不断上升，经营者也会创新商业模式，利用科技手段推动室内健身休闲服务能力升级。

第三节　我国室内健身休闲产业的发展趋势

我国的室内健身休闲产业的产值规模已经达到一定水平，超越了部分西方发达国家；但是健身人口渗透率还较低，这也说明了我国室内健身休闲产业蕴藏着巨大的开发潜力。人们迅速增长的健身休闲需求与政策的积极支持，为我国室内健身休闲产业带来了新的发展契机。健身休闲行业在满足人们健身休闲需求的同时，也促进了地方经济的增长和环境的改善，处在发展初期的我国室内健身休闲产业表现出的发展趋势将为政府规划、企业经营提供很重要的参考价值。

一、室内健身休闲产业市场规模持续扩大

（一）人均 GDP 快速增长奠定经济基础

作为服务业的室内健身休闲产业的发展，取决于居民可支配收入和余暇时间的多少。欧美国家之所以能够率先起步并发展好健身休闲产业，是因为民众“有钱”“有闲”，还认可和期盼健康的生活方式。

2019 年我国人均国内生产总值过万，意味着人们的可支配收入增长、消费需求增长、消费信心提升，也意味着消费升级和产业结构的升级。经济的发展促进人们的消费水平逐渐提高，居民的整体消费支出中，服务性消费不断上升。室内健身休闲产业的经营项目和运作方式会不断升级，以此满足更多消费者的个性化需求。室内健身场所总是以各种方式刺激和吸引着周边不同的健身休闲爱好者们，时尚、智能、安全的健身装备和用品也会促进渴望健康的健身休闲爱好者产生购买动机和行为。总之，我国室内健身休闲产业的市场规模呈持续扩大趋势，并以其独特的魅力在当前的城市生活中发挥着举足轻重的经济和社会价值。

中国经济总量首次破百万亿

（二）政策推动供需双方市场活力提升

2014 年《关于加快发展体育产业促进体育消费的若干意见》的发布，促进了各省、市、自治区体育休闲业的发展，其中湖北、海南、重庆、贵州、天津等地区，充分运用自身的地理优势，将发展健身休闲消费列为重要工作。2016 年《加快发展健身休闲产业的指导意见》文件的发布，在简政放权、财政支持等方面为我国室内健身休闲产业的发展提供了支持，促进了资本向室内健身休闲产业的流动，进一步丰富了室内健身休闲产业的有效供给。此外，政策宣讲、媒体传播、室内健身环境改

善也为我国居民营造出了健身休闲的社会氛围，提升了居民的健身意识，激发了居民的健身需求增长。可见，一系列政策的出台激发了供需双方的市场活力，也将促进产业规模扩张。

（三）健身成为新的时尚热点

随着人们健身观念的养成，健身成了新的时尚热点。“马甲线”“A4腰”“人鱼线”等词汇充斥于青年人的社交圈，人们参与健身不仅仅为了追求身体的健康，还融入了更多社交、商务、时尚等社会化的目的，甚至参与健身休闲行为逐渐成了一种身份、阶层的象征。消费者对健身的认识不再局限于利用跑步机等简单器械进行锻炼，而是需求更为细化，大众消费者需要性价比更高的优质健身服务，高端消费者则需要更为专业、私人化的指导。此外，青少年、上班族等群体的特定健身需求涌现，催化教练工作室、新兴健身俱乐部等供给形式层出不穷。80后、90后这些消费能力较高的人群，出于追逐时尚热点的目的，也逐渐走入健身房，参与到健身项目之中。除此之外，近年来我国人口老龄化的问题越来越严重，退休后老年人时间充沛，又有相对富裕的资金，出于对健康、社交等方面的需求，在社会风潮的带动下也逐渐加入室内健身休闲项目之中。

二、室内健身休闲产业市场将进一步集中

根据发达国家室内健身休闲产业的发展经验，服务行业一般都会从自由竞争阶段发展到垄断竞争阶段，垄断现象都较为显著。作为服务业的室内健身休闲产业隶属服务业的范畴，品牌力的影响对于室内健身休闲产业的长期发展有着重要的意义。在我国室内健身休闲产业市场规模不断扩大的背景下，一些前期相对成熟的品牌也陆续成长起来，并逐渐扩大市场，打破原有市场区域性明显的局限，积极从一线城市发展到二、三线城市，并逐步形成连锁经营模式。虽然市场的集中会形成一定程度的垄断，但市场竞争的法则的确会促使知名品牌逐渐成为室内健身休闲产业的龙头企业。若市场集中有利于室内健身休闲产业的转型升级，则应该积极支持，但这需要由市场来决定。

三、“线上+线下”模式成为潮流

LVWH 旗下基金收购威尔士健身

互联网的快速发展，使室内健身休闲产业掀起了行业变革与转型升级。“互联网+”产业的发展以及移动端的快速普及促进了室内健身休闲产业的创新性发展。随着互联网技术的普及，室内健身场所周

边的交通、餐饮等信息变得非常容易获取,而移动端的快捷、方便的特点,也为消费者的健身提供了便利。经过近些年的发展,我国室内健身休闲产业产品分级逐渐明确,通过与互联网融合,各种衡量维度更加精准,也实现了线上线下的联动发展,成为一种潮流业态。

四、智能化成为室内健身休闲产业的新动力

科技的进步推动着室内健身休闲产业的发展,在参与室内健身休闲运动的消费者的装备中,智能手环、蓝牙耳机、专业跑鞋等智能化装备出现的频率越来越高,现阶段的室内健身休闲产业正在经历一场智能化的变革。传统健身的内容和形式枯燥、乏味,已无法满足人们对多样化健身体验的追求。2018 上海 FIBO 展,各种高科技产品的出现预示着未来室内健身休闲产业发展的新趋势。通过智能手环,健身俱乐部的教练员可以了解每一位参与者的运动情况,如跑步里程、能量消耗等,这些都可以通过数据直观地展示出来;VR 技术可以使健身更加有趣,参与者可以通过 VR 眼镜模拟各种健身场地,与朋友进行交流或者虚拟比赛。智能化设备应用将提升消费者的健身体验,为产业发展提供新动力。

五、室内健身休闲产业市场划分更加细化

室内健身休闲产业的发展水平根据地域、经济发展水平、健身文化等不同,存在一定的差异;因消费者性别、年龄、健身意识等不同,室内健身休闲市场更加细化。对于年轻消费者来说,室内健身休闲方式的多样性、科技感等更符合他们的消费偏好。近年来,女性消费者的数量逐渐增加,动感单车、健身球、有氧舞蹈、搏击健美操等运动成了女性消费者的新宠。而对于二、三线城市的消费者而言,低成本室内健身休闲更符合他们的需求。随着室内健身休闲产业的不断发展,室内健身休闲企业必将依据市场细分,瞄准目标市场,推出多样化的健身休闲产品和服务以满足不同层次的消费群体需求。可以预测,国内私教工作室、操课工作室等小型特色项目将会继续成为健身教练独自创业的热点。

六、互联网营销模式将得到推广

一直以来,室内健身休闲产业的营销方式多采用发单收电话、打电话约客、带客参观、谈单的流程进行“扫街”“扫楼”“扫车”等地推形

式搜集顾客，实行大型团队预售来拓展市场，以超低价终身卡的模式吸引顾客。但随着国家政策的不断完善和会员消费意识水平的提高以及互联网技术的应用，发单收集电话号码的模式被淘汰，新的体验化、场景化短视频推广模式将会成为最新的“吸粉”营销工具。会籍销售人员将会大幅度减少，而且工作内容会以编辑宣传视频、建圈子、发视频、开直播、收集资料、组织活动为主。实践证明，健身俱乐部如果采用精彩的短视频发布代替原有的发单宣传模式会产生更好的宣传效果，而且成本低廉，吸粉快。总体而言，现代人“屏前行为”成了生活的重要组成部分，经营者熟练应用互联网营销推广模式将引导消费者实现有效互动，对室内健身休闲产业的推广力度也会逐步增强。

复习思考题

1. 室内健身休闲产业的特点有哪些？
2. 室内健身休闲产业的价值体现在哪些方面？
3. 国外室内健身休闲产业的发展具有怎样的特点？
4. 我国室内健身休闲产业的发展将体现怎样的变化趋势？

第七章 山地户外健身休闲产业

学习目标

1. 了解山地户外运动和山地户外健身休闲产业的发展历程。

2. 熟悉山地户外健身休闲产业的概念、特点、项目及产品价值。

3. 掌握国内外山地户外健身休闲产业的发展现状。

4. 了解我国山地户外健身休闲产业的发展趋势。

本章导语

山地户外健身休闲产业是经济和社会发展到一定历史阶段的产物。我国山地户外健身休闲产业发端于民间小众群体，其成长过程具有典型的自组织演化特点。在经济社会大环境的影响下，户外健身休闲逐渐成长为被社会广泛认同和追求的时尚生活方式。人们逐步增长的山地户外健身休闲需求，催生了山地户外健身休闲产业的形成和发展。本章首先对户外运动和山地户外健身休闲产业的形成、概念、特点、项目及产品价值等做了概括性介绍，然后分析了国内外山地户外健身休闲产业的发展现状，最后对我国山地户外健身休闲产业的发展趋势进行了预测。

第一节 山地户外健身休闲产业概述

一、户外运动与山地户外健身休闲产业的形成

（一）户外运动的起源与形成

户外运动源于18世纪末的阿尔卑斯地区的登山运动。据史料记载，法国著名科学家德索修尔为探索高山植物资源，于1760年在阿尔

卑斯山脚下的夏蒙尼镇贴出一则告示:“凡能登上或提供登上勃朗峰之巅线路者,将以重金奖赏。”直到 26 年以后,夏蒙尼镇一位名叫帕卡尔的医生揭下了告示,他经过两个多月的准备,与当地山区水晶石采掘工人巴尔玛结伴,首次登上了勃朗峰。1787 年,由德索修尔本人率领、巴尔玛作向导的一支 20 多人组成的登山队,再次登上该山峰,揭开了现代登山运动的序幕,1786 年也因此被称为登山运动的诞生年。

18 世纪中期开始的工业革命,推动了欧洲社会出现了企业家等社会新阶层。他们已经拥有了一定的闲余资金,在登山中寻求刺激成为其追求的一种新兴休闲方式。登山者为了克服阿尔卑斯山终年积雪的冰岩地形,开发了一整套技术及装备,但都非常粗糙、简陋。一直到第二次世界大战前,为了提高士兵及军队战斗力,各国有目的地设计和开展一系列户外体育相关科目,如负重越野跑、借助器械登山、模拟突袭防线等,最早见于英国当时创建的“越障训练”。攀岩和野营活动也在此时有了雏形。第二次世界大战后,随着战争的远离和经济的发展,户外活动开始走出军事范畴,经过长时期实践,逐渐发展形成现代意义的户外运动。

(二)对山地户外运动的认识

1. 户外运动

首先本书所讲的户外运动中的“户外”一词既不是日常生活中的户外概念,也不是室外体育运动的概念,而主要是指人们在自然环境或自然场地中进行的运动。户外运动具备旅游和体育的双重特征。

在国外,对户外运动有两种表达方式,一种是“outdoor sport”,指“在室外进行的运动”;另一种是“outdoor recreation”,翻译为户外游憩,户外休闲。这种说法首先强调户外运动是娱乐性活动,其次强调户外运动是在自然或半自然的场地环境下进行的运动,如山地自行车、野营、独木舟、钓鱼、徒步走、打猎、登山、航海、滑雪及冲浪等活动。

国内学者将户外运动划分为广义和狭义两种。广义的户外运动几乎涵盖了所有的在室外进行的运动项目。人们通常理解的户外运动与狭义的户外运动项目更加接近,如登山、攀岩、远足、山地穿越、野营、溯溪、漂流、野外生存、山地自行车、滑雪、攀冰、骑马等项目。狭义的户外运动具有几个特点:第一,以自然环境为运动的场地,即参与者在自然环境中进行运动,或者运动过程中与自然界紧密结合,这是户外运动区别于其他体育项目的显著特点;第二,参与者直接参与到户外运动之中,而不是仅仅通过观看或者欣赏等间接形式参与,参与者通过自身努力而使自己的身心得到锻炼，与体育旅游的形式和功能存在一定区别。

国内外学者还分别在休闲、探险、教育、竞赛等观点下探讨户外运动，致使基本概念界定模糊，准确性、权威性受到质疑。2015 年，马欣祥等人将户外运动定义为：人们以人力或利用自然力，在基于自然的环境中开展的体育活动的统称。这个定义较全面、客观地界定了户外运动，实现了“不需要纠结在探险、休闲、教育、竞赛等观点下探讨户外运动”，指出了按照动力和组织性强弱，可以形成户外运动的连续谱系，由弱到强依次为户外休闲娱乐、户外健身、户外教育、户外竞赛、户外探险。

2. 山地户外运动

山地户外运动是户外运动的一种类型，也是陆上户外运动中的主要部分，虽然可以简称为户外运动，但不能代表户外运动的全部属性，如海拔超过 3 500 米的登山探险运动被认定为竞技型登山运动。因此，学界普遍认为山地户外运动是指人们以人力或利用自然力，在海拔 3 500 米以下的山区、丘陵开展的与登山有关的体育活动的统称。

随着人们频繁参与户外运动，各式各样的户外运动项目衍生出来，除了登山、攀岩以外，以山地自行车、越野车为载具的各项运动也随之出现，一些小众的项目也获得人们的青睐。山地户外运动从原先的专业化向平民化、细分化发展，向健身休闲方向发展。本章所讲的山地户外运动兼具运动与休闲的属性，是基于山地资源的户外健身休闲活动，强调其促进健康、娱乐、消遣和修养的功能性特征。本书以狭义的户外健身休闲为研究基点，介绍山地户外健身休闲产业的概念、产品及发展现状与趋势。

（三）山地健身休闲业的形成

山地户外健身休闲活动是一种可以把旅游、健身、休闲、人际交往紧密结合起来的生活方式。因此，它既不是一种简单的体育运动，也不同于传统的旅游。山地户外健身休闲能够让人们以最放松的心态去感受大自然的魅力，并从烦躁的、紧张的社会生活中暂时解脱出来，以积极的、乐观的、健康的态度回归到原有的社会现实生活当中。由于越来越多的人加入山地户外健身休闲活动中，这种时尚的生活方式慢慢成形。

人们在走入户外的同时，交通、餐饮、住宿、运动服饰等各种相关消费逐渐增多。纯粹旅游时代的专业机构无法满足人们的需求，一些企业家敏锐地看到了山地户外健身休闲活动的潜在效益，纷纷投资山地户外健身休闲产品的生产和服务行业。供需双方的参与激活了山地户外健身休闲市场，催生了山地户外健身休闲产业这一新兴产业。所谓“靠山吃山”，越来越多拥有山地资源的国家或地区将发展山地户外运动看作发展经济和获得国际影响力的有效手段。政府以政策外力刺激，并举办、承办或鼓励企业承办国际挑战赛、全国性赛事、区域特色赛事，与旅游产业产生联动发展效应，促进了当地经济和社会的发展。

二、山地户外健身休闲产业的概念及特点

（一）相关概念

1. 户外运动产业

户外运动产业的界定存在广义与狭义之分。广义的观点认为，户外运动产业是以户外运动项目及其相关产品、服务为经营对象或服务对象的一切经济活动单元构成的集合和结构体系。狭义的观点认为，在户外运动产业中，核心产品应该是户外活动或户外运动项目的比赛，其他与户外有关的经济活动都是围绕着核心产品进行的。所以，户外运动产业就是生产规模化、系列化的户外运动或比赛产品的部门或企业依托市场，围绕户外活动或比赛进行的经营活动的集合。

2. 山地户外运动产业

国家体育总局联合相关部门印发的《山地户外运动产业发展规划》将山地户外运动产业定义为健身休闲产业的重要组成部分，是以自然山地环境为载体、以参与体验为主要形式、以促进身心健康为目的，向大众提供相关产品和服务的一系列经济活动，主要包括登山、徒步、露营、骑行、自然岩壁攀登、定向与导航等项目。该定义突出了山地户外运动产业所涉及的资源属性、主题运动项目群，明确了山地户外运动产业属于健身休闲产业的范畴，从载体、目的、形式及服务对象等各个方面都体现了健身休闲产业的特征。其中，面向“大众”表明了山地户外健身休闲产业的消费群体并非专业或职业山地户外运动员。当然，专业或职业山地户外运动员可能参与，也可能成为高级别山地户外体育赛事的参与者、表演者（生产者），但不是主要的目标群体。这虽然与体育赛事表演业之间存在交叉，但这主要是由健身休闲在体育本体产业各子行业间的内部融合作用造成的。

3. 山地户外健身休闲产业

在界定山地户外健身休闲产业的概念时，本书参考了现有相关概念的共性特征，参照国家相关产业政策与法规，做出解释，以便于进行统计学描述。这里，山地户外健身休闲产业的商业价值包括了以山地

户外运动为核心的服务业的产值,也包括了山地户外装备等实物型产品的产值,还包含围绕山地户外运动而进行的山地设施建设投入。在山地户外运动的过程中,人们往往离不开山地户外运动装备的辅助和山地基础设施的保障。很多时候,户外运动装备的质量和科技含量决定了产品的功能优化程度,制约着户外运动的开展,所以,参与者逐渐注重在这些方面的消费。因此,户外运动装备制造业是山地户外健身休闲产业产值的主要来源之一,不应将装备业排除在山地健身休闲产业之外。

作为健身休闲产业的重要组成部分,山地户外健身休闲产业是指基于自然山地环境、以参与体验为主要形式、以促进身心健康为目的,向大众提供相关产品和服务的一系列经济活动,涵盖了山地健身休闲服务、山地运动设施建设、山地运动器材装备制造等业态,主要包括登山、徒步、露营、骑行、自然岩壁攀登等项目。这里,以“基于自然山地环境”,强调了参与者与自然环境的相互关系及作用。它体现了消费者和生产者在山地户外健身休闲中对自然环境的影响、认识、保护以及二者间的和谐关系。这些关系相互作用拓展至山地资源管理与规划、生态文明建设以及对自然环境的伦理道德等领域,具有重大的社会和文化意义。并且,本定义说明了山地户外健身休闲产业可能涉及的业态,这些业态的存在是实现整个产业运转的必要条件。因此,此定义实际上更突出了山地户外运动项目群所带来的经济价值和潜在的社会价值。

(二)产业特点

山地户外健身休闲产业基于经济学基本原理和市场规律,以山地资源为依托,使人能实地体验各种类型的户外运动,促进参与者身心健康发展,实现对经济价值的挖掘。从目前世界各地开展的山地户外运动及各国山地户外休闲产业的发展来看,它具有以下几个方面的特点。

1. 资源特色化

由于山地户外健身休闲产业基于山地自然资源开发,因此不同的资源特色,不同的山形地貌、气候条件、土质、岩石等都会成为不同户外运动项目落地生根的基本地理条件。

Clawson 和 Knetsch 在 1966 年,将户外休闲活动划分为三大类:资源导向型休闲、过渡型休闲(介于资源导向与用户导向之间的类型)、用户导向型休闲活动,这一分类方法至今仍然具有一定的实践意义。山地可能因自然风光、历史文化成为“名山”,这些不可替代的、奇特的景观是它独一无二、不可复制的IP(知识产权),强烈地吸引着消费者。而更多的山地则可能是“无名山”,它们更需要借助外力来实现山地资源的开发和利用,通过后天的“努力”创建自己的IP。

客观上,无论是“名山”还是“无名山”,当地政府以及山地户外健身休闲企业和经营者都要借助当地的资源特色,基于不同山地景观、山地水体、动植物资源引进和开展各类户外运动项目,提供给目标市场健身休闲消费者产品及服务。这是基于资源导向型的山地户外健身休闲开发的必然要求。“名山”以自然风光和文化吸引休闲人群消费,并着重保护其已有的自然和人文资源;“无名山”,以及介于二者之间有一定名气但辐射范围有限的山地,需要依托有限的山地自然和人文资源,根据休闲消费者的需求开发适合的产品和服务,而开展山地健身休闲活动成为激活这些山地资源的重要途径。

2. 区域性特征

山地健身休闲产业还表现出明显的区域性特征。这个区域性特征不仅表现在生产方还表现在消费方。如前所述,大自然的鬼斧神工将山地资源分配到了世界各地,不同地域拥有不同地质地貌,不同区域的山地可供开发应用于不同目的的户外健身休闲活动。然而,不同地域存在如下不容忽视的差异性:长期历史发展造成的人们生活习惯不同,运动传统不同,消费观念及消费水平不一;当地经济发展水平不同,山地基础设施建设状况有差别;不同户外运动项目在各地的普及程度不同等。以山地自然资源为载体的山地户外健身休闲产业面对的目标市场必定受地理区位、交通条件制约,从距离上依次形成该产业的核心目标市场、扩展目标市场及辐射目标市场。因此,当地政府、企业及各经营者必须科学分析和研判目标市场的现实健身休闲需求特征,如运动偏好、消费水平等,引进新兴户外运动项目,结合本地传统运动项目,建设山地运动基础设施及配套设施,合理规划和发展本地山地户外健身休闲产业。

3. 产品及服务多样化

山地户外运动是指人们以人力或利用自然力,在自然的山地环境中开展的体育活动。它拥有一个项目群,而不是单一的某一项体育活动。基于此,山地健身休闲产业所提供的产品和服务以健身休闲项目为核心,由此衍生出的产品和服务就会具有明显的多样性。也正因为山地户外健身休闲的产品和服务具有多样性,为满足消费者需求,企业经营者不得不开发各类健身休闲项目所涉及的装备、提供各类健身休闲服务和场地,从而为社会创造了可观的产业价值。

4. 产业融合性强

山地健身休闲产业依托自然环境优势及运动项目的健身和休闲价值,成了大健康、大休闲产业的重要组成部分,具有较强的产业融合性。世界各国的山地健身休闲产业与文化、养老、教育、健康、农业、互联网等产业融合态势在不断加强,以山地户外为主的运动休闲主题游不断涌现,山地旅游度假、山地户外运动赛事、体育节庆活动、民族民俗体育、运动康养等休闲产品正在不断丰富。山地健身休闲产业与其他产业的融合逐渐加深,很多地方的相关产业已经发展为"你中有我,我中有你"的状态,产业边界逐渐模糊。

三、山地户外健身休闲项目与消费群体

根据地形,可以将山地户外运动划分为以下几个系列:登山及攀岩系列、丛林系列、峡谷系列、荒原系列、高原探险系列、群体活动。中国登山协会将登山运动分为登山运动、登山相关运动。登山相关运动指由登山运动派生出来的,或与登山运动有一定关联的体育运动。因专业的登山运动属于竞技体育范畴,因此本章所讲山地户外健身休闲产业所涉及的项目均属于登山相关运动。

(一)登山、攀岩系列

1. 登山运动分类

登山活动是人类对自然的挑战与征服。长久以来,人们将登山看作是一项令人神往而又敬畏的体育活动。登山运动可分为登山探险(也称高山探险)、健身性登山和竞技攀登(包括攀岩、攀冰等)。

(1)高山探险:高山探险是指在海拔超过3 500米的山地的登山探险运动。这是属于专业或职业运动员以及极少业余爱好者的运动,不属于大众健身休闲的范畴。

(2)健身性登山:健身性登山以户外强身健体为根本目标,以登山为主要健身途径,适当利用登山技巧和装备,体验登山运动的探险性和愉悦性。健身性登山是群众性登山活动,参与人数较多,危险性较小,一般是沿着山间小径或者山间的人工道路进行登高活动,也是比较流行的一种户外运动。

(3)竞技攀登(攀岩等):攀岩是最有代表性的竞技攀登运动,是攀登者依靠自身的顽强意志、体力和思维能力,借助于技术装备和同伴的保护,在有限的时间内,在不同高度和角度的岩壁上,选择最佳的、最

合理的路线，并准确地完成腾挪、转体、蹿跳、引体等惊险的技术动作，直至完成整条路线的攀登，它素有“岩壁上的芭蕾”的美称，是一项集智力、体力为一体的心智型体育运动。

最初的攀岩运动起源于欧洲，主要是攀登、挑战不同类型的自然岩壁面。随着人们对攀岩运动的深入了解，在20世纪80年代，一个法国人发明了仿真人工岩壁，从而拉开了攀登人工岩壁的序幕，进一步推动了世界攀岩运动的发展。如今的攀岩运动已经成为一项时尚的休闲运动，它拥有自己的语言、装备和安全保障，是一项发展得很快的业余体育运动。

2. 登山、攀岩系列活动消费人群

高山探险和竞技攀登（攀岩、攀冰）对装备要求高、技术复杂、技能习得过程长，技术及技能具有高度专业性，因此一般都由具备相应资质的人员参与。健身休闲性质的攀岩、健身性登山活动一般属于大众消费类健身休闲活动，参与者可能是登山健步爱好者、攀岩爱好者，也可能是登山和攀岩体验人群。但为了保证安全，参与者都必须学习登山和攀岩的相关知识，并遵守相关规则。攀岩体验需要有专业人员为健身休闲消费者提供项目技术指导服务。

（二）丛林系列

1. 丛林户外活动分类

丛林户外活动是人类返璞归真最为贴切的户外活动之一。人类对丛林环境情有独钟，即便当前人类世界已高度现代化，但人们对于丛林仍具有相当程度的热爱，与丛林相关的户外活动近些年正蓬勃发展。丛林系列活动主要有以下几个类别。

（1）体验类：主要结合观光旅游进行。参与者在专门人员的带领和组织下，进入丛林进行观光、休闲、放松身心等活动，大多对体力要求不高，以徒步方式为主，在安全措施完备的情况下与丛林近距离接触，如在有一定保障（水、电、营房等）生活设施的丛林环境中度假、休闲、旅游等。

（2）探险类：以满足人们猎奇、冒险等刺激性心理活动而进行的丛林户外活动。在保障安全的情况下，结合丛林环境，因地制宜设置具有一定刺激性的丛林户外活动，如丛林高空秋千、丛林穿梭滑道、乔木高空断桥、树屋搭建等项目。

（3）研究类：以满足人们科学研究的需要而进行的丛林户外活动。丛林环境丰富且有内涵的研学、研究素材，对丛林环境开展研究类研学旅行、科研探索活动具有重要意义。

上述类别相互之间并没有明晰的界限，一项山地户外活动既可以包含探险性，也可以包含体验性，同时研究也可以贯穿其中，三者是相辅相成、辩证统一的关系。

2. 丛林户外活动消费人群

体验类丛林户外活动主要针对人群为中老年人或平时工作、生活压力大的人群，目的性明确的活动较少，更多的是自然化的自主活动。探险类丛林户外活动具有一定体能和心智要求，活动对象以年轻人为主。研究类丛林户外活动主要针对“研学旅行”的大中小学生和部分科研工作人员。

（三）峡谷系列概况

峡谷系列指人类依托自然峡谷而开展的体育活动，峡谷系列的户外运动主要包括漂流、搭索过涧、溯溪、溪降等。与丛林户外活动类似，峡谷户外活动根据目的不同也分为体验类、探险类和科研类三类，此处不再赘述。

与丛林户外活动的消费人群比较，除科研人员外，本系列消费人群偏年轻化。出于安全的考虑和自然条件的限制，针对中小学生的研学类户外活动一般审慎选择峡谷作为研学目的地。

（四）荒原系列概况

荒原系列指人类在沙漠、戈壁以及低海拔大面积沼泽区域、无人区内开展的体育活动，荒原系列的户外运动主要包括穿越、生存等项目，是挑战性比较高的户外运动。荒原系列户外活动主要针对探险旅游者和科研人员，不属于本书研究的健身休闲消费范围，在此不再详述。

四、山地户外健身休闲产品的价值

户外运动技能之野外穿越

（一）促进身体健康

户外运动是提高人们生活质量的大自然运动。在运动的过程中欣赏和享受大自然，经常出外进行山地户外健身休闲活动对人的视力、心肺功能、四肢协调能力、体内多余脂肪的消耗、延缓人体衰老等五个方面有直接的益处。

（二）陶冶情操，净化心灵

经常参与山地户外健身活动，在山地、丛林、峡谷与大自然和谐相处，可以陶冶参与者的情操，远离现实生活的琐碎、压力与世故。在山地户外运动中，参与者可以通过身体的运动，来感受克服困难的过程，以及完成挑战的喜悦，从而促进身心健康。

（三）增长见识

研究类山地户外活动，促进人们对大自然的了解和认知。研学类山地户外活动以“玩中学”的方式开展，促进了学生素质提升。

在各系列的山地户外健身休闲活动中，即使最大众化的山地健步走也需要参与者了解登山知识，遵守相关规则。大多数山地户外健身休闲项目都需要由专业机构组织和实施，并且需要有专业人士帮助参与者学习和熟悉技术、装备、活动规则、地理环境等（表 7–1）。

表 7–1　各系列山地户外健身休闲参与人群特征

系列	人群要求	主要参与人员	是否需要提供指导或培训服务
登山及攀岩系列	需具备相应资质，准备充分	专业运动员	是
	需符合运动训练学基本规律，遵守相关规则	专业运动员及普通攀岩爱好者	是
	了解登山知识，遵守相关规则	山地健行爱好者	否
丛林系列	了解丛林相关知识，遵守相关规则	户外休闲爱好者、探险旅游者、学生群体、科研人员等	是
峡谷系列	了解峡谷相关知识，遵守相关规则	户外休闲爱好者、探险旅游者、科研人员等	是
荒原系列	了解荒原相关知识，遵守相关规则	探险旅游者、科研人员等	是

五、山地户外健身休闲装备概况

山地运动区别于常规徒手体育运动，出于安全考虑，对登山设备和器材均有较高要求，并且务必要适应登山运动的环境条件。山地自然环境中自然资源丰富，可开展的活动灵活多样，如丛林穿越、丛林觅食、丛林宿营、攀岩、攀冰、漂流、搭索过涧、溯溪、溪降、野外生存等运动项目。为实现不同功能，就需要不同的器材装备（表 7–2）。

表 7–2　山地户外健身休闲项目分类及装备表

运动项目	主要装备
登山（高山探险）	略
攀岩、攀冰	绳索、镁粉及粉袋、安全带、保护器、攀岩鞋、头盔、冰爪和冰镐等
健身性登山	登山包、登山鞋、登山杖、袜子、头灯、护膝、手套、帽子等
定位与定向、丛林穿越、丛林觅食、丛林宿营、山地自行车	望远镜、防水袋、登山杖、刀具、指南针、功能手表、GPS、地图、急救药包、帐篷、睡袋、防潮垫、自行车等
漂流、搭索过涧、溯溪、溪降	GPS、地图、急救药包、救生毯、主绳、辅绳、岩钉、岩塞、快挂、头盔、安全带、主锁、下降器、救生衣、船等
穿越、野外生存	指南针、功能手表、GPS、背包、刀具、帐篷、睡袋、防潮垫等

山地户外运动装备中的个人装备，可以大致分为以下几类：背包类、野营类、照明类、炊具类、水具类、通讯类、其他。在这七大类中，每一类又从不同的功能属性出发，分为多种产品。以野营类（帐篷、地垫等）为例：① 不同性能的睡袋以及睡袋内胆等；② 抵抗不同风级及不同结构的帐篷以及帐篷地席等；③ 充气式或简易防潮垫等；④ 起到取暖、坐以及摄影反光板等作用的铝膜地席等。高科技帐篷、符合人体工程学的背包、可再生材料制成的徒步靴等日渐成为山地户外活动的必需品，这就要求健身器材装备制造厂商根据消费者的需求设计、选材、用料、制作。而且，消费者因在野外运动，消耗体力大，也需要器材装备尽量轻便、坚固、高效，并能一物多用。

第二节　山地户外健身休闲产业的发展现状

一、国外山地户外健身休闲产业的发展概况

（一）阶段发展任务明确

国外山地户外运动产业涵盖了健身休闲产业，其发展主要分为四个阶段。

第一阶段，经营者主要以售卖户外用品为主；第二阶段，因需求上升，政府加大了对户外基础设施建设的投入；第三阶段，相关企业和协会建立了户外运动的服务体系；第四阶段，成熟区域户外IP形成品牌运营阶段。欧美发达国家用了百余年的时间走完了这四个阶段。

（二）休闲度假型为主

在欧美发达国家，人们有更多的金钱和精力从事山地户外健身活动，其模式主要为假期休闲型，即利用周末等假期举家以自驾、徒步远足等方式出游，包含登山、露营、攀登、垂钓等活动。西方人富于冒险精神、渴望实现突破，当地人热衷于以个人探险形式开展山地户外活动，不断拓展人类户外运动的领域。整体而言，国外山地健身休闲活动表现为探险型引领、休闲型普及的特征，个体与自然和谐相融，具备高素质环保理念及成熟的引导和保障体系，旨在提升生活品质，追求自由、实现自我，设立既定目标，锲而不舍地全身心投入。

（三）相关国家和地区基本情况

1. 美国山地户外健身休闲产业

美国是北美地区户外运动产业发展最有代表性的国家，也是目前世界上户外运动产业最发达的国家。在美国，每年都有超过75%的人为了娱乐、健身、休闲等不同目的参加户外运动，平均每人每年约出游74次，有20%的户外爱好者一周参加至少两次户外运动，这说明美国户外运动市场具有很好的稳定性。美国的户外运动产业每年为美国经济注入数以百亿美元的流动资金。从户外运动品牌数量上看，美国有400多个户外运动用品品牌，是目前世界上拥有户外用品品牌最多的国家。在美国，户外运动自身不但可以创造巨大的经济产值，还能产生巨大的经济驱动力，带动全美旅游、交通、餐饮等其他产业的发展。

美国年轻人喜欢的户外运动

据美国户外产业协会统计，美国每年户外消费约为 8 870 亿美元，创造了 760 万个就业机会。除了鼓励美国人参与户外运动外，美国户外运动组织还宣传大户外理念，组织户外运动赛事，每年吸引 1 亿国外游客参与消费。同时，美国国家公园体系包括从世界著名景点到小型城市历史遗迹等约有 400 个公园。2017 年游客人次比上一年增长了 2 370 万人次，增幅达到 7.7%。美国户外产业协会官网数据显示，2017 年，美国徒步及攀岩运动共创造 2 014.9 亿美元消费，提供就业机会 176.3 万个，分别为联邦政府和地方政府创造税收 148.3 亿和 135.1 亿美元，成为当年最具经济效益的户外休闲运动。同年，1 300 万个美国家庭增加了露营活动次数，自 2014 年起，每年都有超过 100 万个家庭开始参加露营活动。

2. 欧洲山地户外健身休闲产业

户外运动起源于 18 世纪的欧洲，但发展缓慢，直到 20 世纪六七十年代，户外运动在欧洲才得到了迅速的发展和普及。这主要表现在两个方面：一方面，登山运动从专业的登山者团体开始走向民间，成为大众可参与的户外运动；另一方面，攀岩、野营等新兴的山地户外运动形式得到了大众认可和普及。随着参与户外运动的人群越来越多，一些厂商开始研究户外消费群体的需求，设计并规模化生产了相关的帐篷、睡袋、背包等。

欧洲户外产业联合会调查数据显示，欧洲户外行业在 2017 年已经走出 2015 年的低迷期和 2016 年只有 3% 增长额的瓶颈期，详见表 7–3。2017 年欧洲户外运动市场总值达到 58.6 亿欧元，比上一年增长 7.2%。德国、英国和法国仍是欧洲最大的三个户外市场，这三个国家户外行业总值达到 29.5 亿欧元，相当于整个欧洲市场产值的一半。德国以 37% 的市场份额领先欧洲户外市场，2017 年增长率在 3% 左右，增长势头稳定；法国市场发展缓慢，下降了 2 个百分点；英国市场增长率超过 8%。北欧地区，挪威的增长最为显著；东欧地区，整体市场增长较为稳定，波兰增长最快。欧洲 2017 年在户外装备销售方面：鞋类产品增速最快，高达 13.4%，户外行业各个品类都获得了令人满意的增长。春季气候恶劣导致帐篷类产品比 2016 年有所下滑，跌了将近 10 个百分点。

部分提倡环保理念的品牌核心价值观和所倡导的环保理念开始广受消费者的认可。可持续发展引起户外行业广泛关注。

表 7–3　欧洲户外装备销售统计

产品品类	销售额 / 亿欧元	增速 /%
服装	29.4	5
鞋类	17	13.4
背包类	4.09	5
配件类	4.03	6
帐篷	1.53	–9.8
登山类配件	1.35	6.7
睡袋	1.18	9.7

引自：欧洲户外联合会，《2017 欧洲户外行业报告》

值得注意的是，欧洲总人口呈老龄化及人口减少趋势，这对山地户外健身行业形成一定的负面影响。不仅参与人群，相关从业人员如经验丰富的向导、教练等关键人群也出现人才短缺及后继不足情况。

（四）国外山地户外健身休闲产业对我国的启示

对比欧美山地户外健身休闲产业发展，我国具有更大的市场体量和行业发展前景，但我国户外运动起步晚、底子薄，诸多方面需要学习和借鉴欧美山地户外运动发展的成功经验，表现在以下几个方面。

法国徒步运动发展

1. 完备的行业发展体系

经过数百年的发展和积淀，欧美发达国家居民在经济基础得到充分保障的情况下，对更高层次的生活的追求伴随着消费观念的升级带动了消费的升级，越来越多的人有更多的时间和金钱投入追求身心的休闲与愉悦，尤其在其具有优美的自然条件，回归生命本源的户外环境的情况下，人们习惯且乐意将时间和金钱花在户外运动上。这些观念形成了健康且成熟的消费观念，这也是市场体系最为核心的要素。成熟的市场体系和组织机构体系、教练认证体系、从业人员的培训体系、安全保障体系、基地的开发、建设及维护等，都值得我国学习和吸纳。

2. 深厚的户外休闲文化底蕴

经历数百年的山地户外运动发展，其历程实质上是文化的产生、积淀并升华，获得大众的普遍性文化认可，并有强大的吸引力吸引人们参与其中。所以不仅要在山地户外运动的硬件层面高投入深耕作，而且要在文化上加以强化培育，如相关文化衍生产品的设计、生产和营销。

3. 规范的行业标准

欧美发达国家拥有发展数百年的成熟体系、高投入的研发资金和先进的研发机构，数量庞大又有深厚文化底蕴的各色参与群体，其在山地户外运动的各类标准的制定和实施中掌握着主动权，标准范围涉及装备器材标准、场地标准、饮食标准等。欧美户外装备的标准，有统一规定，并且很详细，如一根绳子的使用寿命（使用次数），负重 90 千克时冲坠系数，帐篷的耐磨程度、抗撕裂程度等都有明确规定。欧美山地户外健身休闲装备生产的各类标准，都是值得我国国内制造企业深入研究和学习的。

4. 政府的重视和对基础设施的投入建设

山地户外健身休闲产业在快速发展过程中，基础设施的建设是不可或缺的一环，如山上道路等运动场所的修建等，因而政府的财政投入至关重要。欧洲、美洲等地区的政府都不同程度地把户外运动提到改善国民身心健康、促进经济社会发展的战略高度加以重视，并组建专门的政府部门对户外健身休闲产业发展进行规划和管理。美国通过多项立法来规范和促进户外运动的发展，其政府十分重视户外健身休闲场所的规划与建设，积极开发国家公园、徒步栈道等户外运动场地，大力提倡户外健身休闲活动，为美国的山地户外健身休闲产业的快速发展奠定了基础。

二、国内山地户外健身休闲产业的发展概况

（一）我国山地资源概况

我国山地资源丰富，是世界第一山地大国。据统计，山地、丘陵和高原的面积占全国土地总面积的 69%。无论是山峰的高度和数量都是其他国家难以企及的。青藏高原、云贵高原、黄土高原和内蒙古高原的边缘拥有众多山脉；新疆塔里木盆地和准噶尔盆地、青海柴达木盆地和四川盆地的四周都为高大山脉所封闭；在中国东部和东北部的大平原和岛屿上也可见到大片的中、低山峰和丘陵。东部还有山东丘陵和长江中下游的低山丘陵。山地与平原、森林、沙漠、雪山、河湖等构成的地形复杂多变，且民俗文化丰富多彩。我国山地资源的阶梯分布使得山地户外运动爱好者对广阔的地理区域和丰富的自然风光产生了独特的兴趣。

（二）我国户外运动的发展历程

我国山地户外运动起源于民间喜好户外运动的小众群体，在发展过程中具有典型的自发组织、自然演化的特点。从20世纪50年代开始，我国的户外运动经历了三个发展阶段：第一个阶段是始于20世纪50年代的科考探险阶段；第二个阶段是始于20世纪80年代的专业赛事阶段；第三个阶段是始于20世纪90年代的全民健身阶段。2005年4月，国家体育总局将山地户外运动设立为正式开展的体育项目，标志着我国户外运动步入发展快车道。20世纪90年代末期，中国户外运动和户外俱乐部进入高速发展时期，户外运动项目在内涵不断丰富的同时，项目外延发展也进入快速通道。进入21世纪以来，经济社会发展迅猛，人们生活发生了天翻地覆的变化，越来越多的人拥有闲暇时间、精力和“可自由支配收入”参与户外健身休闲，山地户外健身休闲活动的客观保障条件得到极大充实，山地户外健身休闲的相关经济活动产生并形成了基本产业链。

（三）我国山地户外健身休闲产业的发展现状

1. 参与人数日益攀升，市场规模大

曾经的登山活动

随着中国消费者家庭收入的增长和健康意识的提升，人们普遍认为户外休闲是值得追求的时尚生活方式。我国户外活动参与人数呈上升趋势，户外健身休闲产业市场前景被广泛看好。中国登山协会相关数据显示，2018年中国泛户外运动人群达1.45亿人，占运动人群总数的33%。相对于球类运动、室内健身运动来说，泛户外运动人口的增长较为明显：传统的登山、徒步、攀岩等核心户外运动参与人数增长迅速；自行车运动、越野跑、休闲露营等群众基础广泛的户外运动项目也增长稳定。

2. 山地户外装备消费逐渐升高

随着消费者越来越了解户外运动，户外装备市场发展迅速，户外装备销售额占比超过20%。在户外用品销售渠道中，实体店仍是主流，但是增长缓慢。电商渠道发展迅速，2018年电商渠道户外用品销售额占比约为41.4%。由于主流电商平台成本上升且缺乏竞争力，因此新型媒体平台脱颖而出，成为推动电商渠道发展的关键因素。

我国居民山地户外运动用品消费逐渐升高，目前国内户外用品主要分为服装类、鞋类、背包类、装备类、器械及配件类等。Reportlinker公司网站的研究报告显示，2018年中国户外用品市场规模超过600亿美元，比上一年增长15%以上；2018年中国户外用品零售总额达到249.8亿元（约合37.7亿美元），同比增速为2.1%，2015—2018年的年均复合增长率为4%，远低于2010—2014年间的29.5%。该报告预测，2019—2025年的平均增长率是3%~5%，2025年的市场规模至少是1 000亿美元。2018年全世界约有935个户外用品品牌，其中中国品牌占了52.4%。2018年中国户外用品销售总额中，户外服装销售额占45.3%，露营装备和户外运动鞋的销售额占比超过10%。

3. 山地户外赛事日益频繁

中国登山协会报告显示，2018年我国共组织了23项成年和青年攀岩赛事活动，其中不乏国际攀联攀岩世界杯、国际攀联中国攀岩公开赛、亚洲青年攀岩锦标赛等国际赛事。此外，2018年我国还推出了中国攀岩联赛、"一带一路"国际攀岩大师赛、全能锦标赛、中国攀岩自然岩壁系列赛等全新赛事，逐步打造我国本土攀岩品牌。可见，我国山地户外赛事规格在逐步提高。同时，群众性参与山地户外健身休闲活动热情高涨。2018年"全国新年登高健身大会"在全国20多个省区市开设50多个分会场，吸引数十万人参加，创收约300万元。2018年"全国重阳登高健身大会"同样规模盛大，全国20多个分会场共吸引近20万名观众参与。因此，我国专业类和健身休闲类山地户外赛事数目、规模都在不断增大。

4. 人才培养逐步加快

从2010年起，中国登山协会开始进行全国户外指导员培训。截至2015年12月，已经连续开班达到200期，超过12 000名爱好者或从业者获得了初级户外指导员证书。在2010—2015年的五年时间里，中国登山协会已经为山地户外运动赛事培养了大批优秀的山地户外从业人员与管理人员。从学历教育上看，目前约有120所院校开设户外运动及相关方向的休闲体育专业与课程。户外运动的课程已经被列入很多高校的公共体育课教学大纲，这将为我国山地户外运动的普及提供更多的后备人才和潜在市场。

5. 协会、俱乐部以及网络平台不断涌现

某电子地图网站2020年4月的统计数据与坐标显示，截至2019年年底，全国共有158个户外运动类协会，全国的户外运动类俱乐部已高达2 014个。我国的户外运动俱乐部运营模式主要包含捆绑式、单一式、自发式、会员式、线上（虚拟）俱乐部及户外论坛等类型。

（四）我国山地户外健身休闲产业存在的问题

1. 市场化不充分，行业标准不健全

我国的山地户外健身休闲产业尚处于初始时期，许多企业或协会多处于微利经营阶段，在山地户外健身休闲企业的投资、服务、收费管理、收费机制上尚缺乏规范化、市场化的管理和运作。与山地户外休闲产业相关的企业在运营过程中的可持续性发展规划和机制还未健全，这制约了企业的进一步发展，影响了其在山地户外健身休闲活动的组织、服务方面的质量和品牌打造。

户外运动俱乐部运营模式

户外健身休闲装备行业还存在生产标准体系不完善、权威性受到质疑的问题。我国山地户外健身休闲装备目前并没有统一的标准，通常借鉴其他行业或部门的标准作为参考。相关企业间大多还处于“各自为战、摸索前进”的阶段。企业参照的标准也各不相同：有的企业自定标准，有的企业参照国内普通制造业标准，有的企业则参照国际同行业标准。标准不一导致我国山地户外健身休闲装备产品品质参差不齐，价格紊乱。标准缺失、产品质量无法保证就会伤害消费者对山地户外健身休闲的热情，也会给行业带来激烈的竞争，使坚持高标准的企业因价格等因素损失客户，让整个行业进入恶性竞争的死循环之中。

2. 产业基础薄弱，产业链结构失衡

2013 年，我国的户外整体市场规模达到 154 亿元之后，市场增速明显放缓。这其中重要的原因就是产业链结构失衡，企业和产品同质化。

我国山地户外健身休闲产业链的主要组成部分涉及山地户外健身休闲的俱乐部、装备零售商和制造商、信息网站等相关利益方。但户外产业市场容量主要集中在户外装备制造这一供给端，产业链结构单一。健身休闲活动及比赛总场次多，但人均参与度不高，还存在户外路线、场地等基础设施建设滞后等问题。从自然资源条件来讲，我国很多地区拥有得天独厚的地理环境适合发展山地户外健身休闲产业，但因相关健身休闲活动的开展主要是在郊外、乡村以及山区，这些地区基础设施不足，道路交通达标性较差，影响和制约了山地户外健身休闲产业的发展。因此，加强基础设施建设，逐步调整山地户外健身休闲产业的结构，发展户外培训、户外休闲、户外赛事、户外旅游等综合性的服务业将成为我国山地户外健身休闲产业的发展方向。

3. 户外健身休闲文化底蕴不深厚，消费观念需引导

2013 年后户外消费增长乏力根本原因在于消费者的观念问题。众多户外用品品牌缺乏对消费者的教育和引导。很多消费者对于山地户外健身休闲的理解和认识，还停留在感受自然、体验运动的层面，没有将山地户外健身休闲活动真正演变为自己生活方式的重要部分，没

能深度感知人与自然的和谐共处。因此，一次性消费和偶然性消费使参与者对山地户外健身休闲的某一项目未能实现深度的热爱。户外健身休闲文化的形成需要一个漫长的过程，一旦形成就会促进消费的升级。

同时，部分户外健身休闲参与者对户外运动的危险性认识不够，说走就走的旅行因无责任主体和专业指导而面临危险，恶性事件的发生严重影响户外健身休闲活动的推广。可见，户外专业从业人员和组织的存在，以及对消费者观念的引导，是消费者生命安全的重要保障。社会的正面宣传引导在培育户外健身休闲文化过程中显得尤为必要。

2019 年登山户外运动事故概况

4. 从业人员培训仍滞后，专业能力有待提升

山地户外健身休闲是管理学、心理学、地理学、气象学、教育学、医学等多学科交叉的一项综合性运动。因此，从业人员除应具备一定的专业知识，掌握一定的专业技能外，还应有较高的文化水平，具备多学科知识以应对在活动实施过程中可能遇到的各种问题。为提升从业人员综合素质和技能，国家体育总局登山运动管理中心和中国登山协会从 2003 年开始了我国山地户外指导员的培训工作。此项工作旨在培养优秀的山地户外运动指导员，保障我国山地户外运动的健康发展。根据中国登山协会网站信息，截至 2012 年全国共有 65 位户外教师以及 16 位攀岩教师获得户外运动"社会体育指导员国家职业资格教师"国家职业资格认证，组建了我国第一批正式的职业户外教师队伍，并且已有数万名爱好者或从业者获得了初级户外指导员证书。虽然培训进度有所加快，但培训渠道和模式的单一限制了人才培养的整体规模，远远不能满足蓬勃发展的户外健身休闲活动对专业人才的需求。同时，其他企业运作的培训又导致人才产出质量参差不齐。整体而言，从业人员的综合素质水平严重制约了山地户外健身休闲产业的发展。

第三节　我国山地户外健身休闲产业的发展趋势

一、政策持续利好，带来广阔发展空间

2016 年 10 月，《关于加快发展健身休闲产业的指导意见》《山地户外运动产业发展规划》（以下简称《规划》）等政策和文件相继出台，为户外运动发展提供了契机。《规划》聚焦山地户外健身休闲产业领

域，通过大力培育市场主体，强化创新驱动，推动山地户外运动产业供给侧结构性改革等手段，达到产业总规模 4 000 亿元的发展目标。《规划》的颁布实施对我国山地户外运动产业的发展具有里程碑意义。《规划》以问题为导向，在产业发展过程中求深求实，集中发力，其主要思路是通过政策引导大力培育市场主体，完善山地户外目标地区的基础设施，以创新推动山地户外运动产业供给侧结构性改革。同时，政府应该优化消费环境，让更多普通群众参与户外健身休闲，享受品质服务，全面提升幸福感和获得感。

可以预见，在国家产业政策持续利好以及地方政府相关部门、企业及从业人员共同努力下，山地户外健身休闲文化将随山地户外运动项目的广泛开展深入国内消费者心中，也将中国山地资源与优质赛事推向世界。山地基础设施的改善，大众健身休闲产品和服务的有效供给将促使山地户外健身休闲消费者人数占比逐步扩大，并且其消费频次也会增加；优美的自然风光、独特的山形地貌和不断升级的专业户外赛事将吸引和开拓国际市场，为山地户外健身休闲产业带来广阔的市场空间。

贵州省大力发展山地户外运动产业

二、与科技、互联网产业进一步融合

随着新生代户外参与人口的加入，主流消费群体健身休闲消费层次将不断提高，对山地户外健身休闲装备的性能要求也越来越高。“健身休闲 + 科技”是山地户外装备产品开发的未来趋势。无论是基础设施建设还是个人穿戴，对新材料、新科技、智能化带来的“新玩法”会成为山地户外健身休闲消费者的新追求。比如 GPS 户外功能运动导航手表就已经受到广大户外运动者的青睐，相信科技含量在结合了人体工程力学、体育技术的新装备中将不断提高。

基于信息科技技术的互联网产业也将与山地户外健身休闲产业进一步融合。传统单一的实体店经营模式因信息获取不便利，社群交流不通畅等原因已经渐渐地不适应人们消费模式的转变。以微信、微博等社交平台为主的新媒体，以及门户网站、产业交流平台等互联网载体逐步成为山地户外健身休闲产品宣传、销售、交流一体化的重要途径。很多山地户外健身休闲企业依靠“大数据”“云计算”等产业发展的晴雨表，实时监测、跟踪人们在互联网上产生的海量行为数据，进行挖掘分析，找到山地户外健身休闲消费群体的检索、购买等规律，有针对性地调整山地户外健身休闲产品结构，迅速掌握山地户外健身休闲市场动态，制订更加精准有效的营销策略，进行线上销售、线下体验。由于线上推广销售具有成本低、运营灵活、有良好的互动性等优势，所以山地户外健身休闲产品结合线上服务营销慢慢地成为重要的消费终端。这里所指的产品和服务，不仅包含装备等物质产品，还包括健身指导及户外休闲活动组织等服务。比如，以往人们想组织家庭活动一般会去旅行社，现阶段很多家庭组织活动会通过各大户外平台对家庭健身休闲活动产品进行选购，人们通过网络能快速便捷地对户外商品进行筛选、预订。所以，互联网将成为山地户外健身休闲产品的“超市”，线上俱乐部将成为我国户外运动俱乐部发展的大趋势之一。

三、产业规模扩大，结构不断升级

总体而言，我国山地户外健身休闲市场参与人数的规模将随着居民闲暇时间的增多和生活观念的转变而不断扩大；消费者消费观念的改变也将促进产业规模持续扩大。

（一）消费者余暇时间增多

从中国法定假日和周末休息日总计数据来看，中国人每年有近1/3的时间在休假。随着带薪假期的落实，如带薪年假等，人们拥有的闲暇时间将不断增多。科技应用、生产方式改变、效率提高，也会带来劳动力的释放，人们闲暇时间的增多，为人们从事健身、休闲、娱乐提供了充分的时间保障。忙碌的人们可以在紧张工作后抽出更多的时间来关注自身的身体健康和心情。小长假有利于人们参与更远距离的山地户外健身休闲活动。山地户外健身休闲运动因其娱乐性、创造性、健康性、新奇性与冒险性等特点，成为人们健康的闲暇生活方式之一。

（二）居民生活观念转变

食品安全问题、环境污染问题、脑力劳动增加等导致人们的健康问题频现。人们开始关注和思考健康的生活方式，并有意识地改变自己的生活方式。与大自然和谐相处，利用体育运动等健康生活方式来提高生活质量成为人们的共识。山地户外健身休闲活动将成为人们“花钱买健康”的重要途径。随着全民健身意识提升，参与到健身休闲活动的群体规模将持续扩大。

（三）消费水平提升

我国户外用品行业经过二十多年的发展，按照行业生命周期理论，已经迅速从幼稚期进入成长期，并呈现出逐渐向成熟期转变的趋势。《中国户外用品2017年度市场调查报告》显示，虽然中国户外产业增速在放缓，但民众购买户外用品的单价、消费水平都在攀升。这说明，经过快速的增长后，消费者更注重参与户外健身休闲活动的产品质量（含体验的深度），消费层次逐步升级。未来山地户外健身休闲市场必然朝着精细化、深度化、专业化的方向发展，各大户外品牌也将紧跟市场趋势，推出针对目标市场领域的个性化的特色产品及服务。未来几年，中国山地户外健身休闲产业在经过社会宣传引导、企业品牌塑造与顾客忠诚度培育后，其规模将持续增长。

（四）市场集中度提高

山地户外运动推广模式

中国山地户外健身休闲市场集中度进一步加强，一些知名品牌开始规模化运作。大品牌的山地户外健身休闲企业逐渐扩大规模，占领市场，挤出其他小规模、小品牌企业。值得注意的是，国内品牌与国际品牌还存在较大差距。2017 年，国际品牌在我国市场的增速超过了国内品牌，市场竞争进一步加剧。在激烈的竞争中，我国山地户外健身休闲企业无论在装备还是服务方面都会形成市场集中度越来越高的趋势。这也将有利于资源向优质企业、大型俱乐部集中，促进产品的更新换代，促进山地健身休闲产业结构升级。

四、更加突出人与自然和谐相处

中国户外用品 2017 年度市场调查

《山地户外运动产业发展规划》特别提出了“因地制宜，突出优势；强化安全，优化环境”的基本发展原则，该原则对山地户外健身休闲产业健康可持续发展至关重要。我国拥有极其丰富且优质的山地户外运动资源，但由于我国人口基数大，实际发展过程中面临人均资源少、分布和利用不均、生态环境脆弱等挑战。因此，在山地户外资源开发过程中，应该尊重大自然，科学规划和设计适合在不同区域开发的不同等级和类型的健身休闲活动，提供多层级、多功能的户外健身、游憩机会组合给消费者。在开发和利用的过程中，将贯彻“天人合一”的哲学理念和生态理念，更加注重山地户外健身休闲体验需求与资源保护双重发展目标的统筹平衡，实现我国山地户外运动资源的优化配置，突出人和自然的和谐相处，促进山地户外健身休闲产业的可持续发展。

复习思考题

1. 请分别谈谈你对户外休闲、户外运动、山地户外运动的认识。
2. 简述山地户外健身休闲产业的概念、特点。
3. 试论述我国山地户外健身休闲产业发展中存在的问题。

第八章 水上健身休闲产业

学习目标

1. 了解水上健身休闲产业的发展历程。

2. 熟悉国内外水上健身休闲产业的发展现状与趋势。

3. 重点掌握水上健身休闲产业的概念、特点与项目产品类型。

本章导语

水上健身休闲产业是健身休闲产业的下属产业,不仅具有健身休闲产业的功能与价值,也具有其自身的价值特点。水上健身休闲产业作为健身休闲产业的特殊部分,正以其独有的特征、方式和魅力,在人们闲暇生活中发挥着重要的作用。本章首先对水上健身休闲产业的发展历程、概念、特点及产品类型做了基本的阐述,然后介绍了国内外水上健身休闲产业的发展现状,最后分析了水上健身休闲产业的发展趋势。

第一节　水上健身休闲产业概述

一、水上健身休闲产业的发展历程

(一)水上运动的起源与发展

1. 水上运动起源于人类的劳动实践

地球表面积的70%都被水覆盖,人类的进化与水的活动密不可分。水上运动和体育一样是在人们生产劳动中逐渐形成和发展的。远古时期,人类为了从水中捕捞食物、免于溺水,便开始模仿水中动物的姿势和动作在水中游动。在征服自然界的长期活动中,人们通过不断模仿和重复练习逐渐掌握了游泳的各种技能，并不断革新游泳的技巧和技艺。当河岸、江岸、海岸周围的物质资源不能满足人们生存和生活需要时，人们就以驾舟的方式出海捕鱼。人们为了捕捞水底的鱼虾等食物，逐渐学会了潜水。

2. 水上娱乐活动的形成

不断模仿与练习使得人类能熟练地在水中使用各种游泳的运动技巧，促使游泳的水平不断提高。人们将游泳技能推广到渔业生产、娱乐、水上救生、战争和通讯联络等方面。真正使水上运动思想开始出现的是贵族阶层闲暇时间增多，有时间、精力、金钱参加工作之外的水上娱乐活动。英国是最先完成工业革命的国家，生产力水平在当时领先世界，水上运动也最早出现在英国。水上运动起初出现是带有小众性与偶然性的，并存在一定阶级性。

水戏

3. 水上竞技项目的产生与发展

水上游戏和娱乐不断发展成为一些水上竞技项目。随着社会经济发展，不同地区根据本地实际开展了规模不一的水上竞技项目比赛。20 世纪初，国际性的体育运动会日渐增多，奥运会的出现是国际性体育赛事增长的典型表现。在 1896 年举行的首届现代奥运会上设置了三个游泳比赛项目。由于各方面条件限制，当时游泳比赛并没有制定统一的竞赛规则及标准。直到 1908 年，国际游泳联合会正式成立，开始致力于游泳等水上相关运动项目的竞赛组织、规则及标准制定等事务。随着社会发展，水上的运动项目不断增加，已成为奥运会上的金牌大项。

4. 水上运动的定义

研究水上健身休闲产业，首先必须了解和认识水上运动的发展历程。水上运动是指全部过程或主要过程都是在水下、水面或水上进行的各种形式的体育比赛和活动。水上运动可分为水上竞技项目、船类竞技项目、滑水运动、潜水运动四大类。随着社会经济的发展，水上运动项目的增加不断拓展人们的视野，水资源和水上运动项目的独特吸引力使众多健身休闲消费者更加乐于“观水景”“与水玩”。从水上运动的本质属性来讲，水上体育休闲是一种独特的健身休闲方式，它内容丰富多彩，寓运动竞赛、知识技术、快乐有趣于一体，能减缓压力、放松心情，还可以磨炼意志、增长才智，给参与者带来挑战后的成就感和满足感，也有助于增强人们之间的交流和联系，是人们休闲生活的重要组成部分。

（二）水上健身休闲产业的形成

随着休闲时代的到来，健身意识、休闲意识的提升，人们不断拓展着自己的休闲空间。在人类创建文明的历程中，第一个目标就是征服陆地，占领所有宜居的山川田野，从农耕文明开始，逐渐衍生出农业、商业、手工业和工业，第二个目标则是征服海洋和天空。为了满足自身休闲娱乐、健身、探险、旅游等的需求，人类创造和参与各式各样的水上健身休闲项目。为了更好地体验水上健身休闲项目，需要各种硬件设施和软件条件的支持。于是，在依托水资源开展水上运动的过程中，产生了适应水下、水中、水面上的各种装备器材的研发设计、生产和制造的产业链。由于参与人群既有体验相关项目的需求和参与社交的需求，也有观赏比赛技艺水平的需求，于是带动水上运动赛事组织与休闲服务活动的开展，各业态的参与促进了水上健身休闲产业的形成。

二、水上健身休闲产业的概念及特点

（一）水上健身休闲产业的概念

目前学术界对水上健身休闲产业尚未有统一的概念界定，对水上健身休闲产业的理论研究较少。为了更好地对水上健身休闲产业进行概念界定，有必要对“水上健身休闲产业”涉及的各关键词进行详细的阐释。通过《辞海》进行检索，“水上运动”是指在水面上、水中或水底进行的运动。可见，所谓水上运动，人们约定俗成地认为专指人以“身体参与”形式而进行的、与水有关的活动。如前所述，本书认为“健身”与“休闲”是人们在生活中为了自身的发展而在闲暇选择的以运动为主的生活方式。“产业”是指货财、土地、屋宅等财产的总称。显然，关键词的解释与水上健身休闲产业结合时，应该有其特有的含义。

水上运动项目实质上是一个大项群的概念，泛指一切在水上、水中、水下开展的运动休闲活动。水上运动项目既包括已列入奥运会的竞技比赛项目，也包括大众游乐项目。因此，水上运动具有商业开发的价值，部分项目因商业价值突出，已吸引了社会资本的关注；也有部分项目的社会关注不足、市场开发程度还比较低。水域体育休闲就是指那些利用水的自然属性和水资源而开展的体育休闲活动。水域体育休闲的种类很多，形式多样，内容非常丰富。人们既可以参加相对安静的水疗养生保健，也可以参与运动性强的跳水、游泳；既可以参与单一某项活动，也可以进入水上游乐综合体参与各类综合性运动；既可以在室内休闲，也可以在室外游乐；既可以欣赏海边风光，也可以漫步海滩，搏击海浪。

旅游界学者定义了滨水休闲产业，认为滨水休闲产业是依托滨水资源而产生的休闲产业，是一个综合性的、多行业参与的、有水域资源特色的旅游休闲产业。它是一个综合性很强的产业类别，与其他非滨水休闲项目关联性很强，如度假地产、旅游观光、房车露营、体育健身、餐饮服务、文化娱乐等。国内最新、最权威的是国家体育总局在《水上运动产业发展规划》中对水上运动产业的定义，这也是迄今为止与水上健身休闲产业最为紧密相关的一个概念。水上运动产业是指以海洋、江河、湖泊为载体，以竞技、休闲、娱乐、探险、旅游为主要形式，向大众提供相关产品与服务的一系列经济活动，是健身休闲产业的重要组成部分，主要涵盖帆船（板）、赛艇、皮划艇（激流）、摩托艇、滑水、潜水（蹼泳）、极限（冲浪、漂流）等项目。这个定义中实际更加强调和突出了水上运动产业对自然水域或已有人工水域的依赖性，也明确了本产业属于健身休闲产业，经济性是其基本属性。事实上，一个国家和地区发展水上运动产业，是挖掘、开发、利用当地的江河湖海等自然水域资源使之造福于民，它可以带动区域内体育、休闲、娱乐、旅游以及运动器材设施设备等相关产业和产业链的发展。

综上所述，结合水上健身休闲产业的特征，水上健身休闲产业包含三层意思：一是水上健身休闲产业项目活动区域必须是水域，并不单指水面上，水域是指江河湖海从水面到水底的一切液态水存在的区域，包括室内与室外，人工水域与天然水域，但我国水上运动产业更强调对天然水域或已有人工水域的有效利用；二是水上健身休闲活动是以休闲娱乐、健身、探险、旅游等为目的，这是产业发展的需求基础；三是产业的基本要素是生产与服务，并为大众提供产品和服务，生产与服务的基本消费对象是社会，社会消费又是经济与文化的重要融合点，产业也是经济文化一体化下的产物。

因此，水上健身休闲产业是指以水资源为载体，为满足人们休闲娱乐、健身、探险、旅游等的需求，以消费者参与体验水上运动为主要形式，并向其提供产品与服务的一系列生产经营活动的总称，涵盖水上健身休闲服务、码头基础设施建设、水域器材装备制造等业态，主要涉及帆船（板）、赛艇、皮划艇（激流）、摩托艇、滑水、潜水（蹼泳）、极限（冲浪、漂流）等运动项目。

（二）水上健身休闲产业的特点

水上健身休闲产业作为健身休闲产业的下属产业，在水上运动商业化运作的进程中，逐渐形成了产业集群，具有独特的产业特征。

1. 水域资源特色

水上健身休闲产业“以水资源为载体”，所有健身休闲项目均依赖水资源而开展。所有的帆船、帆板、垂钓、赛艇、皮划艇、冲浪、潜水等水上娱乐休闲及赛事都必须在条件适宜的江河、湖泊、海洋中进行。各类滨水休闲度假项目投资、游艇码头工程、滨水休闲项目规划设计、各类水上娱乐设施建设都必须结合当地水域的自然和人文资源特色进行科学评估后再进行。评估对象一般包含项目所在地域的自然条件、水域资源、区域经济、人文景观、历史遗存、民风民俗等因素。任何脱离本地水域资源特色的开发和建设都注定会失败。这里水域资源特色是一个广义的概念，既包含了自然资源特色，也包含该水域长期形成的当地文化资源特色。

2. 综合性与复杂性

人们日益增长的健身休闲需求与水上运动项目的多样性促使水上健身休闲产业向多元化发展，产业规模逐渐扩大。涉及的业态越来越丰富，跨部门协作更加突出。水上运动休闲、健康旅游产业、水上竞赛表演等业态相互融合，边界逐渐模糊，“健身与休闲”成为跨部门融合发展的重要纽带。水上健身休闲产业涉及的休闲类水上运动项目既存在于自然海水、江河淡水等水域，也存在于城市湖泊等人工水域，为这些水上运动项目提供游艇、帆船及各类休闲船艇的船艇制造商、行业协会与俱乐部、专业媒体等也属于水上健身休闲产业的范畴。因此，水上健身休闲产业呈现出跨领域、跨部门、跨业态等特征，具有明显的综合性特征，而协作与融合又会带来产业运行的复杂性。

3. 风险性与技能性

水上运动与陆地运动所面临的环境和风险完全不同。在水上运动中，落水在所难免。寒冷季节，甚至是暖和的时候，都不要低估跌进冷水时因不能及时离水而带来的危险。无论是徒手的游泳，还是需要利用装备的潜水、冲浪、水上摩托艇，甚至综合性水上乐园的部分游乐项目等参与者都需要有基本的技术技能或指导，并需要面对一定的风险。实际上，很多水上健身休闲项目是水上竞技体育项目不断发展演变而来的，参与者可能没有比赛意义上的竞争对手，而是需要战胜自己的内心、战胜大自然，来实现对自己身体的控制。一些由极限运动发展而来的水域体育休闲项目更是如此。人们在参与这些水上健身休闲项目时，或多或少地都需要学习运动项目的知识和技能，正确携带必备的水上安全装备才能进行体验，否则就会面临危险。

4. 多样性与差异化

高危险性体育项目

从需求方面看，由于不同人群参与水上健身休闲的动机、消费水平及消费偏好各有不同，所以消费者总是多次比较后选择最适宜自己的水上健身休闲项目。他们在参与水上健身休闲时的项目选择、活动频率存在不同差异，丰富多样的健身休闲项目满足了消费者的多样且层次化的需求。水上健身休闲产业总是根据消费者年龄、收入水平、生活时尚观念等因素来定制设计各类水上健身休闲产品，并提供服务。例如，以社会精英为目标的帆船航海、海钓赛事产品；以青少年为目标的水上乐园产品；以家庭度假为目标的滨海休闲度假村项目；以新贵富豪为目标的超级游艇产品等，都体现出按市场需求开发不同特色水上健身休闲产品的基本策略，体现了其多样性和差异化的特点。

滨水休闲九大业态

三、水上健身休闲项目及产品

（一）水上健身休闲项目类型

水上健身休闲项目是由竞技类水上体育运动衍生并向大众推广的，以水为载体并结合水文化，以参与者亲身体验水上运动为主要形式，寓休闲娱乐、健身、探险、旅游等为一体的体育项目。水上健身休闲项目群中的项目种类非常多，依据不同的分类标准，可以对健身休闲项目类型进行划分，如按照季节、场所、自然环境、组织形式、活动特点、身体状态、身体能力、动力源等不同分类标准对水上健身休闲项目进行分类。本书主要采用了以下三种分类方法。

1. 依据活动空间划分

按照不同的活动地点可将水上休闲健身项目分为水空的、水面的和水中的项目。这里所讲的水空项目和本书第十章将要讲述的航空运动休闲产业的项目有交叉，但这里所涉及的空中项目仅包含在水域上空进行的如拖拽伞、海上降落伞、海上滑翼机、水上滑翔伞等项目，本章做简要介绍。人们常见的水面项目主要包含冲浪、划船、帆板、帆船、救生、海钓、海泳、摩托艇等；水中项目有潜泳、蹼泳、休闲潜水等。

2. 依据活动方式划分

根据活动方式可将水上健身休闲项目划分为：游水嬉戏类，如游泳、弄潮、潜水、泅渡、悬崖跳水及水上乐园等；船艇游弋类，如帆船、帆板、赛艇、游艇、龙舟、摩托艇、冲浪等；空中飞翔类，如滑翔伞、悬挂滑

帆板运动的起源

翔机、风筝冲浪等。

3. 依据动力源划分

按水上健身休闲活动过程中人和器械运动所获得的主要动力源的不同，还可以把水上健身休闲项目分为四种：第一种，依靠人体自身的力量进行活动的人体动力类项目，如潜水、划船、帆板等项目；第二种，人们主要借助自然界的力量进行运动的自然动力类项目，如冲浪等；第三种，人们主要依靠器械动力进行运动的器械动力类项目，如摩托艇、动力滑翔伞等；第四种，人们主要依靠自然动力、器械动力和人力的结合而进行运动的综合动力类项目，如滑翔机、滑翔伞等（表 8–1）。

表 8–1　按活动方式划分的水上健身休闲项目

类别	项目名称
人体动力类	游泳运动、潜水运动、划船（含龙舟）运动、帆板运动
自然动力类	冲浪运动、帆船运动
器械动力类	摩托艇运动、动力滑翔伞运动、水上飞板运动
综合动力类	滑翔机、滑翔伞、尾波滑水

（二）水上健身休闲产业产品类型

根据不同的分类标准可以将水上健身休闲产品分为不同的类型。本书依据供给形式的不同将水上健身休闲产品分为物质型产品与劳务型产品。

1. 物质型产品

物质型水上健身休闲产品是指直接以物质产品的消耗满足消费者水上健身休闲需要的产品，如水域体育用品与装备、水上体育设施等。这里主要指水上健身休闲可能涉及的装备，根据 2020 年亚洲水上休闲运动用品博览会官网的相关资料，编者按照主要的水上健身休闲项目及水上安全需要整理了可能的水上健身休闲装备（表 8–2），读者据此可了解水上健身休闲可能产生的产业联动效应。其他相关的水上运动中心及场馆规划建设与配套等机构提供了消费者参与体验水上健身休闲活动的基础物质条件。

表 8–2　水上健身休闲装备表

类别	装备名称
潜水	潜水衣、潜水用面镜、呼吸管、脚蹼、浮力调整器、潜水仪表、潜水靴、潜水电筒、深度表、潜水表、潜水刀、减压表、水上摄影器材、录像器材
船艇	皮划艇、橡皮艇、冲浪艇、赛艇、摩托艇、垂钓船艇、旅游观光船艇、豪华船艇、画舫艇、磁力艇、手划船、脚踏船、龙舟、电动船、帐篷船、气垫船、漂流船、公务船
冲浪滑水	浪艇、帆船、帆板、冲浪风筝、冲浪衣、冲浪板、滑水板、牵引绳、防寒衣
游泳	游泳馆及游泳池配套设备、泳装、泳帽、泳镜、防晒及护肤用品、跳台、泳具、水上浮体、抗菌毛巾、拖鞋、沐浴套装、游泳教学泳具
水上休闲娱乐	水上步行球、充气跳床、水上自行车、水上三轮车、水上摩托车、水上攀岩、水上蹦蹦床、水上跷跷板、水上平衡木、水上滑梯、水上悠波球
水上安全及救生	充气浮床、充气泳圈、臂圈、充气游泳池、救生艇、救生衣、救生筏、救生灯、抛绳、船用灭火器、医疗用品及救急用品、水上通讯导航及监控设备、卫星定位搜救系统

2. 劳务型产品

劳务型水上健身休闲产品主要指健身休闲企业、俱乐部及其他经营主体为消费者参与水上健身休闲所提供的各类服务。游艇俱乐部、水上运动俱乐部总是为本俱乐部会员提供相关活动组织、技术指导与服务来满足消费者的需求。水上运动（娱乐）中心及场馆、码头等为消费者参与水上健身休闲活动提供基本的设施条件，消费者在体验各项目的过程中可能租用了部分设备，也可能购买了个人用品，但并未拥有某设备设施。以帆船体验产品为例，体验所购买的产品如表 8–3 所示，针对不同人群推出的产品中，消费者主要是在体验帆船运动项目的过程中获得了教练员的指导服务，享受了码头、场馆等工作人员提供的各类服务，体验了帆船运动的感受。

游艇

表 8-3　某公司推出的帆船体验产品

类型	内容	时间 / 分钟	产品价格
初级体验类	了解航海知识，学习水手技能	5	198 元 / 人
	了解帆船基本结构、基础航行原理	5	
	OP 帆船组装	10	
	岸上模拟驾驶	5	
	迎风、顺风、横风航行体验	10	
	掌舵、压舷练习	5	
	控帆、换舷练习	10	
	起速、减速、停船停靠练习	10	
亲子体验类	了解航海知识，学习“水手结”，亲子配合完成一组绳结	10	498 元 / 两大一小
	了解帆船的基本结构、岗位分工、基础的航行原理	5	
	扬帆起航，学习如何更快更省力	5	
	迎风、顺风、横风航行体验	10	
	配合完成迎风换舷，了解不可航行区	10	
	配合完成收帆，了解帆的简单保养	5	

第二节　水上健身休闲产业的发展现状

经过百年的发展，欧美发达国家水上运动休闲产业渐趋成熟，而国内水上健身休闲产业尚处于起步阶段。通过对国内外水上健身休闲产业的发展现状进行研究，可以更进一步了解水上健身休闲产业的全貌，掌握水上健身休闲产业发展的前沿动态，从而学习和借鉴国外水上健身休闲产业的发展经验，扬长避短，规划我国水上健身休闲产业的未来发展途径。

一、国内水上健身休闲产业的发展概况

（一）我国水域资源概况

从自然资源基础环境分析，我国海域面积 300 多万平方千米，拥有 6 500 多个岛屿分布在渤海、黄海、东海、南海，绵长曲折的海岸线总长度达 3.2 万多千米，其中大陆海岸线长达 18 000 千米。虽然我国的水资源总量名列世界第四位，仅次于巴西、俄罗斯和加拿大，占全球水资源总量的 6%，但由于我国人口基数大，人均水资源非常贫乏，拥有量仅为 2 300 立方米。同时，我国位于太平洋西岸，地域辽阔且地形复杂，降水量的地区分布很不均匀，造成了全国水资源呈现南多北少、西北更少，夏秋多、冬春少的时空分布特征。面对我国丰富的江海、湖泊、河流等水资源分布不均衡的自然状况，社会各界必须创新思路，既有效保护水资源，又使大众享受大自然赋予的水生态。

（二）我国水上运动的主要来源

我国水上运动项目来源主要有两种。如前所述，我国水上运动首先产生于人们的生产劳动实践，并随社会发展而变化。早在古代，我国已经有水上娱乐类活动出现，这形成了我国传统的水上运动，主要有赛龙舟、游泳、潜水、跳水、钓鱼等。近代中国的大门被帝国主义打开后，从国外传播进来一些新兴的水上运动，如赛艇、帆船等项目。赛艇运动在 1913 年传入我国，哈尔滨首先开展了群众性的赛艇运动。到了 20 世纪 30 年代，广州出现了个人从境外引进器材后在珠江划皮艇的现象。摩托艇、帆船、帆板、滑水、皮划艇等运动在 20 世纪 50 年代传入我国。当时人们只是初步接触上述水上运动，尚未在我国群众中形成规模，也谈不上产业发展。

（三）我国水上健身休闲产业发展历程

1. 水上运动起步阶段（20 世纪 80 年代之前）

中华人民共和国成立后，百废待兴，人们以解决自身温饱问题为主要目的。人们参与水上运动多与生产生活、国家命运紧密相关。以武汉渡江节在新中国的产生和发展为例，可以看出水上运动在各个社会时期发展变化的主要特征。1956 年 5 月 31 日，毛泽东第一次在武汉畅游长江，当年夏天武汉举办了首届横渡长江竞赛，从此，武汉渡江节除汛期抗洪外几乎年年举办，在各个时期体现了不同时代的特征。20 世纪 50 年代，渡江作为大众运动，强调锻炼斗志；60 年代至 70 年代，武装泅渡和娘子军方队陆续出现，让渡江节成了展现军人英

姿的舞台。可见，在这一时期，人们将水上运动视为彰显祖国荣誉的重要组成部分，增强体质等功能性目标是水上运动的主要任务，其休闲价值和经济价值并未得到开发。

2. 产业萌芽阶段（20 世纪 80 年代—20 世纪末）

改革开放以后，我国居民生活水平提高，水上运动项目向着群体化、组织化过渡。人们开始意识到进行体育活动不仅可以增强体质，还可享受体育的乐趣，体验水上运动的休闲性。从 20 世纪 80 年代开始，水上运动的主要目的和形式发生了较大变化，逐渐回归到发展体育精神的本质，这就体现了体育休闲化的趋势。到了 90 年代，武汉渡江节的渡江方队出现了企业条幅，渡江节渗入了商业元素。

从 20 世纪 80 年代开始，我国水上健身休闲产业进入萌芽阶段，主要表现出以下特征：水上健身休闲活动的人数、规模、地域等方面开始向群众化方向发展，并涌现了许多水上健身休闲类体育协会和管理中心。

中国钓鱼协会成立

1984 年，在武汉东湖风景区首次出现了玻璃钢游艇的旅游服务，一大批游艇建造生产厂家随之建成。饶茂书只身驾驶橡皮船漂流长江的事件激发了人民的爱国热情和探险意识，1986 年和 1987 年我国群众首次自发组织了大规模的长江漂流和黄河漂流探险活动。随后，山地漂流旅游活动兴起。1990 年，北京成功举办了第 11 届亚运会，人们被电视媒体报道的蹦极、潜水等惊险刺激项目吸引。媒体传播给人们单调的生活带来了乐趣，也促进了新兴的水上运动项目的发展。这一时期各类水域体育协会和民间组织的成立也说明了我国的水上休闲运动开始进入组织化管理的阶段。中国龙舟协会、中国皮划艇协会、中国帆船帆板运动协会等纷纷成立，1994 年我国设立全国水上运动管理中心，统管七个全国性水域运动协会，并在群众中推广和普及水域体育休闲运动。通过举办赛事、提供指导，扩大了水上运动的影响。

3. 产业化发展阶段（21 世纪初至今）

（1）相关业态产生：帆船运动、水上乐园玩水、户外漂流垂钓、观看欣赏各种水域节庆赛事活动成为人们闲暇时的选择之一，一些城市的相关水上运动俱乐部还开设了夜游服务。围绕漂流、划船、龙舟、潜水、摩托艇、帆船帆板等运动项目，装备研发、制造、销售、维修，运动技能培训、服务，赛事组织等业态相继出现并发展。各种水上运动装备制造商和各种专门性的或综合性的商业性水域体育休闲俱乐部逐渐发展起来。俱乐部以租用水上体育运动场地、提供水上运动技术服务或相关咨询服务、举办水上运动培训班等为主要经营手段。一大批水上健身休闲主题乐园兴起，各地开始举办水上健身休闲类博览会及展览会、交易会。

（2）相关水上运动赛事举办：进入21世纪以来，水上运动进入了快速发展时期，水上运动项目的发展趋于大众化、多元化、休闲化。我国各水域城市纷纷依托本地水资源特色，举办水上运动赛事，将“水上运动休闲”作为城市品牌形象来塑造，如日照、青岛、万宁、三亚、厦门、六安、柳州、深圳等。在这一时期，水上体育休闲活动的开展拉动了城市经济的发展，带动了城市旅游产业及其他产业的发展。

中国海滨城市的水上运动赛事

（3）相关产业政策出台：2016年11月《水上运动产业发展规划》的发布标志着国家政策支持水上运动、水上健身休闲产业的发展，自此我国水上健身休闲产业更加规范化，各地发展方向更加明晰，水上健身休闲产业迎来了更大的发展空间与发展契机。2017年，武汉渡江节中横渡和抢渡比赛启用电子计时系统，准确统计出下水和登岸选手的人数，体现了科技应用的力量。据中国帆船帆板运动协会统计，截至2018年，全国110多家游艇港及近200家帆船俱乐部拥有总数达上万个泊位，常年参与帆船运动人数近6万人，每年举办的各类全国及地方级别的帆船赛事多达百场。可见，相关产业政策的出台推动了水上运动快速发展，丰富了水上健身休闲产品供给，满足了群众水上健身休闲消费需求，为水上健身休闲产业发展提供了强劲动力。

（四）国内水上健身休闲产业发展现状

1. 大众消费与高端消费并存

水上运动的发展趋势是从专业竞技体育运动向业余休闲娱乐运动转变，进而走向民间，普及大众。各种水域健身休闲活动消费层次存在较大区别，显示出大众消费与高端消费并存的特点。随着我国经济社会发展，人们水上休闲的空间得到了较大的拓展。大众类型的游泳、摩托艇、漂流、皮划艇、滑水等项目成为许多水上乐园、旅游景区吸引消费者参与初级体验的重要项目。但有些水上健身休闲项目的消费则需要较大的财力支撑，参与门槛较高，被称为“高端消费”项目，比如帆船、游艇项目，无论是购置帆船、游艇等实物器材装备，还是后期的泊位费、养护费、俱乐部会费和管理费等都是一笔可观的数目。目前，我国参与帆船（板）、赛艇、极限（冲浪等）休闲活动的消费者大多都是热爱水上运动的企业家或者消费水平较高的群体。根据水上健身休闲项目特点与市场需求，部分企业开发了适应不同消费层次的同类水上健身休闲项目产品。比如帆船休闲产品既有适用于青少年帆船爱好者使用的稳向板小帆船,也有大型的龙骨帆船;既有传统的钓鱼项目也有现代的海钓项目;既有旅游景区的潜水体验项目,也有深海潜水探险产品。

2. 产业处于初步阶段,产业规模增长快

尽管我国水上运动大众普及程度、市场开发程度不高,但因市场人口基数大,整体产业规模发展迅猛。相关企业和部门依托我国丰富的海洋、湖泊、江河等资源,将水上健身休闲整合成以旅游、娱乐、探险、竞技等为主的形式,为大众提供各类水上健身休闲产品,以满足人民物质生活水平提高后健身休闲的需求。据国家体育总局水上运动管理中心 2018 年统计,摩托艇和滑水项目分别举办赛事 13 场和 10 场,社会总投资额约 6 000 万元,带动消费达到千万级别。冲浪项目总产值 16 亿元,创造增加值 5 亿元,增长率 31.5%,基本建成 8~10 所大型场地设施,年度社会总投资额 8 亿元,举办赛事 7 场,共消费 7 000 万元 ~8 000 万元,解决了约 4 万人的就业问题。潜水项目总产值约为 25 亿元,创造增加值 5 亿元,增速约 30%,专业训练场 50 余家,年度社会总投资超过 5 亿元,约 165 万人次总消费超过 20 亿元,全年约 2 万人就业于相关领域。据《中国皮划艇桨板运动行业年度报告》,2019 年全国各类型皮划艇相关赛事达到 171 场,平均 2.13 天一场,武汉举办的第一届桨板公开赛参与人数就达到了 530 人。可见,水上健身休闲产业虽然处在初级阶段,但也意味着会有很多的发展机遇。从国家水上运动管理中心到地方各级水上运动中心、相关企业或俱乐部,每年举办的赛事数量、参与人群规模都在不断扩大,水上健身休闲产业的产值在不断增长。

3. 区域发展不平衡

经济发展的总体水平及不平衡性直接制约着水上健身休闲产业的发展程度。从我国健身休闲产业的区域分布看,存在发展不平衡的特点:华东苏浙沪地区为主流热点区域;华南珠三角地区有传统优势;华北京津冀地区产业集中度高;而华中湖北和江西则发展潜力大。从地域和空间分布上看,我国水上健身休闲产业空间分布呈现城市明显优于农村,东部沿海发达地区优于中西部欠发达地区的区域发展不平衡特征。由于水上健身休闲产业是资源型产业,因此水资源丰富的区域,水上健身休闲产业的发展具有天然的优势,内陆城市和地方依托内陆河流或湖泊开发了漂流、船艇等水上健身休闲项目,滨海地区的城市和地方开发和推广了帆船、潜水等滨海健身休闲项目。

4. 缺乏专业人才

我国水上健身休闲产业在发展过程中,也存在专业人才缺乏的问题。应该说,我国目前的产业政策是很好的,但是政策落地过程中缺乏有力的执行人员。由于我国在专业人才培养过程中,长期存在体育技能学习与产业经济、产业管理等知识学习脱离的现象。水上健身休闲行业从业人员大多数来自体育行政部门、体育运动队、水上俱乐部或社会群体,以短期培训等方式培养,这也局限了从业人员的知识结构合理性。我国水上健身休闲产业专业人才不足问题主要表现在:缺乏懂得经营管理和基地运营管理的复合型人才;缺乏赛事策划及权益开发的体育赛事管理人才;缺乏招商运营、市场营销的体育营销经营人才;缺乏中介服务与法务咨询的体育经纪专业人才;缺乏产业融合发展的体育旅游专业人才及其他产业衍生专业人才。未来3~5年,水上健身休闲产业发展的人才缺口,保守估计将达到数十万人,这为我国的教育培训行业提出了迫切的改革需求。

二、国外水上健身休闲产业的发展现状

水上运动源于人类与水资源的互动,以特别的方式展现了人类生存和生活的技能。欧美国家人民具有奔放、勇敢、独立、协作、冒险的精神,因此喜欢具有探险性、极限性、挑战性特征的漂流、滑水、冲浪、帆船等水上项目。经过百年的发展,欧美发达国家休闲水上运动产业逐渐发展成熟,市场化程度高,政府职能明确,产品丰富,参与群体广泛,已经形成系列职业赛事体系和文体跨界融合的产业体系。

(一)国外水上健身休闲产业的发展特点

1. 水域文化底蕴深厚,大众广泛参与

欧美是世界上最早开展水上运动的地区,绝大多数水上运动项目发源于与水息息相关的欧美国家。在当地,大众以水上运动为休闲娱乐的主要内容,或自发组织,或以加入协会俱乐部形式开展水上健身休闲。许多人都有参与一种或者多种水上运动的经历,而且行为常态化。人们通过定期缴纳一定的会费加入自己感兴趣的水上运动协会和社团中,并参与其组织的各类活动。各级协会、俱乐部、社团等组织在充分利用相关水域资源的基础上,开展了丰富多彩的水上健身休闲活动,如帆船、帆板、冲浪、游艇、皮划艇等项目。1908年第一家以冲浪运动为主的浮驾独木舟俱乐部成立,随后世界各地的冲浪俱乐部成立并吸引爱好者加入。

2. 政策大力扶持,形成完备的管理体系

国外很多国家都为水上健身休闲产业制定了完备的法律、法规和系列管理制度来帮助其发展,一般都有相应的扶持政策。多数政府在水上公共基础设施建设方面,出资或引导社会资本建设泊船的码头和配套服务设施,形成了完备的管理体系。例如,英国政府通过了专门的法案来进行建设规划,每年保持固定投入以保障水上运动相关设施的建设或维护。美国早在1968年就通过《国家步道系统法》,实施过程中不但建设了将近十万千米的“国家步道”,而且建设了多条“国家水道”,兼具体育、旅游、文化、教育、环保等多项功能,1971年,美国制定了联邦游艇安全法。一般而言,这些国家的水上大众体育项目的管理比较自由,主要的管理权都由每一个水上运动协会或职业水上运动俱乐部承担。这样就有利于发挥该水上运动协会或俱乐部的规模效应和品牌效应。

3. 擅长品牌运营,垄断行业资源

世界游艇企业分布

水上健身休闲活动不得不依靠船、帆、艇、潜水设备等专业器材支撑。经过上百年的发展,欧美国家出现了一批不同档次且垄断行业资源的水上运动企业。相关企业在水上健身休闲装备的制作材料、制作工艺、产品造型等方面积攒了很多的经验,能更好地保障活动的专业性和安全性。又由于这些地区率先组织了国际水域赛事,使得欧美国家在水上运动的船舶、船艇、帆船、潜水等设备领域具有更多的话语权,也更容易获得认可。而且,少数水上运动品牌长期成为大部分国际赛事的合作伙伴和赛事冠名品牌,更增强了其品牌影响力和价值。

4. 举办系列品牌赛事,形成产业体系

国外发达国家完善的职业水上赛事体系推动了水上健身休闲产业的发展。水上运动赛事呈现出全系列、高水平、高规格、高奖金的特征。目前,每年国际冲浪运动协会都会举办世界锦标赛、世界青年锦标赛以及世界巡回赛,丰富的分类赛事构建了冲浪运动的国际赛事体系。各地在举办各类水上运动比赛过程中还会大力宣传本地的旅游形象吸引参赛和观赛的体育旅游者,除此之外还会举办水上运动装备展览会、大众健身休闲类水上活动,形成了以赛事为核心的集群化产业体系。

5. 与文化旅游等相关产业融合发展

沃尔沃环球帆船赛

国外发达国家休闲水上健身休闲项目与滨海旅游、城市文化、娱乐生活等相融合,发展出了多种休闲文娱活动。事实上,水上运动赛事的举办总是伴随河道治理和环境优化。赛事也成为了某些城市的名片,成了当地旅游产业发展的重要载体。随着水上健身休闲产业的发展,国外发达国家开始举办一些节庆活动,如旅游节、水上节事、音乐节等,促进了当地文化产业的发展。水上运动的参与便捷性、技艺欣赏性和娱乐时尚性等特征与文化旅游产业有机融合,产生了民众喜爱的新业态,如拥有滑水、造浪池、漂流河和其他水上休闲设施的水上乐园等。

(二)国外水上健身休闲产业发展对我国的启示

国外发达国家水上健身休闲产业的发展形成了受众群体广泛且参与度高、多种产业融合发展的局面,保证了较高的国际市场份额,已经进入较为成熟的发展阶段。整合水上资源优势,学习国外产业发展有益经验,建立集群产业,产业间优势互补,可推动我国水上健身休闲产业的快速发展。这其中主要包含以下几个方面:

第一,应大力提倡水上运动,利用得天独厚的水资源优势开发旅游文化产品,培养水上健身休闲的群众基础。第二,制定必要的政策法规,建立税收政策调控及有效的行业管理体系。第三,培养专业水上运动人才,打造水上健身休闲专业运营团队。第四,推进我国水上运动社团和协会发展以及实体化改革,推广管办分离、公建民营等运营管理模式。第五,加强水上运动装备制造标准建设。第六,在经济全球化背景下,加强水上健身休闲专业领域国际合作与经验交流。

第三节　我国水上健身休闲产业的发展趋势

一、资源开发更注重特色和环保

在进行水上健身休闲资源开发的过程中,既要正确分析产业发展的区域分布不均衡的现实情况,又要注重水上健身休闲产业发展中的资源型特征。产业部门在规划过程中,要有整体的科学规划,发挥相关资源聚集优势,因地制宜,合理开发。

在水上健身休闲资源的开发过程中,要具备环保意识和可持续发展的理念。沿海城市应利用得天独厚的水资源优势,摆脱单纯的水上观光方式,因地制宜,开发海上健身休闲产品,同时需要做好相关的水上运动配套设施的建设。内陆滨水城市应该整合区域优势水上资源,丰富内湖游船旅游项目,融入更多休闲文娱活动,结合城市文化,展示城市风采,形成城市景观水系。

二、进一步加强管理体制改革

我国群众体育和竞技体育的管理体制没有分离,水上休闲运动管理模式主要以政府管理为主,辅助以社会管理。但水上健身休闲产业的发展主要依赖于群众水上运动的发展,这就决定了未来的水上健身休闲产业发展必须动员社会各方面的力量共同参与。水上运动管理中心或各级政府部门应该分清职责,对大型赛事的管理、水域资源的开发、水上运动基础设施建设、专业人才培养等进行宏观的管理与指导,推进相关法规建设,统筹协调市场监管和安全监管职能。相关领域的微观市场运营权应该交给各市场主体。我国需要提高社团行业准入标准,培育并监管水上运动社团、行业协会、水上运动俱乐部等社会体育组织,实体化改革水上运动协会,实现管办分离、公建民营,使社团或协会既具备市场运营的活力又不违反相关规章制度。

三、人才培养更适应市场需求

如前所述,我国水上健身休闲专业人才还比较匮乏,如救生员、水上项目教练、船只驾驶员等存在很大缺口。因此,培养水上健身休闲中安全、管理以及各项指导员人才是现阶段和今后一段时间的迫切要求。高等教育与职业教育、学历教育和非学历教育的结合在水上健身休闲人才培养过程中会更加灵活并适应市场需求。课程建设方面更加注重实用性。中国水上健身休闲市场急需在水上健身休闲产业理论知识与实践能力两方面都过硬的人才,未来将以“国家培养为主,辅以协会培养,统一认证”的形式,强化从业标准,以保障服务水平。

四、高端项目定制化

水上健身休闲高端项目定制化主要包含两个方面。一方面,由于水上健身休闲项目本身存在社会分层,因此经营者今后针对小众高端水上健身休闲项目需要进行定制化营销推广,以充分挖掘和满足那些热衷并能购买水上高端健身休闲项目的消费者需求。另一方面,因为水上赛事也存在层次性,针对高端水上赛事的营销推广也应形成定制化趋势,赛事主办方在定制推广策略时,需要充分研究城市定位、当地民风、明星代言等多个层面的特点来制定传播方案。不过,高端水上赛事一般赛事体系成熟,运营管理规范,在市场传播方面已经形成了量身定制的模式。本土初创阶段的高端赛事需要学习国际经验,做好具备个性化、定制化雏形的推广策略。

五、跨域融合更加紧密

解读《关于加快发展健身休闲产业的指导意见》《关于加快发展生活性服务业促进消费结构升级的指导意见》《水上运动产业发展规划》等政策文件,可以看到水上运动产业发展涉及旅游、休闲、文化、健康等多领域共同发展。许多城市围绕赛事打造“赛事 + 旅游 + 国际化通道”的形象,这成为水域城市比较普遍而成熟的理念。实践证明,跨域融合发展是产业实现“1+1>2”的有效途径,当产业融合度加深时,水上健身休闲产业、水上运动赛事产业、水域旅游、滨水休闲度假的边界会越来越模糊。

六、进一步完善水上运动装备供给体系

为了满足人们水上健身休闲需求,我国不断提高水上健身休闲装备的质量,进一步完善装备供给体系。《水上运动产业发展规划》提到“培育一批具有国际竞争力的‘专、精、特、新’水上运动装备(器具)制造企业和品牌产品,进一步完善水上运动装备研发、制造、配套及服务体系”。国内缺乏拥有自主知识产权的高端水上装备品牌,这一直以来就是我国水上健身休闲产业的发展短板之一。相关企业和研发机构正在致力于提高装备制造的自主研发生产能力,并大力生产水上运动船只、潜水用品、冲浪滑水装备、水上娱乐设施、水上安全及救生用品、水上休闲装备等水上运动产品来供给市场,以满足日益增长的水上健身休闲市场需求。

复习思考题

1. 简述水上健身休闲产业的发展历程。
2. 简述水上健身休闲产业的概念及特点。
3. 简述水上健身休闲项目及产品分类。
4. 简述我国水上健身休闲产业的发展现状。
5. 简述我国水上健身休闲产业的发展趋势。

第九章 冰雪运动产业

学习目标

1. 了解冰雪运动产业的发展历程，并熟悉冰雪运动项目分类、冰雪运动产业链及其构成。

2. 掌握中国冰雪运动产业发展历程、发展环境、发展现状及存在的问题。

3. 了解全球冰雪运动产业的发展现状及趋势。

本章导语

冰雪运动有着悠久的历史，人类对冰雪资源的开发和利用丰富了自己的娱乐生活。我国对冰雪资源的开发和利用，吸引了国内外的旅游者，也促进了当地经济的发展。本章首先阐述了冰雪运动产业的发展历程、产业链及其构成、产业特点、全球发展状况，然后结合中国冰雪运动产业发展历程，分析了我国冰雪运动产业发展环境、现状及存在的问题。

第一节 冰雪运动产业概述

一、冰雪运动的起源与分类

（一）冰雪运动的起源

冰雪运动有着悠久的历史。早在4 000年前，生活在北冰圈附近的居民自然习得了滑冰的基本生存、生活技能。唐代时期，我国著名史学家杜佑在《通典》中就对当时的冰雪运动有着较为清晰的记载：“以木为马，缚之足下，尤过奔鹿。”到了清朝，盛行的各式各样冰上运动项目被统称为“冰嬉”，冰上运动更为流行。

现代冰雪运动兴起于欧洲。13世纪中叶，一种安装在木板上的铁制冰刀在荷兰出现。1572年，苏格兰人制造了第一双“全铁制冰刀”，这是现代冰刀的起始标志。1676年，荷兰开始举行速滑比赛。17世纪中叶，滑冰受到英国上流社会的喜爱，第一个滑冰组织——爱丁堡俱乐部在英国创立。1850年，美国人布什内尔制造了第一副钢制冰刀，滑冰运动从此揭开了新的篇章。1908年和1920年，花样滑冰和冰球分别被列为奥运会的比赛项目。人们被花样滑冰的优雅柔美和冰球的激烈对抗所吸引，这极大地提升了冬季体育运动的全球影响力。鉴于冰雪运动项目的独特性，1924年巴黎夏季奥运会时，国际奥委会新设了一个“冬季运动周”，所有的冰雪项目统一在这个运动周内进行。1925年5月27日，国际奥委会正式追认1924年在法国夏蒙尼举行的“冬季运动周”为首届冬季奥运会。

（二）冰雪运动项目分类

冰雪运动是指在冰上和雪地举行的体育运动，早期受环境、经济条件的限制，冰雪运动大多只能在冬季进行，现今随着人工冰场和雪场的出现，冰雪运动也不再局限于在冬天进行。根据项目特点，可以将冰雪运动分为冰上运动和雪上运动两类（表9–1）。

表9–1　冰雪运动分类表

分类	主要项目	场地
冰上运动	冰球、冰壶、滑冰（速度滑冰、花样滑冰、短道速滑）	天然或人工冰场
雪上运动	雪橇、自由式滑雪、单板滑雪、高山滑雪、跳台滑雪、越野滑雪	雪场

1. 冰上运动

冰上运动主要有冰球、冰壶、滑冰等项目，其中滑冰项目包含速度滑冰、花样滑冰、短道速滑三个小项。

2. 雪上运动

雪上运动主要有雪橇、北欧两项、自由式滑雪、单板滑雪、高山滑雪、跳台滑雪、冬季两项、越野滑雪等。

3. 冰上运动和雪上运动的区别

冰上运动和雪上运动的区别首先在于场地的不同，前者在天然或人工冰场上进行，后者则在雪场上进行。随着科技进步、经济发展和国家的重视，室内冰场数量不断增加，冰上项目不再受季节、纬度的限制，可以在有条件的室内场地中进行。随着各地冰雪场地基础设施投入增加，观众欣赏比赛的条件也更为舒适，冰上运动的普及和推广变得更加容易。

雪场的运行条件相对较为苛刻，至今仍有很多雪上项目必须在雪量充足的天然场地上进行，这也是雪上项目独特的魅力所在。而场地的限制一定程度上也造成了并非每个国家和地区都有条件举行雪上运动的情况。由于开展运动的场地不同，冰上运动和雪上运动所需的器具自然也不同。冰上运动借助专用冰刀，而雪上运动则借助于滑雪板、雪橇、雪车等器材在雪地上滑行。从冬奥会项目设置上讲，雪上运动的设项数目远多于冰上运动，这便是“得雪上者得天下”一语的由来了。

二、冰雪运动产业的形成与发展

冰雪运动产业是健身休闲产业的重要组成部分，是以天然雪场、冰场或人工冰场为载体、以参与体验为主要形式、以促进身心健康为目的，向大众提供相关产品和服务的一系列经济活动，涵盖了冰雪运动健身服务、雪场建设与服务、冰场建设与服务、冰雪运动技能培训教育、体育旅游、冰雪装备制造等业态，主要包括冰上项目和雪上项目。并且，冰雪运动项目中的70%左右是滑雪项目，包含服装器材、场地设施、人才培训、滑雪体验、表演比赛、交通餐饮、“互联网+”等诸多方面。

世界各地冰雪产业的形成，与当地的社会环境、经济变革有着密不可分的关系（表9–2）。从19世纪中叶到2020年，全球冰雪产业发展大致上可分为起源阶段、蓬勃发展阶段、全面扩张阶段和升级发展阶段。

表9–2　全球冰雪产业的发展阶段及特点

发展阶段	重点区域	特点
起源	法国、瑞士、奥地利	运动为主，旅游为辅，依赖山村户外滑雪场，场地器材设施简陋
蓬勃发展	欧洲、北美	运动、旅游融合发展，欧美滑雪运动在20世纪60年代开始蓬勃发展
全面扩张	日本、韩国	全面扩张高速发展时期
升级发展	全球范围，尤其是中国在内的未来主要滑雪市场	在保留古朴宁静的传统乡村风格基础上，提供现代化的基础设施和多元化服务

资料来源：前瞻产业研究院

1. 起源阶段

在 19 世纪中叶,冰雪运动产业起源于阿尔卑斯山区。20 世纪初,首届冬奥会的开展为冰雪产业提供了发展契机,在阿尔卑斯山地兴起了大规模的滑雪区开发,主要以滑雪运动为主、滑雪旅游为辅,滑雪场地较为简陋。滑雪作为谋生工具出现在北欧、西伯利亚、乌拉尔山脉周围和中亚细亚以及中国的阿勒泰山地,而阿勒泰地区被认为是人类滑雪运动的起源地。滑雪运动从人类的交通方式开始转变为竞技活动,滑雪俱乐部、滑雪协会等陆续成立。最早的滑雪俱乐部于 1861 年在挪威成立。

2. 蓬勃发展阶段

1924 年,国际滑雪联合会成立,并在法国夏蒙尼举办了第一届冬奥会,滑雪被正式列为冬奥会的竞赛项目,这标志着滑雪已发展成为一项竞技运动,进入公众的观赛视野。

20 世纪 30 年代,滑雪运动在欧洲其他地区以及北美等地逐步开展壮大。普通大众开始参与滑雪等冰上、雪上运动,并推动了冰雪运动与旅游的融合发展。滑雪旅游开始盛行,且逐渐成为冬季最受大众欢迎的休闲项目之一。其从北欧发展到阿尔卑斯山地区,随后又发展至美国和加拿大靠近落基山脉的主要滑雪场,其文化、旅游及相关的各个行业成为各地重要的经济增长点。拥有滑雪资源的地区政府部门对各自区域产业进行了调整,对滑雪场统一规划并突出区域特色,制定了针对性较强的滑雪旅游相关政策,进一步促成了滑雪产业的形成。目前全球雪场数量为 5 000~6 000 家,分布在 100 多个国家,主要集中在阿尔卑斯地区、美洲、亚太地区、西欧、东欧及中亚等地区。

3. 全面扩张阶段

欧洲和北美的滑雪产业起步较早,相较而言亚洲起步较晚。亚洲冰雪产业于第二次世界大战前在日本起步,在 20 世纪 70 年代达到鼎盛时期,其中韩国也在这个时期开始发展滑雪产业。这一时期全球滑雪产业全面扩张,进入高速发展阶段。

4. 升级发展阶段

20 世纪 90 年代至今,滑雪产业在全世界范围内呈现扩张性发展的态势,滑雪场的经营方式逐步多元化,配套设施与服务更加完善和优质化,也贴合了现代人对滑雪市场的大众消费需求。近年来,新建的滑雪场大部分都位于亚洲区域。由于政策支持,中国冰雪产业进

日本滑雪的鼎盛时期

入到黄金发展时期，可以预见的是未来中国将成为全球重要的冰雪产业市场。

三、冰雪运动产业结构

（一）冰雪运动产业链及其主要构成

从冰雪运动产业的定义可以看出，冰雪运动产业是与体育、旅游、培训、赛事等商业项目相互融合发展的庞大体系。冰雪运动产业以滑雪运动赛事、滑雪场地经营、冰场经营为中心，根据不同产品与服务的供给方和需求方而衍生出多个关联行业，形成了以冰雪运动为中心的系列产业链。

1. 上游产业

上游产业主要是围绕冰场、滑雪场的场地运营产生的相关产业，主要包括冰场或滑雪场的设施、设备与器材的研发、生产与销售，产品如造雪机、压雪机、索道等。

2. 中游产业

中游产业为冰雪场地经营者提供的服务，包括对滑冰场地、滑雪场地的经营可行性调研，滑冰场地和滑雪场地的规划、设计、施工建设，以及滑冰、滑雪赛事、滑雪教学、雪场救护与安全、媒体、地产、交通等一系列活动。通常而言，冰雪运动总是融合了餐饮住宿、休闲娱乐、旅游度假等多元配套服务内容才能满足消费者的相关需求，也由此产生了一系列关联业态。

3. 下游产业

下游产业面向客户，为冰雪运动消费者提供的服务，主要包括从线下到线上的一系列衍生与增值服务。经营者需向消费者提供滑冰（滑雪）技术的培训服务、个人滑雪装备的租赁或购买服务、滑雪教练的线上线下预约服务以及各类线上线下的冰雪运动社交平台服务等。

（二）我国冰雪产业的产业结构

冰雪产业是以冰雪资源为基础，冰雪运动为中心，围绕冰雪运动项目和冰雪资源而开发利用的相互关联的综合产业。虽然全球冰雪产业起步较早，但冰雪产业在中国近年来仍属于新兴产业之一。根据《中国冰雪产业白皮书》中的解读，我国的冰雪产业处于市场启动期，目前形成了“三大板块两大支撑”的产业结构。“三大板块”为以交通、餐饮、住宿、活动等组成的冰雪旅游板块，观赛服务、赛事运营等构成的冰雪赛事板块和培训指导、安全保障等组成的冰雪运动培训板块，“两大支撑”为冰雪装备及冰雪营销。其中，在我国冰雪旅游为冰雪产业中的核心领域，冰雪旅游将带动冰雪运动比赛、冰雪场地建设、冰雪文创、冰雪运动装备制造、冰雪度假地产、冰雪特色小镇、冰雪会展等相关产业共同发展。

四、冰雪运动产业特点

（一）地域性、季节性

1. 气候条件影响降雪量和雪的硬度

首先，冰雪产业对气候依赖性很强，降雪量的大小直接影响产业运营的状况。其次，在降雪量大的同时，还要求雪的质量够好，才适宜开展冰雪运动。如冰岛气温低且降雪量大，但雪不是粉末状且略硬，很难吸引大量专业滑雪者前往。相反，在 2012—2013 年雪季，瑞士的降雪提前到来，优质的降雪质量和良好的天气在圣诞节和新年假期吸引了大量国内外滑雪者，各滑雪度假村都迎来了接待的高峰。虽然这个雪季不长，但游客总数量还是超过了上一个雪季。最后，气温过低也不利于滑雪运动的开展。一些高纬度地区，寒风凛冽，零下几十度的气温也不适合滑雪。

2. 地形条件影响参与者体验感

在地形方面，滑雪运动需要有高山，海拔应在 1 500 米以上，并且有合适的坡度，这样参与者的体验感会更好。例如，冰岛降雪量大，可以开展滑雪运动，但因为这里的山大多在海拔 1 500 米以下，坡度不高，就无法吸引专业滑雪者前往。再如，德国境内的山峰海拔在 1 500 米左右，高度低于奥地利和瑞士的山脉，德国滑雪者非常重视降雪质量，并加大投资造雪设备，以期降低自然环境的影响。此外，由于北欧国家白昼时间短，影响了滑雪场的有效经营时间，因此很多经营者还增加投入，为滑雪场安装了灯光设备，以改善经营状况。总之，自然条件非常符合滑雪运动要求的地区很容易获得滑雪者的青睐，但同时拥有适宜降雪量和雪质等优质资源的地区并不多。

（二）高投入性、高风险性

冰雪运动对场地设施的要求很高，无论是冰雪场地的建造还是开发及维护，都需大量的资金投入，特别是人工制冷的冰场或雪场，需要更高的资金投入。同时，冰雪运动产业是一个季节性很强的产业，对于强烈依赖气候条件的滑雪场和天然滑冰场来讲，某些地区一年中仅有

滑雪天堂
——瑞士

疫情下的滑雪场

1~2 个月的雪季或低温天气，而其余时间则无法实现场地运营，此时许多岗位仍然需要工作人员，因此冰雪经营者需要较大的、持续的人员和经费投入。

冰雪运动是一项对参与者技能要求较高的运动。冰雪运动本身还容易出现人身伤害事故，因此需要做好运动员或消费者的人身安全保障工作，否则就会直接影响滑冰场或滑雪场的经营，也必然影响整个冰雪运动产业的健康可持续发展。

高风险性还体现在运营投资风险上。如前所述，冰雪运动场地的高投入是否能得到预期的回报，还受到自然环境、社会环境、政治环境的影响。一旦遭遇全球性的自然灾害，世界各地的滑雪场就会受到相应的影响，滑雪人次下降，严重影响冰雪运动产业发展。

（三）较强的器械、场地及现代管理依赖性

众所周知，由于冰雪运动的特殊性，为了保持长时间、有难度的滑行动作，达到好的休闲体验，只有借助相应的器械，在优质的冰雪场地上才能成功。雪场的硬件设施质量是直接影响冰雪运动爱好者的体验度和安全感的，也是决定其会不会二次消费的重要因素。比如，“魔毯”作为运送滑雪者的电动传送带，可以迅速地把滑雪者运送到雪坡的制高点，节省了消费者的时间，使其把更多的时间用到体验运动项目的过程中去。从消费者进入滑雪场内办理消费业务开始，流程的现代化管理所提供的便利性，造雪机和压雪车等设备的品质等，都会影响到消费者的体验。同时，滑雪场因受自然条件限制，若本身场地地形存在缺陷，也无法满足消费者体验需求，因此滑雪场选址在投资建设中至关重要。

滑雪场里的“一卡通”

（四）以经济发展为基础

冰雪运动产业依托的基本条件是“冰”和“雪”资源，而冰雪资源受地理环境和天气环境等自然环境的影响很大，形成了明显的地域性和季节性特征。不同的地区拥有自己独特的自然和地理特点，各自的冰雪资源禀赋也不一样，可开发和利用的基础也不同。

1. 经济发展水平影响居民对冰雪运动的需求

冰雪运动产业的发展除了依赖于自然条件外，还需要具备一定的经济基础。据现有数据分析，全球滑雪者数量和滑雪设施数量靠前的国家经济都比较发达。经济发展水平提高，居民的消费水平就会随之不断提升，大众对冰雪运动的需求自然也会增加。芬兰统计局发布的数据显示，2019 年芬兰人均 GDP 达到 51 690 美元，是一个典型的发达

国家。在芬兰有这样一句话“凡是会走路的芬兰人就会滑雪”，总人口540万的国度，就拥有100万滑雪爱好者。

2. 经济实力影响冰雪运动产业基础设施建设

经济的发展为冰雪运动场地器材、交通设施、住宿餐饮等基础设施建设提供了资金保障。由于冰雪场地一般都位于山区，与城市距离较远，因此是否能提供便利的交通成为影响冰雪运动产业的重要硬性条件。例如，罗马尼亚在自然资源上完全具备冰雪运动的开发与发展的条件，但该国经济欠发达，通往滑雪场的公路建设迟缓，影响了该地区滑雪产业的发展。

3. 冰雪运动产业对经济波动非常敏感

通常而言，冰雪运动的运营成本是比较高的，而且需要经营者持续地投资，因此，冰雪运动产业的发展形势往往会随着经济波动而不断变化，表现出对经济发展的敏感性和依赖性。比如，20世纪70—80年代，日本冰雪运动参与总人次屡创新高，雪场建设如火如荼，冰雪运动产业飞速发展。但在20世纪90年代，日本遭遇经济衰退，很多滑雪场因为高投入未能收回成本，而有限的经营现金流导致资金链断裂，同时冰雪运动人次大幅度下降，仅为80年代的一半。另外，2008年经济危机和2020年的“新冠”肺炎疫情致使很多国家的冰雪运动产业遭受了巨大冲击。

（五）与旅游业的高度关联性

冰雪活动与旅游业融合发展，二者紧密相连。一旦政治、经济等因素影响旅游业的消费水平，就必然导致冰雪运动产业受到影响。公共卫生安全事件、国际关系、汇率的变化、区域政治动荡、国家政策等都会影响旅游业的发展，区域冰雪运动产业的发展同样会受到影响。西方传统滑雪国家的人口特征变化和其他休闲旅游行业的竞争都对滑雪行业形成相当大的冲击。2020年“新冠”肺炎疫情导致了公共卫生安全事件，各国以限制人员流动的方式阻断传染源，国际航运停运，世界各地冰雪运动场所陆续关闭，冰雪运动产业受到严重冲击，盈利额出现断崖式下滑。

（六）人口数量与自然条件相匹配

一个地区的人口数量与开展滑雪运动需要的自然条件高度匹配，滑雪产业就会快速发展，反之，则发展进程缓慢。一种情况是，滑雪者数量多，但本地的自然条件不能满足当地滑雪爱好者的需求，导致本地滑雪客源外流。例如，英国有大量滑雪爱好者，但本地天然滑雪场数量有限，远远不能满足滑雪者的需求，于是大量爱好者选择到邻近国家滑雪。19 世纪 80—90 年代，英国滑雪人次迅速增长，但大约有 100 万人次的英国人更乐意乘坐便利的交通工具，支付较低的航空费用，每年到阿尔卑斯等地区进行滑雪消费。大部分英国滑雪企业为了生存也都迁到国外发展，本地的滑雪产业投资减少，规模难以扩大，冰雪运动产业发展受到很大影响。另一种情况是，地区滑雪天然条件良好，但本地滑雪者数量较少，这时当地要发展冰雪产业，就要积极思考如何吸引邻近地区的滑雪者到本地进行滑雪活动。为此，滑雪场要认真考虑国外滑雪者的需求和与之相配套的服务，从而推动本地滑雪产业的发展。

滑雪胜地
——安道尔

第二节　冰雪运动产业的发展现状

一、全球冰雪运动产业整体发展状况

从全球范围来看，滑雪产业经历三年的停滞和缓慢下滑后，于 2018 年滑雪总人数呈现上升趋势，这与中国等新兴市场的贡献紧密相关。这个上升趋势并不能确定未来的持续增长，大多数国家的滑雪市场仍然表现得相对稳定。总体而言，全球冰雪产业目前处于升级发展阶段。

（一）配套设施基本状况

20 世纪 90 年代至今，全球各国政府都积极制定冰雪运动产业发展规划、政策法规、条例等，尤其重视冰雪运动的教育、科研和推广，资金投入力度不断加大。全球冰雪产业目前处于升级发展阶段，全世界范围内呈现广泛发展的良好态势。在保留着冰雪运动古朴宁静的乡村风格基础上，冰雪运动产业的经营者不断提供和升级现代化的基础设施和服务，将造雪机、缆车、魔毯等科技设备应用于冰雪场所的配套硬件设施中，并尽力提供有特色的优质服务以满足冰雪运动爱好者的需求，扩大目标市场份额，相关经营开始多元化。全球雪场中具备 4 条以上提升设备的约有 2 113 家。拥有提升设备较多的国家有美国、奥地利和法国，平均每个国家大约有 3 000 部提升设备。近几年，在阿尔卑斯地区，奥地利集中配备了一些冰雪运动专业设备，大型冰雪度假目的地的数量也在不断增加。

（二）全球雪场分布特征

1. 室外雪场

从全球冰雪场地的分布上看，美国、日本、法国和意大利的滑雪场总数处于世界前列，平均每个国家拥有200座以上室外滑雪场，配置的提升设备（索道等）也在5条及以上。全球第一大滑雪胜地是阿尔卑斯地区，这里集中了全球80%以上接待滑雪人数百万人次的滑雪场地，吸引了全球43%的滑雪者。紧随其后的是北美地区，大约吸引了全球21%的滑雪者。

2. 室内雪场

从室内滑雪场分布来看，全球已建成100余座室内滑雪中心，其中已经确认在运营中的室内高山滑雪场有65座，大约分布在30个国家。这些滑雪场及滑雪中心主要集中在亚太地区和西欧地区，其次是美国、东欧、中亚等地区。亚太和西欧地区的室内滑雪场数量占全球室内滑雪场总数的86%。其中，中国拥有21座室内滑雪场，是全球室内滑雪场最多的国家，主要分布于北京和上海及其周边。哈尔滨万达滑雪场是全球最大的室内顶级滑雪场，建筑面积约8.6万平方米。除中国之外，荷兰、英国、德国、日本、印度等国家的室内滑雪场也较多。

第四代室内滑雪场

（三）全球冰雪运动行业协会发展状况

目前，滑雪行业的国家或地区性协会、联合会、俱乐部等民间团体组织，也对滑雪产业的发展起到了巨大的推动作用，它们与政府部门协调配合，从不同角度发挥着自己的作用。例如，德国是一个冰雪运动强国，德国滑雪协会旗下拥有4 300家滑雪俱乐部，共计75万名会员。德国滑雪协会为大众滑雪教练员、竞技滑雪教练员和裁判员开展培训，建立了高山滑雪、单板滑雪和越野滑雪等项目的初、中、高三级教练员考评体系，培养了一批掌握计时、竞赛安全、竞赛组织和竞赛规程等知识与技能并能服务于各项滑雪赛事的裁判员，有效推动了德国大众滑雪及竞技滑雪运动的发展。

（四）全球冰雪运动人口特征

1. 人数与分布

目前，全球滑雪人群区域集中度相对较高。美国、日本和德国人口基数较大，是拥有本国滑雪者较多的国家；瑞士、奥地利和挪威等国，参与滑雪的人口数占总人口数达到25%以上，是滑雪参与度最高的国家。2019年4月，Laurent Vanat发布《2019全球滑雪市场报告》，数据显示2009—2018年，全球室外滑雪人次基本稳定在3亿~3.6亿，加上室内滑雪场的几千万人次，预估滑雪总人次为 4 亿。

2. 人口流动

几乎每一个国家的滑雪市场都以本国滑雪爱好者为主。但在奥地利和安道尔，非本国滑雪客户占到总人次的 66%~95%，国外滑雪客户数超过了国内滑雪客户数。2017—2018 年雪季，除美国以外，以中国引领的亚太地区等新兴市场及其他地区的增长量促成了全球冰雪运动产业呈现经历了 3 年下滑之后的上升态势。

3. 人口变化

全球冰雪运动人群总体趋于稳定。未来冰雪运动需要在全球度假和休闲活动产品中增强自身竞争力，吸引消费人群，并将消费留存于冰雪运动中，也就是说尽量延长其参与冰雪运动的时间，增加参与冰雪运动的频次。中国庞大的人口基数和政府的支持政策，促使中国冰雪运动产业进入黄金发展期，中国提出“三亿人上冰雪”的规划，将释放人口红利，激发人们冰雪运动的参与热情和消费活力，令全球滑雪市场充满期待。

（五）全球冰雪运动企业经营状况

在全球冰雪运动企业经营过程中，阿尔卑斯集团和美国范尔度假村集团两大强势连锁滑雪集团形成。欧洲的阿尔卑斯集团占世界滑雪市场的份额高达 36%，该集团占据法国滑雪市场总规模的 32% 以上，游客量占有率超过了 27%。这是一个庞大的市场，欧洲有 4 500 万滑雪人口，每年滑雪人次达 2.2 亿，创造价值达 65 亿欧元。在 2016—2017 年雪季，法国滑雪人次达 5 110 万，仅次于美国和奥地利，是欧洲滑雪市场主要力量，这为阿尔卑斯集团带来了巨额的利润。北美市场的美国范尔度假村集团体量大，接连收购澳大利亚和加拿大最大的滑雪度假村，在全球运营 14 个滑雪度假村。

除此之外，各国与滑雪旅游相关的房地产等其他行业品牌也进入冰雪运动产业市场切分这块蛋糕，增强了冰雪运动休闲产品的有效供给和多样化供给。

二、中国冰雪运动产业发展状况

（一）中国冰雪运动产业的发展历程

中国的冰雪运动文化历史悠久，是世界冰雪运动文化多样性的重要组成部分。《宋史 · 礼志》曾记载“幸后苑观花作冰嬉”，“冰嬉”也被称为“冰戏”，是古代冰上活动的统称。冰嬉在明朝已成为宫廷体育活动，到了清朝成为皇家在冬季的消遣活动，被提升到了国家活动的层面。乾隆皇帝当政时期，国家规定每年都要举办一次“冰嬉”庆典。清朝有一种冰上运动名为“打滑挞”，非常类似于今天的高山滑雪。在民间还出现了滑冰与蹴鞠相结合的冰上蹴鞠。

民国时期大连、天津等大城市开始开展滑冰运动，吸引了很多外国滑冰队前来参赛，大众滑冰运动得到进一步普及。而后，北京地区的政府开始开放公园，并向老百姓普及滑冰运动。北海公园于 1925 年向大众开放，闲暇时刻在公园滑冰成了一种时尚，且北海公园也是当时最大的室外天然冰场。20 世纪 30 年代末，北京又陆续开放了多处冰场，大众的冰上运动开展得更为火热，公园成了冬季最为火热的体育娱乐聚集地。

宫里过大年——皇家新年之冰嬉庆典

我国冰上运动发展初步兴起于中华人民共和国成立初期。冰雪项目由于受到了地理条件、气候条件、装备条件以及人力条件的限制，在我国开展并不普及。然而，东北三省、华北等地区在这个阶段除了天然冰场外，还开始铺设人工冰场。东北地区曾开展过“百万群众大上冰”活动，很多工厂和机关事业单位组建自己的冰球队，并自己浇冰场，开展冰雪体育活动和竞赛。此时冰上运动虽局限于东北等北方地区，但群众参与极为广泛，而且积极性高涨，提升了冰雪运动的发展活力。在 20 世纪 90 年代，哈尔滨率先拉开了我国冰雪旅游发展的序幕，该地区推出的冰雪大世界、太阳岛雪博会、冰灯游园会、亚布力滑雪度假区等观光体验类冰雪旅游产品驰名中外，开启了我国冰雪运动产业早期的对外交流。经过多年发展，我国冰雪运动在群众普及、竞技成绩等方面都取得了一定的发展。

2002 年杨扬获得我国第一枚冬奥会金牌。人们收入水平增加和闲暇时间增多，促进了冰雪休闲活动的参与度提升，开始显现一定的经济效益。2009 年大批滑雪场更名为滑雪度假村，冰雪小镇的概念初步形成。

2015 年，北京和张家口联合申办冬奥会成功，加速了冰雪运动产业的发展。

2016 年 11 月以来，国家体育总局、发改委等四部门联合发布了《冰雪运动发展规划（2016—2025 年）》和《全国冰雪场地设施建设规划（2016—2022 年）》。规划提出，到 2020 年我国冰雪产业总规模达到 6 000 亿元，到 2025 年达到 10 000 亿元。2019 年，为了做好北京冬奥会、冬残奥会备战工作，中共中央办公厅、国务院办公厅印发《关于以

2022年北京冬奥会为契机大力发展冰雪运动的意见》。随着国家不断出台政策激励我国冰雪产业发展，加上各地区政府根据当地特点出台配套政策，我国冰雪运动产业发展正处于欣欣向荣的阶段。

（二）中国冰雪运动产业的资源分布

中国稳定的季节冰雪面积为420万平方千米，包括东北、内蒙古东部和北部、新疆北部和西部以及青藏高原区；不稳定积雪区位于北纬24°~25°。无积雪地区仅包括福建、广东、广西、云南、海南和台湾大部地区。东北地区因地理位置原因成了中国降雪最多的地区，其在冬季的降雪量大，而且持续时间长，地表积雪质量高，享有发展滑雪运动得天独厚的自然环境，占有中国主要滑雪区域的一半资源。中国年平均降雪补给量为3 451.8亿立方米，阿尔泰山、天山地区及青藏高原内陆河流及北部外河流的冰雪融水补给占年径流量的50%以上。黑龙江流域、大兴安岭和长白山地区冰雪融水补给也占重要地位。在干旱区，高山终年冰雪区就是固体水库，亦是一些河流的水源地，并沿河形成绿洲。

我国冰雪资源的覆盖面积大，冰雪产业发展核心区集中在北京、东北三省、四川、新疆等地区，而京张地区的冬季冰雪资源优势突出。国内滑雪场数量在2010—2018年从270家迅速增长了468家，达到738家。2018年，全国拥有滑雪场数量排名前5的省份及自治区为黑龙江、山东、新疆、河北以及山西。

（三）中国冰雪运动产业的发展现状

随着国家对冰雪产业发展的逐渐重视，中国冰雪运动产业取得了快速增长的可喜成绩。如前所述，中国的冰雪运动产业由“三大模块”构成，包含了冰雪旅游、冰雪赛事和冰雪培训。接下来，本书也将从这三个方面，剖析中国冰雪运动产业的发展状况。

1. 冰雪旅游

（1）冰雪旅游对中国经济的拉动能力突出。以冰雪运动为基础，以冰雪设备制造为支撑，形成了以大众冰雪旅游为核心的中国冰雪运动产业。冰雪旅游具有极强的参与感和深度的体验感，其发展也促进了冰雪运动项目文化的传播和设施条件的改善，其对经济的内需拉动能力显得非常突出。预计到2025年，我国冰雪旅游人次将超过5亿，冰雪旅游收入将超过1.1万亿元，未来冰雪旅游是我国冰雪运动产业发展的核心引擎，是大众参与冰雪运动的主要载体和形式，将拉动经济的发展。

中国冰雪旅游发展

（2）中国热门冰雪旅游目的地众多。根据携程跟团游和自由行的预订数据，东北地区冰雪旅游品牌优势明显，排名前十的传统冰雪旅游目的地是哈尔滨、海林雪乡、长白山、长春、尚志、乌鲁木齐、吉林、牡丹江、张家口、兰州。其中人气最高的城市是哈尔滨、海林雪乡，这些地区冰雪旅游路线和旅游产品经过多年的打造，已经形成了一个比较成熟的商业体系，是国内大众冰雪旅游出行目的地的主要选择。长白山凭借突出的冰雪和温泉资源成为高端游客出行的重要选择。

2020 年 1 月，中国旅游研究院发布了 2020 年冰雪旅游十强县（区）（表 9–3）和冰雪旅游十强城市（表 9–4）。其中，黑龙江 3 个县（区）入选，吉林、内蒙古各有 2 个县（区）入选，北京、河北、新疆各有 2 个县（区）入选。冰雪旅游十强城市：哈尔滨市、长春市、张家口市、沈阳市、乌鲁木齐市、吉林市、呼伦贝尔市、牡丹江市、阿勒泰地区、伊春市。

表 9–3　2020 年中国冰雪旅游十强县（区）

排名	省份（自治区）	县（区）
1	河北省	崇礼区
2	吉林省	长白山保护开发区
3	黑龙江省	哈尔滨新区
4	北京市	延庆区
5	内蒙古自治区	牙克石市
6	黑龙江省	漠河市
7	新疆维吾尔自治区	阿勒泰市
8	黑龙江省	尚志市
9	内蒙古自治区	阿尔山市
10	吉林省	延吉市

表 9-4　2020 年中国冰雪旅游十强市（区）

排名	省份（自治区）	市（区）
1	黑龙江省	哈尔滨
2	吉林省	长春市
3	河北省	张家口
4	辽宁省	沈阳市
5	新疆维吾尔自治区	乌鲁木齐
6	吉林省	吉林市
7	内蒙古自治区	呼伦贝尔市
8	黑龙江省	牡丹江市
9	新疆维吾尔自治区	阿勒泰地区
10	黑龙江省	伊春市

（3）冰雪旅游人数激增。目前，国家实行了冰雪运动“南展西扩”战略，各地推出了支持冰雪运动产业发展的政策，社会资本积极涌入相关行业，改善了硬件和软件环境，大众对冰雪休闲的参与感和满意度逐步提升。在这个冰雪旅游大众化的时代，冰雪休闲度假成为一种时尚的生活方式，各地区冰雪旅游人数增长迅猛。2018 年发布的“全国冰雪运动参与现状调查”显示，我国累计参与冰雪运动的人口已达到 2.7 亿，基本接近“3 亿人上冰雪”的总体目标。

2. 冰雪赛事

（1）冰雪赛事分类。《2018 中国冰雪产业白皮书》中数据显示，我国举办的冰雪竞技类赛事从 2013 年的 39 场增加到 2017 年的 79 场，增长率 102.6%。在冰雪运动普及度提高的同时，冰雪赛事的举办数量日渐增多，体系也更加完善。冰雪赛事主要分为两类——培养专业运动人才的竞技类赛事和扩大冰雪人群基数的大众娱乐类赛事。目前，大众娱乐类冰雪赛事占赛事总数的 63%，可见大众娱乐类赛事参与度更高。但是，竞技类赛事因观赏性、影响力等原因，所获得的关注度更高，其中人们对滑冰运动的关注度比对冰球、冰壶等其他冰上运动的关注度高。

（2）冰雪赛事规模。继 2015 年北京、张家口获得 2022 年第 24

届冬季奥林匹克运动会主办资格后，我国冰雪产业赛事就进入了发展的快车道，中国举办的冰雪竞技类赛事和大众娱乐类赛事数量保持增长趋势，体系愈加完善。根据国家体育总局冬季运动管理中心公布的《2018—2019 赛季全国冰雪赛事赛历》，2018—2019 赛季共有 75 场冰雪赛事举行，冰雪赛事数量保持稳定增长，相应的收视率和转播收入也同比增加，大众娱乐类赛事数量达到每年 200 场以上。预计到 2025 年，中国冰雪赛事规模将达 1 600 亿元。

（3）冰雪赛事的收入来源。国内冰雪赛事的主要收入来源分为国家财政拨款赛事经费、赛事报名以及门票收入、赛事版权费用和商业赞助等几大部分。总体而言，我国冰雪赛事产业快速发展，但市场规模依然较小。目前，我国最具价值的冰雪赛事包括“云顶杯”国际滑雪大赛、中国精英滑雪联赛、新浪高山滑雪公开赛、雪山之王中国四季滑雪巡回赛、沸雪北京国际雪联单板滑雪大跳台等。大众冰雪活动包含冰上之星中国巡演、鸟巢欢乐冰雪季、河北崇礼国际滑雪节、新疆阿勒泰冰雪游暨人类滑雪起源地纪念日，等等。

3. 冰雪培训

根据发达国家的经验，雪场培训的收益可达到总收益的 3%~11%。冰雪培训是培养初学者达到滑雪爱好者级别的一个重要环节，对冰雪运动产业市场具有重要意义。但我国接受过冰雪运动培训的 18 岁以下的青少年仅占 38%，参训人员中年龄在 19~25 岁的占 46%，25 岁以上的占 16%。可见，参训人员以年轻人为主，这个市场潜力是巨大的。在冰雪运动中，70% 以上的消费者愿意为学习冰雪运动技能“买单”，并不太在乎价格，更注重培训机构的资质和专业程度。目前，我国的冰雪培训市场的主力军为各大滑雪场或冰场，而其他类型的培训主要为以媒体平台为主的视频学习。部分冰雪运动的热门城市开办了冰雪运动培训学校，如奥林匹克滑雪学院、魔法滑雪学院、长城岭滑雪学院等。

三、中国冰雪运动产业发展环境分析

中国冰雪运动产业发展以经济发展为基础，而政府则对冰雪运动产业制定了有针对性的政策措施，整个产业发展也表现出自己特有的行业环境特征。

（一）政策环境分析

1. “北雪南移　北冰南展”战略

20 世纪 80 年代末，冬季运动管理者就提出了“北冰南展，北雪南移”的设想。全国范围内的滑雪产业布局，以黑龙江亚布力为起点，逐步拓展至北京、河北等地，继而辐射整个中国。实施“北雪南移 北冰南展”战略是推广冰雪运动，使之成为大众体验消费选择的关键。目前，我国滑雪场辐射版图全面扩展，华东、华南及西南等地区的滑雪场如雨后春笋般出现。随着我国滑雪场地基础设施产业逐步完善，室内滑雪场在我国南方兴起，滑雪运动逐渐向大众休闲、健身娱乐等多元化方向发展。同时，各地还积极引入国际性冰雪赛事，上海、杭州、南京等城市已先后举办过世界级冰雪运动赛事。2015 年 1 月 14 日，习近平总书记在会见国际奥协主席艾哈迈德亲王时，提出在北京举办冬奥会将会带动国内 3 亿多人参与冰雪运动。各方从多种方式和途径入手，释放人口红利，形成了冰雪运动产业的巨大市场空间。

2. 冰雪运动产业相关政策

2016 年，国家及地方政府相继出台了冬季运动产业的长期发展规划，力图通过政策引导，吸引更多的社会资金、社会力量来投入冰雪项目，推动更多民众参与冰雪活动。2016—2017 年，国家出台了《冰雪运动发展规划（2016—2025 年）》《群众冬季运动推广普及计划（2016—2020 年）》《全国冰雪场地设施建设规划（2016—2022 年）》等多个冰雪运动推广和发展政策文件，引导、推动冰雪产业的发展。各地也相继出台了本地区的冬季运动发展规划，推动当地冰雪运动产业发展。2019 年 3 月，国务院办公厅印发的《关于以 2022 年北京冬奥会为契机大力发展冰雪运动的意见》，提出了“推动冰雪旅游产业发展，促进冰雪产业与相关产业深度融合”的发展意见。

（二）社会环境分析

中国在发展过程中也表现出经济发展区域不平衡性特征。一方面，GDP 持续增长，人们生活水平和消费需求不断提升，生活空间拓展，使“北雪南移　北冰南展”拥有巨大的潜在消费市场。另一方面，由于自然条件的限制，冰雪资源富集的地区经济发展受到多种客观条件的限制。2018 年，中共中央、国务院发布了《乡村振兴战略规划（2018—2022 年）》，这是消除贫困实现全面小康社会的必然要求。体育扶贫手段在冰雪资源丰富、经济贫困地区就体现在引入冰雪消费上。政府优先选择符合条件的贫困地区开展冰雪赛事，打造赛事品牌效应，带动该地区的旅游业、会展业、制造业发展，可以解决贫困人口就业问题，设施条件和环境的改善还将吸引消费者到贫困地区消费。实际上，冰雪运动的消费者和贫困的冰雪资源富集地区实现双赢就能实现冰雪运动产业的可持续发展。在“冰天雪地也是金山银山”发展理念的指引下，我国单个冰雪季冰雪旅游人数已超过 2 亿人次，冰雪旅游大众化时代来临。

（三）行业环境分析

1. 产业发展的冬奥会背景

2022 年冬奥会的申办成功，为我国冰雪旅游行业带来前所未有的发展机遇。有条件的景区纷纷建雪场、砌冰雕，发展冰雪旅游，如北京、吉林、黑龙江、河北、新疆维吾尔自治区、内蒙古自治区、四川、山东等。当前已有 30 个省市推出冰雪产品，表明我国冰雪经济在地区发展中占据越来越重要的地位。

2. 冰雪旅游的国内外需求

从内需消费方面讲，冰雪旅游正成为大众生活中一种时尚的生活方式，成为人们经常性的消费选项。国内室内外冰雪场地将成为大众休闲娱乐的好去处，预计到 2025 年，我国冰雪旅游人数将超过 5 亿人次，冰雪旅游收入超过 1.1 万亿元。

从国际需求方面讲，我国冰雪运动的场地设施不断完善，相关地区和企业将推出更加丰富的冰雪产品。张家口、长白山、哈尔滨等冰雪旅游胜地，将会成为吸引世界各地冰雪旅游爱好者的第一梯队。世界各地的人们将会被我国悠久的历史文化、冬季的白雪风光以及新颖的自然景观吸引，前来我国进行冰雪运动和观光休闲度假。从国内需求方面看，随着我国冰雪文化繁荣和大众消费能力的增强，国内冰雪爱好者将尽情地参与国内冰雪产品的消费，也会有更多国内冰雪爱好者前往欧洲、美国、日本等冰雪旅游发达国家和地区进行旅游体验。总体而言，中国的冰雪“冷资源”已转变为旅游的“热资源”，国内外冰雪旅游需求逐步释放。入境冰雪旅游流和出境冰雪旅游流的双向人员流动将形成巨大的市场效应，也会加强我国与国际冰雪旅游市场的交流，促进国内冰雪运动产业的提速升级。

冰雪产业：“冷资源”成为“热经济”

3. 产业投资特征

目前，中国冰雪运动产业投资呈现大众化、规模化、多元化的特征，投资领域主要集中在冰雪赛事、城市基础设施和冰雪旅游三大商业项目。布局冰雪运动产业的主要方式有：转播冰雪运动赛事；举办冰雪运动赛事；成立冰雪产业基金；建设滑雪度假村，打造以冰雪旅游为主的度假场所；打造冰雪运动文娱节目；打造冰雪赛事及各种大众冰雪活动；建设冰雪场地；研发和制造冰雪运动装备。

四、中国冰雪运动产业发展存在的问题

（一）地方政策制约冰雪产业发展

冰雪产业需要较大场地空间和水资源，特别是滑雪产业，大多建设在城郊或乡村的山地地区，其产业发展需要土地使用和水源供应等方面的政策支持。在冰雪场建设立项方面，往往涉及土地性质流转、林地使用等方面的审批，需要严格遵守《中华人民共和国土地管理法》《中华人民共和国森林法》等法律法规的规定。

在具体执行操作层面，涉及多头管理，问题则变得相对复杂。如部分地方政府在冰雪场建设用地的审批过程中，存在禁止开发森林用地等"一刀切"的问题，需要各级各类政府部门互相协调，增加了雪场开发的难度。

在水资源的使用方面，因为全国几乎所有滑雪场地均需依靠人工造雪，所以需要一定量的水资源保障。雨水充足的地区，大多数雪场会使用雨水或地下水作为造雪水源，但在干旱的北方地区，用水问题日益突出。相关地方政府，考虑到滑雪场造雪耗费水量过大，普遍将滑雪场用水视为"特种行业取用水"，从高确定税额。这个规定，一方面可以倒逼企业增强节水用水意识，改进设备；另一方面也会造成运营成本增加，提高了冰雪运动企业的运营风险。

（二）冰雪产业有效需求不足

2018 年，我国累计参与冰雪运动的人口达到 2.7 亿，但从滑雪人口人均年滑雪次数看并不如总体规模那么乐观。根据《2019 年度中国滑雪产业白皮书》统计，2019 年，滑雪者在中国国内滑雪场的年人均滑雪次数为 1.6 次，与法国人均 4.4 次相差甚远，也低于瑞士、美国和日本滑雪人口的年滑雪次数。一次性体验滑雪者占 72.04%，这说明我国的滑雪消费者多集中于体验阶段，没有形成稳定的消费习惯。很多参与者还处于初级体验的层次，初学者转化率有待提升，大众对冰雪运动的有效需求是不足的。

目前国内滑雪场建设主要以初级滑雪场地为主，初级雪道数量占到总数的 68.5%，也印证了大众初级滑雪者仍是当前国内滑雪消费市场的主力军。

（三）冰雪产业服务意识薄弱

我国的冰雪运动产业起步较晚，经营者的管理和运营不成熟，存在着粗放管理、服务意识缺失等方面的问题。由于冰雪运动产业的经

营者未能真正重视消费者的价值挖掘，导致服务中缺乏差异化，而同质化的服务和产品无法满足具有不同技术能力、不同消费水平的消费者对冰雪运动的需求。根据携程主题游滑雪打包产品价格，国内滑雪人均年消费 2 398 元，国外滑雪人均年消费 9 893 元。可见，国内消费者具备冰雪消费的巨大潜力，他们注重所提供的服务和产品的品质胜于价格。一些地区冰雪旅游中出现"欺客宰客""不合理低价游"等行为；餐饮质量差、卫生间短缺、道路等交通设施简陋等现象会影响冰雪消费者体验的满意度，也会阻碍我国冰雪运动产业向高质量发展。

（四）滑雪场地建设水平较低

《2019 年度中国滑雪产业白皮书》显示，截至 2019 年年底，国内处于营业状态的 770 家滑雪场中，室内滑雪馆已达 31 家，户外滑雪场共计 739 家。垂直落差影响滑雪者的体验，数据显示，仅有 26 家雪场垂直落差超过 300 米，占比约 3.38%；142 家雪场垂直落差在 100~300 米，占比约 18.44%；约 78.18% 的雪场垂直落差小于 100 米。雪道面积超过 30 公顷的雪场共计 30 家，占比约 3.90%。硬件设施方面，国内 155 家雪场拥有架空索道，22 家雪场拥有拖挂式缆车，有 1 336 条魔毯在运营，共计 629 台压雪车和约 8 559 台造雪机。从雪场自然条件和硬件设施配比的情况可知我国雪场建设水平还较低，与其他国家相比存在巨大差距，降低了消费者冰雪运动体验感，存在安全隐患，还不能很好地满足冰雪消费者的运动休闲需求。

第三节　冰雪运动产业未来发展

一、雪场数量和冰雪消费者人数逐步上升

滑雪产业属于新兴产业，近年来各国或地区政府给予政策支持、大量的财政投入，这为全球滑雪产业的发展奠定了良好的基础。未来 10 年，东亚地区滑雪场的数量会不断增长。从大众普及来看，原来冰雪运动只有运动员和有一定社会地位的冰雪运动爱好者参加。随着时代的发展和冰雪运动的推广，许多普通旅游者开始尝试滑雪运动，冰雪运动人数也随着时间的推移变得越来越多。初次体验者又在不断向滑雪爱好者转化，冰雪运动消费人数将不断攀升。

二、雪场经营规模化

众多的私人个体雪场经营模式无法承担经济波动以及消费者减少等状况，雪场经营受到极大的挑战，必将经历洗牌过程。经营冰雪产品的相关企业将向收购、联合和规模化的方向转变，这也是产业发展的必然趋势。纵观滑雪产业发展成熟的欧美国家，其大型冰雪产业集团一直在进行着收购、扩张，以获得稳步发展。美国很多经营冰雪的集团近年来都在陆续收购周边的度假村，以稳固自身的市场地位，这些举措将促进冰雪运动产业结构升级。

三、冰雪文化助推冰雪运动产业发展

冰雪文化作为一种社会文化现象，其发展还需要社会各方面的积极推进和传播。教育培训可以培育青少年市场，更可带动家庭冰雪消费和对冰雪文化的了解。社会传媒对冰雪文化的传播，会释放冰雪资源的文化魅力，并形成多样化的产业，其涉及范围比较广泛，包括旅游、运动、建筑、交通、餐饮娱乐等诸多领域。一个大型雪场的成功运营势必会带动其周边产业的发展，推进当地经济的发展，形成一系列的经济产业链条。例如，美国、澳大利亚、日本、韩国等冰雪资源丰富的国家的滑雪场数量高达6 000多个，每年接待游客人次达到4亿。就中国而言，冰雪期主要集中在冬季，而冬季又是我国的旅游淡季，冰雪文化旅游的推广将活跃国内冬季旅游市场，适度缩小国内旅游市场淡旺季消费差距。

四、冰雪运动大众化

冰雪运动的参与人数，决定了冰雪产业的发展态势，只有提升参与人数，冰雪产业才能健康持续发展。冰雪运动大众化，不仅是国家发展战略和产业发展的需要，也是大众追求美好生活的需求。冰雪与体育竞技相结合，大大提高了游客对于冰雪运动的兴趣和参与积极性。其主要手段包括：其一，在活动形式上迎合大众审美，根据当地实际情况因地制宜开展活动，从而提高游客的游玩兴趣；其二，增加大众性比赛的数量，提高滑雪爱好者的参与度；其三，活动内容多样化，满足不同人群的需求。在保障冰雪爱好者的人身安全前提下，不断改善冰雪活动，简化冰雪运动，提高冰雪运动的多样性，迎合大众化的发展需求。

五、冰雪运动产业与科技融合

冰雪运动产业是一个需要较高技术装备等硬件设施条件的产业。如前所述，雪道落差高低、雪道面积、硬件先进程度等都会影响参与冰雪运动的体验感和满意度。因此，未来冰雪场地的建设与运营对科技手段的广泛应用提出了越来越高的要求。许多室内滑雪场以优质的灯光设备作为一个营销亮点，借助现代光影科技力量，形成以光影效果为艺术特征的新冰雪景观吸引大众。

六、打造特色品牌，构建多元化发展模式

在冰雪运动产业稳步发展过程中，涌入了大量经营参与者，这些参与主体必将面临激烈的竞争，其服务、经营方式等面临大范围改革。地方政府需发挥主导作用，合理规划区域产业发展布局，为新兴企业提供实际的支持与帮助。同时，政府、企业要与相关科研团队合作，通过市场调研等一系列措施，研发创造符合本土特色的冰雪文化品牌，创新多元化发展模式，以“冰雪 +”的形式促进旅游、体育等领域的经济和文化发展。

打造赛事品牌能提升冰雪运动的影响力。冰雪运动的大众赛事需要政府、协会及相关企业团结协作，致力于打造品牌赛事，提高公众参与度，提高知名度。一方面，要提供内容丰富的冰雪运动产品和赛事，加强冰雪文化的影响力，打造特色品牌；另一方面，进行产业融合，实现双赢、共赢模式，并深度挖掘特色产品和服务，提升产品竞争力，促进消费者转型。

综上所述，全球冰雪运动产业发展具有促进经济发展的巨大作用。中国作为新兴市场，拥有庞大的人口基数，以国内需求为主的冰雪运动产业将不断利用人口红利，促使“冷资源”成为中国冬季的“热经济”。

复习思考题

1. 简要概述冰雪运动产业的发展历程。
2. 简述我国冰雪运动产业的产业结构。
3. 简述我国冰雪运动产业发展环境。
4. 全球冰雪运动人口具有怎样的特征？
5. 论述中国冰雪运动产业的发展现状。

第十章 航空运动产业

学习目标

1. 了解航空运动产业的概念、系统构成、产业链。
2. 熟悉和掌握国内外航空运动产业的发展现状。
3. 了解我国航空运动产业的未来发展趋势。

本章导语

展翅飞翔是人类梦寐以求的理想，它象征着现代人勇于进取、征服自然的精神。本章从航空运动、航空运动产业的发展起源谈起，阐述了航空运动与航空运动产业的概念和特点、产业系统构成、产业链，介绍了西方航空运动产业的发展历程和特点，阐述了我国航空运动产业的发展历程、发展状况，并对我国航空运动产业的未来发展进行了展望。通过本章内容的学习，我们能够对航空运动及其产业有所了解，将航空运动与现实生活密切联系起来。

第一节 航空运动产业概述

一、序言

1783年，法国蒙哥尔菲兄弟受碎纸屑在火炉中不断升起的启发，制造出最原始的热气球，并乘坐着它在巴黎上空飞行25分钟，这是人类首次飞上蓝天。1903年莱特兄弟发明了第一架飞机，实现了人类翱翔蓝天的梦想。早期的航空业主要满足军事需要，两次世界大战都促进了航空制造产业的发展。战争结束后，军用飞机、军用机场转为民用，客观上奠定了民用航空业的发展。早期受技术水平及天气等因素影响，搭乘飞机旅行往往被看作是一种冒险的时尚休闲方式，直到20世纪60年代后期，随着喷射机的飞行高度达到3万英尺，巡航时不再受天气影响，同时又可提供快捷而安全舒适的旅程，搭机旅行才逐渐走进大众生活。

从20世纪初发明飞机至今已满百年，民航客机载客人数从4~10人增加到400~500人；速度从最初每小时几十千米增加到现在每小时的2 000多千米。1519年，麦哲伦驾驶帆船绕地球一周花了3年时间；1929年齐柏林乘飞艇环球飞行用了21天7小时；1976年波音747SP型客机用1天22小时26分钟完成环球飞行；1992年10月，有人用时23小时27分钟（不含6次加油时间）实现环球飞行。经过百年的演变与发展，飞机已改写了人类交通的风貌，并作为交通工具融入了人们的日常生活中。但是，随着社会的发展，乘坐飞机旅行已不能满足人们日益增长的对飞行运动的需求，亲自驾驶航空器，成了很多航空爱好者的梦想。

人类在认识天空的过程中，总在运用自己的智慧开发各式各样的航空器，以帮助自己更好地了解和享受蓝天。依照国际民航组织（ICAO）第七号附约规定，按照航空器的升力来源可分为：飞机、滑翔机、旋翼机、飞艇或气球等四个类别。飞机的升力来自空气经过机翼时产生的气流；滑翔机经外界助力运动后再利用机翼产生升力，然后顺着地表的上升气流飞行；旋翼机则利用“旋翼”的圆周运动产生升力，调控飞行的状态；飞艇或气球利用阿基米德的“浮力原理”浮于空中。

在2004年，美国联邦航空局创立了关于轻型运动飞机类别和运动飞行员执照的监管法规。新法规在保证安全的前提下大幅降低了飞行员执照认证及拥有私人飞机所需花费的时间和成本，打开了航空消费市场。在历经一个世纪后，依托科技和文明的飞速发展，人们除实现必要的空中交通用途之外，乘坐或驾驶这些航空器上天飞行成了新兴的大众休闲娱乐方式。围绕人们对航空运动的需求，制造商们不断研发适合大众飞行需求的“低、慢、小”航空器；服务经营者则积极建造航空营地，组织航空旅行、航空培训、航空赛事等活动，并提供相关体验产品和服务。

二、航空运动产业内涵

（一）航空运动概念及分类

航空运动是指使用飞行器或航空体育器材进行休闲娱乐、探究冒险、观赏表演、竞赛训练等一系列飞行的活动项目，按其活动性质可分为休闲性质的娱乐活动和竞赛性质的体育运动。这两个方面决定了航空运动是集娱乐性及竞技性于一体的运动。航空运动是伴随各类飞行器的发展而开展起来的，现代航空运动项目有热气球运动、运动飞机、特技飞机、滑翔机（包括动力滑翔机和超轻型飞机）、跳伞运动、航空模型运动、轻小型无人航空器等。发展航空运动是体育产业供给侧结构性改革的重要举措，是开发空域资源和发展低空经济的重要内容，是军民融合发展战略的重要组成部分，航空运动的开展不仅极大地普及了航空知识，传授军事技能，培养国防后备力量，而且对落实《全民健身计划（2016—2020 年）》具有一定的推动作用。

（二）航空运动产业的概念及特点

航空运动产业是重要的新兴体育产业之一，是依托航空运动项目，提供相关系列产品、服务和产业链的经济活动的总称，涵盖目前我国正式开展的运动飞机、热气球、滑翔、飞机跳伞、轻小型无人驾驶航空器、航空模型等六大类共 26 个运动项目。航空运动产业具有科技含量高、消费时尚性强、带动相关产业作用明显等特点。我国正处于经济转型的阶段，航空运动作为新兴的体育运动，契合大众现阶段消费特点。从参与者的角度来讲，航空运动具有吸引力强，彰显个性、挑战自我，提升休闲生活品质等优点；从产业链的角度来分析，航空运动能够带动多种相关产业发展，形成联动产业链和一定规模的产业集群。航空运动产业集群核心主要包括航空器制造产业链和综合运行服务保障产业链。发展航空运动产业需要开发空域资源，以促进低空经济发展，对促进经济社会全面协调发展具有重要意义。

航空运动产业的发展依托航空飞行营地，其内涵在不断丰富和创新。从属性上来讲，它是集服务产品和物质产品于一身，但总体上以服务业为引领，多元化产业协调发展的业态。航空运动产业的发展要求以满足和引领大众消费需求为主要目标生产产品和提供服务供给，从而与科技、旅游、体育、教育、文化等相关产业融合发展。

三、航空运动产业系统构成

（一）具有航空运动需求和爱好的参与者

航空运动当前属于小众类专业运动，参与者群体数量比较小。航空运动参与者分为驾驶飞行和飞行体验，即体育运动参与者以及休闲娱乐活动参与者。直接参与航空运动的门槛较高，对参与者的技术、身体、经济状况、操作规范等都有较高的要求。与其他体育运动项目相比，航空运动直接参与飞行者必须持有相关飞行执照。参与飞行体验的群众一般可选择滑翔伞、热气飞艇、热气球、飞机跳伞、动力伞等大众类航空运动项目。

（二）充满吸引力的航空运动项目

航空运动产业具有吸引力大、消费带动性强的特点，各个项目的吸引力是促使大众产生航空运动消费动机的原动力，消费带动其他产业发展是航空运动产业持续发展的内在动力。现阶段，我国正式开展的航空运动项目有六大类共 26 个运动项目，包含跳伞、热气球、滑翔、航空模型等。

1. 跳伞

跳伞是常见的航空运动项目之一，最早源于欧洲，此后在世界各个国家普遍开展，尤以欧美等发达国家开展得最为广泛。由于跳伞运动惊险刺激，能培养人们勇敢、机智、沉着和果断的品质，从而被大众所追捧，堪称勇敢者的运动。新兴的“极限跳伞”运动具有独特魅力：跳伞者可以从各种飞行器、建筑物、山顶上跳下，一般情况下跳伞后伞面并不能马上打开，而是由跳伞者自行决定开伞时间。

造型跳伞

在国际上跳伞运动主要分为伞塔跳伞、氢气球跳伞和飞机跳伞三种，在我国，飞机跳伞是跳伞运动的主要形式。飞机跳伞项目还可以进一步划分为定点跳伞、特技跳伞、造型跳伞、表演跳伞、高空跳伞（7 000 米以上）、夜间跳伞（日出前一小时后日落后一小时）等不同项目。近年来得益于我国通用航空技术的迅猛发展，飞机跳伞在人民群众中越来越普及，极大地丰富了人民群众的精神和文化需求。

2. 滑翔

滑翔适合于不同年龄段的人，而且参加这项运动不需要进行体检和理论考试。大多数人上机操作几次后，就能飞上蓝天，既有机械操作的快乐，也有翱翔天空的乐趣。普通人操作滑翔伞在海滩、城市上空飘行时俯瞰下面的山河、城市的壮观景色后，感到乐趣十足，心旷神怡。滑翔伞既安全，又满足了人们渴望飞行的需求。因此，滑翔伞成为人们参与飞行运动的首选项目。

中国滑翔运动的发展

3. 热气球

国际航空联合会曾将热气球列为最安全的飞行器。热气球操作简单，安全可靠，伴随着经济发展、高新技术的应用、化学纤维的研发和丙烷气体的普及，热气球很快便成为风靡全球的时尚运动。人们只要身体正常，都可以驾驶热气球，像鸟一样飞行于山、水之间，可以实现探险、休闲、空中摄影、高空作业、气象探测、旅游观光、空中广告、青少年科普教育等多重功能，热气球作为近年新发展起来的航空体育项目，在国外是一种流行的热门体育项目。

热气球运动需谨防“山寨”

4. 航空模型

航空模型运动是以操纵自制或装配的模型航空器进行户外活动、训练比赛或创纪录飞行的一项科技性较强的运动。分为自由飞行、有线操纵飞行、无线电遥控特技、无线电遥控模型滑翔机、像真模型和室内模型等竞赛项目。由于航空模型具有浓厚的趣味性和知识性，可激发青少年对航空知识和技术的兴趣，进而推动青少年航空教育的有序开展，为国家储备航空人才。

航空模型竞赛

5. 飞机运动

飞机运动是指驾驶轻型固定翼飞机在空中和地面进行的体育活动。飞行员通过训练、竞赛和飞行表演来体现个人能力、飞行理念和飞机驾驶技术，其宗旨是普及航空体育知识、提高驾驶水平、促进飞行安全。在大众消费中，个人娱乐飞行，指飞行驾驶执照拥有者为保持和提高飞行技术、体验飞行乐趣，从通用航空企业租用或购买航空器开展的飞行活动。个人娱乐飞行不属于空中游览，它与体验飞行最明显的区别就是它需要旅客拥有飞行驾驶执照，而体验飞行则不需要。

中国飞机飞行运动的发展

（三）专业的航空运动服务及可靠的行业支撑

航空运动作为单一形态发展，仅仅依靠赛事、表演并不能带动经济效益的进步，不能推动航空运动产业的持续发展。航空运动只有与旅游、教育、体育、健康文化等多领域融合才能激发产业市场潜能，产生经济带动效应。航空运动具有科技含量高的特点，先进的设备能使航空运动的发展事半功倍。因此，设备制造业在航空运动的发展过程中起着至关重要的作用。20 世纪 20 年代欧洲在民用飞机的发展方面处于领先地位，主要代表国家是英国、法国、德国以及荷兰。进入 30 年代后，美国掌握了世界航空发展的优势，政府、民航业界及飞机制造厂投入巨大人力、物力和财力于研发制造航空器设备之中，成就了波音、麦道等著名的飞机制造公司。在全球化背景下，这些公司的产品零部件均已采用外包的形式在世界各国生产制造，由总部进行组装，但核心研发技术归总部所有。

其次，由于航空运动产业是一个新兴的体育产业，相关的服务体系是保障产业合理运转的基础。航空运动产业发展有向周边相关行业覆盖和迁移的趋势,如航空运动飞行技术和教练员培训、空中休闲旅游观光、航空会展和青少年航空模型比赛等。

(四)不断更新完善的基础设施

航空运动的发展离不开飞行器械的发展,同时也依赖于飞行场地的建设,也就是"用什么飞"和"在哪儿飞"的问题。航空运动的发展与基础设施的发展是相辅相成的,完善的基础设施是航空运动的发展基础,航空运动的快速发展也会推动基础设施的更新和完善。凡是航空运动发展好的国家或地区,当地的航空产业发展必然发达,而航空运动的普及又会带动航空产业的繁荣。各国总在不断完善航空运动基础设施,为产业发展提供物质基础保障。如中国在2017年拥有311个通用机场,拥有的通用航空器数量为2 776架,但景区专用通用机场很少,现有通用机场对5A级旅游景区的覆盖率偏低,仅达到34%,一定程度上造成航空运动旅游市场推广困难、运营成本增加。同年,美国航空协会与武汉经济技术开发区签署战略合作协议,投资160亿元,建成我国首家国际航空运动产业中心,将大大增进航空运动领域的国际交流合作。2019年,我国已建成航空飞行营地100家,航空运动俱乐部200家,航空运动地域覆盖面不断扩大。

(五)逐步健全的管理制度

健全的管理制度是航空运动持续健康发展的重要保障。航空运动不同于其他体育运动,其他体育运动只要有场地就能开展,但航空运动的开展涉及领域较广。航空运动除飞行本身以外,还涉及政府、保险、企事业单位等管理部门以及受天气、地理环境等不可控因素的影响。例如,美国联邦航空局首先创建的轻型运动类航空器(Light Sport Aircraft, LSA)标准,填补了超轻型飞机和高档两座单发活塞飞机之间空白的新型通用飞机领域,而对运动飞行员执照认定则建立了比较宽松的标准。各国虽然也制定了自己的行业标准,但美国的轻型运动飞机标准被世界各国公认。

四、航空运动产业链

航空运动产业符合"微笑曲线"理论,在整个航空运动产业价值链中,产业价值呈现两边高中间低的"U"字形态,产业链中间的部分是连接两端的核心部分,产业链两端的部分是产业活动附加值较高的部分。航空运动产业属于服务业，从基本产业链来讲，消费终端生产与消费同时进行，附加值高；从附加产业链来讲，航空运动产业依赖于高科技领域的生产制造业，航空器的设计研发同样具有高附加值。

（一）航空运动产业上游链条

航空运动的发展促进航空领域的科技创新，航空运动直接关联的上游产业包括航空器的技术研发、工程设计、市场研究、航空营地建设、航空器原材料生产制造及总装生产等。航空运动的发展带动高科技产业的发展，航空运动间接关联的上游产业包括先进材料、钢铁冶金、机械制造、特种加工等一系列高科技产业。这些产业领域高度集中了大量的先进技术和高科技电子信息。其中，我国航空制造业整体还处于起步阶段，现阶段主要部件主要依赖国外进口，大大增加了航空运动产业的成本。

（二）航空运动产业中游链条

航空运动产业的中游产业包含运营的保障、销售与市场环节的服务。航空营地的运营保障包含航空器仓储物流、维修保障、空中导航与信息服务。在销售与市场环节，主要包括航空营地及起降点服务，以及衍生出来的保险、投资以及相关销售等中介服务机构。

（三）航空运动产业下游链条

航空运动产业的核心产业是航空运动服务业，航空运动可以有效带动第三产业中的休闲旅游服务、餐饮住宿服务、教育培训服务等下游产业的发展。国外航空运动产业的发展经验已证实，上游产业航空器的生产制造属于劳动密集型产业，附加值低，本身并不能促进经济消费，与旅游业融合的“吃、住、行、游、购、娱”的下游产业才是航空运动优质产业化的根本。以美国的阿布奎基国际热气球节为例，每次的热气球节吸引了上百万名游客前来参加和观赏，集中了大型娱乐与基础设施、酒店餐饮、装备销售等服务，推动了旅游业的转型升级，增加了当地的经济收入。

从历史来看，航空运动产业的发展不仅仅是航空飞行活动的发展，更是涉及衍生产业的协同发展。社会资本的关注，也不单单是因为飞行活动本身，而是因为它带动产业链上多样业态的发展，这些业态中包含了可观的利益。

阿布奎基国际热气球节

第二节　航空运动产业发展现状

一、国外航空运动产业的发展状况

（一）国外航空运动产业发展概况

欧美国家开展航空运动较早，在18世纪末，欧美国家就成功研制出了热气球、飞艇等航空器。1898年，法国成立了世界上第一所航空俱乐部。两次世界大战期间，由于战争中的军事需要，世界各地兴建了大量的大型机场，但战争结束后就面临大量剩余飞机和飞行或技术人员失业问题，欧美各国政府纷纷以低价抛售飞机，将军用机场转为民用机场，飞行员也转到民用航空公司就职，这些都为欧美国家在民用航空方面的蓬勃发展奠定了基础。因此，欧美国家一直是航空运动发展的风向标。

在20世纪20年代，欧洲国家的民用飞机行业发展处于世界领先地位，在生产技术等领域具有一定优势。进入30年代后，美国超越欧洲，占据了世界航空发展的优势地位。

第二次世界大战以后，科学技术的发展使热气球的球皮材料以及致热燃料得到普及，热气球成为不受地点约束、操作简单而方便、安全的公众体育项目。热气球运动在欧美是一项热门的航空运动，全世界约有2万个热气球，美国占有率为50%，英国、法国、德国以及日本各拥有500~1 000个。1951年，国际航空联合会代表大会在南斯拉夫举行了第一届世界跳伞锦标赛，虽然只有6个国家17名运动员参加报名，但这标志着跳伞从军事走向体育运动的开始。1978年，一位法国登山者用方块伞从阿尔卑斯山山腰起飞，成功降落在山下，从此一种全新的滑翔伞航空运动在欧洲诞生了。

随着现代经济的发展，西方发达国家的休闲产业获得了迅猛的发展。脱离军事需要的航空运动展现了独特的吸引力，参与民众逐步增多，相关管理制度更加完善，措施更加务实。低空资源被开发利用，并形成活力满满的产业氛围，形成巨大的产业价值。

（二）发展特点

欧美发达国家的航空运动发展基于通用航空，得益于政府放松航空业管制和开放空域，并在不同阶段对基础建设、财税等方面都给予大力支持，政府实施的产业政策和保障措施有力地促进了航空运动的持续发展。纵观其发展过程，具有以下特点。

1. 起步早且发展迅猛

两次世界大战结束后，欧美国家的通用航空业得到迅猛发展。第一次世界大战后过剩的航空器和退役的飞行员，奠定了航空运动产业发展的基础。第二次世界大战使美国奠定了全球航空霸主的地位，成为世界上最大的飞机制造商和出口国。此后，美国将注意力转向民用航空发展，政府引入先进的空中管理系统，开放了空域。这些举措为美国航空运动产业的发展起到积极的推动作用。

2. 政策积极扶持

世界空域管理制度一瞥

任何一个产业的发展离不开政府的推动，航空运动产业也不例外，相关政策支持、财税优惠、服务体系和安全监管体系的完善都是产业发展的保障。在美国，政府所制定的空中管制、低空领域管理等相关政策既灵活又高效，为航空运动产业的发展提供了宽松条件；在财政上资助机场和辅助设施建设，用先进的技术提高航空运动的安全水平；同航空机构加强协作，使航空业的运作与美国空域的规章制度协调一致。

3. 基础设施建设成熟

基础设施与航空器的数量有高度的相关性，良好的基础设施将促进航空器的购买，而航空器生产、销售、使用的增长又会增进基础设施的建设。美国在通用航空机场方面建立了完善的机场法规和政策系统，多元化的融资、系统的规划和高效的审批程序都对航空机场的建设起到了积极作用。截至 2018 年，美国有 2 564 个被美国联邦航空管理局归为对公众开放的通用机场，有超过 20 万架航空器，消费类用途的公务飞行、私人飞行、个人娱乐飞行、航空运动等通用航空飞行总时长为 2 330 万小时，是中国的将近 30 倍。

4. 行业保障体系完善

完善的行业保障体系促进航空运动产业的健康发展和安全运行。在美国一半以上的机场拥有固定运营基地，为通用航空提供气象、飞行计划等服务，以及加油、维护检修等支持。澳大利亚经济发达、地广人稀，构建了发达的通航运营体系。通航运动活动以包机和飞行训练为主，其中包机市场需求以空中观光为主，而飞行训练以娱乐飞行训练为主。

二、我国航空运动产业发展状况

（一）发展过程

我国最早与“低空”“通航”概念相关的活动始于 1919 年，当年，北洋军阀政府航空署长丁锦提议，用飞机载客在故宫、太庙、中央公园、景山、北海、西山、颐和园上空进行空中游览。此举虽开创了我国航空旅游的先河，但却是在特殊历史时期的被动开放，与现代意义的航空运动和航空运动产业相差甚远。

我国的航空运动起步于中华人民共和国成立之时，初期为军事体育的一部分，后逐步归入国民体育行列，主要以竞赛为目的，以专业运动队形式存在。

目前，我国的航空运动产业经历了性质不同的三个发展阶段。

1. 第一个阶段：起步阶段（20 世纪 50 年代至 80 年代初）

20 世纪 50 年代至 80 年代初，我国的航空业经历了从无到有的发展时期，主要由国家统一管理。在 20 世纪 50 年代，朱德同志提出开展滑翔运动和跳伞运动，培养人民群众航空爱好的思路，刘少奇同志指示要将航空体育运动列为重点国防体育项目。1952 年 6 月 24 日，中央国防体育俱乐部在周恩来总理的批准下正式成立，俱乐部覆盖了航空、航海、陆上运动三个领域。在此背景下，我国第一任国家体委主任贺龙同志将航空运动纳入军事体育的范围，为空军部队和民航系统培养飞行员。1953 年 5 月，贺龙同志考察四川时，把成都南郊太平寺机场作为滑翔组训练基地，后将其更名为成都航空俱乐部，是我国第一家航空俱乐部。1955 年中央滑翔学校成立，到 1966 年，国内已有 47 所航空运动学校，为空军代训飞行员、飞行学员。70 年代初，航空俱乐部被迫停办，航空运动发展停滞。1978 年我国加入国际航联后开始参加世界性的竞技比赛，我国运动员李荣荣于 1983 年 9 月在意大利举行的第二届世界杯跳伞比赛中夺得女子世界杯冠军。

2. 第二个阶段：发展阶段（20 世纪 80 年代至 2010 年）

20 世纪 80 年代至 2010 年，改革开放加强了对外经济和文化活动的交流，这一时期一些大众类航空运动项目被引入中国，20 世纪 80 年代，西方的热气球运动被引入中国。1981 年起，航空运动学校的教学方向改为针对专业滑翔运动和民间航空活动。1991 年原国家体委颁布《航空体育运动管理办法》，推动我国航空运动向正规化和科学化方向发展。1989 年和 1994 年，在四川成都成功举办了第五届跳伞世界杯以及第二十二届跳伞世锦赛，中国航空运动取得了骄人的成绩，迄今中国跳伞运动仍处于世界领先水平。2003 年《通用航空飞行管制条例》的颁布，规范了通用航空飞行活动，加强了低空飞行安全管理，促进了航空运动产业的发展。

在 2009 年，国家体育总局航空无线电模型运动管理中心与山东莱芜市人民政府合作，整合了航空体育项目资源和地方特色资源，共同打造了精彩纷呈的航空体育表演和高水平的航空体育竞赛活动，如涵盖了航空会展、旅游等多种形式的"中国国际航空体育节"品牌系列活动，这个活动因为拥有专业的航空比赛项目和丰富的航空主题活动内容引起国内外航空运动界的广泛关注，是对航空运动社会化运营的有益探索。值得注意的是，此时只有航空运动，没有形成航空运动产业，但上述行为所取得的成就为航空运动的产业化奠定了坚实的物质基础。

3. 第三个阶段：激进阶段（2010 年至今）

2010 年中国开放低空试点，航空运动的市场化和产业化有了政策基础，结束了我国"只有航空运动，没有航空运动产业"的历史。随后，随着相关产业的发展，多种形式的航空旅游在我国逐步兴起。2016 年 11 月，由国家发展改革委、民航局、体育总局、旅游局联合推出首批 16 个全国"通用航空旅游示范工程"，形成了可复制、可推广的好经验和好做法，对培育通用航空市场具有示范带动作用。可进行空中游览飞行的地区涉及 10 多个省份，近 30 个景点，主要集中在海南、甘肃、陕西、上海、北京、浙江等地。2017 年 2 月，国内首家国际航空运动产业中心落户武汉开发区（汉南区），致力于打造全球最大规模的航空运动复合型产业中心和总部基地。该项目将包括水上飞机起降点、水上运动中心、水上俱乐部、水景航空商业区和水景航空别墅区，投入运营后，市场份额将不低于全国市场的 10%，达到 200 亿元以上，税收超过 20 亿元，带动周边就业 2 万人以上。2017 年 11 月，首届世界飞行者大会在武汉开幕，规模创国内之最。大会为期 4 天，共设置体育赛事、飞行表演、静态展览等板块。其中，体育赛事项目就包括中国国际热气球公开赛、动力伞国际邀请赛、跳伞国际邀请赛三项国际赛事和全国无人机职业技能大赛、创意飞行器挑战赛两项国内赛事。为了增加普通民众的参与度，大会专门设置了航空科普教育飞行模拟器、专业模拟器、桌面型飞行训练器等项目，供民众尤其是青少年体验模拟教学与操作，身临其境般感受飞行的快乐。在体育产业化的大背景下，我国航空运动进行了商业化以及市场化运作，各项航空运动基础建设不断完善，各项赛事和产业化项目不断推进，不但丰富了人们的休闲娱乐活动、提升了生活质量，也有效推动了我国产业转型和低空经济发展。

（二）发展环境分析

1. 自然资源条件

与其他户外运动产业一样，航空运动产业自然依附性强，自然资源条件对航空运动产业竞争力有重要影响。2014 年 12 月，国家体育总局航管中心颁布了《航空飞行营地及设施标准》，列出各航空运动项目所需场地及设施的基本条件。2016 年 11 月，国家发改委发布《关于做好通用航空示范推广有关工作的通知》提出建设 41 个航空旅游相关示范工程，包括 15 个属于低空旅游范畴的航空飞行营地。其中，吉林和山东 3 个，浙江 2 个，辽宁、江苏、河南、四川、云南、新疆、湖北各 1 个。这些营地大都集中在生态旅游区，自然资源、气候、地理位置条件十分优越，能满足航空运动飞行的基本需求。广袤的沙漠、浓密的森林、丘陵区域、深谷和崎岖的海岸线使航空飞行更具魅力。我国土地辽阔，拥有山川、平原、盆地、高原、丘陵等多样化的地形地貌，气候和气象复杂多变，这为航空运动产业的发展提供了有利的自然地理条件，不同的地理位置可以开展不同运动飞行项目。比如：新疆、甘肃等高原地区易产生热力上升气流适合滑翔项目，河南平原地区适宜跳伞运动、飞行运动的开展。

航空飞行营地

2. 市场需求

外在需求条件是产业冲刺的动力，而内需市场是产业发展的动力。一方面，在低空空域管理改革持续推进和航空运动规范发展的背景下，我国航空运动产业水平和规模取得较大提升，产业基础日益坚实，产业管理不断规范，产业形态逐步完备。我国已具备提供航空运动产品和服务的基本经济条件，现已建成航空飞行营地 100 家，航空运动俱乐部 200 家，重点发展省市和地区建立低空飞行监视管理平台 31 个、移动式低空监视管理系统 6 部，配置终端设备 500 多部，（数据来源于《航空运动产业发展规划》）初步形成以服务业为引领，航空运动器材装备制造与销售、航空运动参与竞赛表演、航空运动中介与培训等协调发展的业态体系。航空运动市场发展更加规范，产品供给更加丰富，可为消费者提供安全、高效、多元化的高质量服务。另一方面，随着社会的发展，生活水平与生活质量的不断提高，人们有了更多的时间精力和经济能力去追求和享受惊险刺激的休闲娱乐活动，去感受现代科技的魅力，以运动飞机、热气球、滑翔伞、飞机跳伞等为代表的空中游览、低空娱乐飞行产品，已经成为大众休闲度假的流行选择。2016—2021 年中国通用航空产业链中行业市场需求与投资咨询报告表明，我国经济社会发展也已具备了一定民间基础和软硬件资源，航空运动市场需求正在被激活和扩大。

3. 政策分析

政府政策常常起到引导产业发展的作用，对产业布局、产业资本引流、人才流向等具有重大的影响力。2010年国家开放低空试点使航空运动的市场化和产业化有了可能性。之后，政府对通用航空的发展高度重视，航空政策密集出台，政策内容涉及面广泛，详见表10–1。但直到2015年底，我国低空空域仍未实现全面开放，制约了我国航空运动产业的多元化发展。

表10–1 中国航空运动产业相关政策一览表

时间/年	文件名称	主要目标
2011	《关于深化我国低空空域管理改革的意见》	按照管制空域、监视空域和报告空域分类划设低空空域
2014	《低空空域使用管理规定（试行）》征求意见稿	将1 000米下低空空域进行了划分对部分地区的低空空域管理试点改革
2016	《关于促进通用航空业发展的指导意见》	将我国低空空域管理改革由1 000米高度推广到3 000米，实现监视空域和报告空域无缝衔接
2016	《航空运动产业发展规划》	普及和推广航空运动项目，加快航空运动产业发展
2018	《低空飞行服务保障体系建设总体方案》	逐步建成三级低空飞行服务保障体系并全面覆盖低空报告、监视空域和通用机场
2019	《加大力度推动社会领域公共服务补短板强弱项提质量促进形成强大国内市场的行动方案》	航空健身休闲运动场地设施建设

2016年我国航空运动迎来了政策风口，《关于促进通用航空业发展的指导意见》《航空运动产业发展规划》等政策规范文件相继出台。同年，国家空管委批准在珠三角和海南地区开展空域精细化管理改革试点；2017年，民航局批准在西北地区组织通用航空低空空域监视与

服务试点；2018 年，国家空管委批准由四川省政府牵头、军民航和当地公安部门共同参与的低空空域协同管理改革试点，并在一年之后划设出了“四点三片一通道”的低空空域“试验田”；2019 年，国家批准山西为通用航空业发展示范省，开放其境内 3 000 米以下的低空空域。同年，国家发展改革委员会等部门又联合发布《加大力度推动社会领域公共服务补短板强弱项提质量促进形成强大国内市场的行动方案》，促进了航空健身休闲运动场地设施建设。

这一系列政策的出台和改革试点，使我国的低空空域进一步开放，在很大程度上缓解运动航空器“落地难”问题，航空运动产业规划逐步落地。

4. 航空特色小镇引领示范

航空特色小镇是基于通航核心业务与基础设施，集生产、居住、商务、休闲、旅游、会展等多种功能于一体化的城镇化集聚区。我国航空特色小镇的建设迎合了航空产业的巨大前景，主要是以航空运动产业运营拉动相关产业聚集并引领该地区城镇化。航空特色小镇的出现为航空运动产业的发展创造了新的环境，提供了新的竞争空间与平台。2016 年 5 月 13 日，国务院出台了《关于促进通用航空业发展的指导意见》，提到 2020 年将建成 500 个以上通用机场，覆盖 50% 以上的 5A 级旅游景区。2017 年 8 月，当时的国家旅游局公布了新疆阿勒泰地区喀纳斯景区、黑龙江黑河市五大连池景区、浙江杭州市千岛湖旅游区、重庆武隆区喀斯特旅游区等在内的 16 家通用航空旅游示范单位。2020 年，中国航空运动协会命名的航空飞行营地或校园航空飞行营地累计已达 382 家。航空特色小镇是利用单一资源打造跨界融合的综合型产业，小镇本身包括核心吸引类、利润类、配套延伸类三大主体项目。航空小镇不仅追求经济效益，而且追求环境效益和社会效益，追求全方位的综合性效益。航空特色小镇建设是航空文化的传播途径，是航空产业的推广平台，实现航空运动与旅游业等相关产业融合发展，是促进航空运动产业健康发展的重要抓手。同时，航空小镇也是区域经济发展的新动力，可提升城市吸引力，成为代表城市魅力的一张名片。同样，政府对航空小镇财政、土地等方面的政策支持，也能有效缓解航空运动产业资金、基础设施等生产要素短缺的现状。航空特色小镇建设将有助于航空运动产业重点突破和整体推进相结合，优化结构，充分发挥自身的市场潜力和优势。

航空特色小镇

（三）发展现状

1. 经营市场

航空运动产业已涌现一批专业、专注运营航空运动产业的企业。航空旅游与其他业态一样，发展的核心动力来自市场经营主体。中国航空运输协会的数据显示，2013—2018 年我国通用航空运营企业数量逐年增加，截至 2018 年底，获得通用航空经营许可证的通用航空企业数量为 422 家，同比增长 15.6%。截至 2019 年 6 月 30 日，获得通用航空经营许可证的通用航空企业数量为 454 家。随着时代的发展，通用航空产业开辟了新的消费市场，主要包括航空旅游、航空运动、私人飞行、航空俱乐部等项目。其中，近年来围绕景区开展的低空旅游业务快速发展，据不完全统计，2018 年围绕 5A 级景点开辟的低空旅游线路已有 90 余条，预计 2020 年我国 5A 级旅游景区游客数量达 8.4 亿人次，其中适宜低空旅游的自然型景区游客占 50% 以上，即 2020 年低空旅游潜在游客数量达到 4.2 亿。综合低空旅游市场四项（旅游交通、景区空中观光、飞行体验及衍生消费）旅游消费，2020 年我国低空旅游市场消费达到 585 亿元。

2. 基础设施建设

航空飞行营地是指由国家体育总局航空无线电模型运动管理中心统一管理，在中国航空运动协会指导和规划下，面向大众提供因地制宜的航空体育消费产品和服务而设置的场所。目前，我国已取得机场使用许可证的民用运输或通用机场设施设备基本达到标准要求，具备供运动类项目如飞机、热气球、动力伞、滑翔伞、悬挂滑翔等项目起飞着陆使用的机场跑道、起降点、民用无线电通信设备等。2017 年我国通用航空机场数量不到百个，到了 2018 年底数量猛增至 399 个，其中，颁证通用机场数量达 202 个。截至 2019 年 10 月底，全国颁证运输机场达到 240 个，但还是远远低于发达国家的水平（美国 2 万个）（数据来源：中国航空运输协会）。以轻型飞机、热气球、直升机为主要机型的航空运动，其飞行营地可以是通行机场，也可以是简单临时的起降点，如大型体育馆、旅游风景区、校园操场空地都能满足航空运动飞行营地的需求。因此，航空运动飞行营地审批手续快，建设周期短，场地灵活。但是一个完整的航空运动飞行营地是一个装着航空运动产品和服务的综合体，不仅要满足航空运动项目活动的开展要求，而且还要满足飞行培训、航空知识普及、展会贸易、安全救援和保险体系落地等基本要求。现阶段，我国简单实用的起飞和降落场地仅 500 余家，“国字号”航空飞行营地总数为 263 家,主要集中分布在浙江、广东、河北等省。就整个产业而言,各省、市拥有的航空飞行营地严重不足,且营地与营地之间的空域通道没有打通,孤岛化运作阻碍了航空运动的发展。

3. 航空器的研发与制造

航空器是航空运动产业得以生存和发展的物质基础,产品主要包括小型飞艇、气球、滑翔伞、初级飞机、自转旋翼机等。近年来,我国在册通用航空器数量连年增长。截至 2018 年底,我国在册通用航空器数量为 2 495 架,同比增长 8.6%。截至 2019 年 10 月底,全行业通用航空器共计 2 637 架(数据来源:中国航空运输协会)。中国现在大约拥有 500 具热气球、400 架动力悬挂、几千具滑翔伞和动力伞、上万架航空模型。虽然运动类航空器数量逐年递增,但总量与发达国家相比差距非常大,依然不能满足现有航空运动参与者的多样化需求。每年夏季,每天在土耳其卡帕多奇亚乘坐热气球观光的游客中近七成为中国人。还有部分中国游客就近前往东南亚国家体验热气球运动。出国体验低空旅游的现象也印证了我国航空运动产品和服务不能满足国内需求的现实。

在上游产业链中航空器研发是企业核心竞争力。从航空器的研发上来看,由于技术和成本等因素的制约,目前我国通航飞机、航模、伞翼有 80% 是从国外引进。国内较具规模的航空体育器材制造企业仅 16 家,其中国有企业 10 家,中外合资企业 4 家,民营企业 2 家。因品牌影响力不够,技术上国内的航空运动产品以活塞动力机为主,仅占市场份额的 20%。

4. 支撑性产业

我国航空运动产业已初步形成以竞赛为引领,普及、表演、培训等协调发展的业态体系,呈现出与科技、旅游、教育、健康等相关产业融合发展的态势,与科技、旅游产业的关联性较强。航空运动产业的发展受通用航空产业内部建设的影响,同时也与旅游、文化、服务业等价值相近的强势产业的建设发展息息相关。我国文化产业、旅游产业在当前经济发展中呈现旺盛的生命力,分享经济发展和人口红利的竞争力强于其他大众休闲产业。各省区市旅游业整体及星级饭店、旅行社、景区配套设施的规模和质量普遍较高,技术效率有了较大提升。蓬勃发展的旅游业将通过信息分享、市场共享、基础设施共享等多层面的合作促推航空运动产业发展。

5. 管理组织与制度

航空运动产业涉及的管理组织涵盖体育、交通、旅游、民航、国土资源、工业和信息化、住房城乡建设等部门。在航空运动产业发展过程中，管理体制正在发生改变，尤其在体育领域中，各类航空运动协会与体育行政部门逐渐脱钩，为保证脱钩后能够发挥协会在航空运动项目发展中的引导作用进而推动航空运动产业发展，中国航空运动协会启动了《航空飞行营地星级划分与评定》团体标准制修订计划，以标准化的形式主动服务社会，引导行业健康可持续发展，为未来建立统一市场体系、保障市场公平竞争。

中国航协下设五个项目委员会，同时，各地设有相关项目的协会或俱乐部，目前我国航空运动俱乐部约 200 家。在航空运动产业发展过程中，随着改革深入，大众类航空运动赛事审批将逐步放宽，协会社会化、实体化程度会更高，航空运动赛事将更加市场化，投资主体也会更加多元化。符合条件的航空协会将承接政府航空运动公共职能；航空运动协会组织网络会逐步形成；航空运动俱乐部建设将更加繁荣。

（四）存在的问题

1. 航空运动文化渗透力小

从消费者角度看，我国航空文化较为薄弱，缺少航空运动旅游消费的文化氛围，社会整体对该运动所涵盖内容、参与条件及经济拉动作用等认识不足，大众航空休闲运动整体意识不强，航空运动旅游消费观念尚未形成。航空运动下基层进学校的工作并未受到教育部门足够重视。另外，高端消费人群参与航空运动旅游大多数是为了体现身份地位，而对高科技含量、深度参与、畅爽体验等方面的价值却很少关注。随着全球化的推进，部分航空运动爱好者一味追求出国游也对国内航空运动产业的发展造成了不小影响。

从经营者角度而言，市场主体普遍高估了航空运动产业的准入门槛，导致中小资本流入意愿不够强烈，产业总体规模不大，产业结构失衡，有效产品和服务供给不足，严重阻碍了航空运动产业的发展。

2. 基础设施不足，保障能力有限

我国目前的 200 余个航空运动飞行营地，离中国航空运动协会提出的“在未来中国将会建设超过 2 万多个航空飞行营地”的目标还有巨大的差距，也不能满足国内低空领域航空市场需求。现有通用机场对 5A 级旅游景区仅有 34% 的覆盖率，严重影响了航空运动旅游市场推广和运营。因基础设施不到位，配套设施也直接受影响。与航空运动相配套的酒店、餐饮、休闲娱乐等设施缺失，这就会出现游客“招不来、留不住”的普遍现象。

3. 部门协同难度大,工作效率低

当前,我国通航机场未与运输机场分开,很多由军方和政府共同管理。而且,低空空域相关的管理依据,分别散落在市场、运行、适航等管理部门的规章及管理文件中,其提法不一,协同管理难度大。这导致空域管理和飞行计划审批难度大、环节多、周期长、效率低。深化我国低空空域改革是一项复杂的系统工程,像四川“四点三片一通道”的低空空域“试验田”实现了“军地民”各方对低空飞行动态实时掌控的省份仍是少数。并且,航空营地行业协会数量太少,管控太死,难以替代政府管理职能。

4. 经营成本过高,盈利水平有限

由于我国空中游览使用的航空器多为进口,汇率、运输、关税等造成购机成本和折旧费用较高,而单次承载的乘客一般在 10 人以内,导致单座分摊成本居高不下。另外,机场及空管保障收费也偏高。这些都导致飞行成本增加,经营者只能以较高的价格售卖航空运动产品和服务,而且盈利水平还很有限。国内多数城市或景区的空中游览项目大都存在时长短、价格高、客流量不高等影响行业连续性的现象。

5. 人才缺口大

中国航空运输协会专家预测,当前我国的飞行员缺口为 10 万人,营地运营人才缺口为 50 万人。航空运动人才缺口严重影响航空运动服务活动的开展,必然无法满足市场需要。相关数据显示,截至 2018 年底,我国从事通用及小型运输的飞行员共计 3 476 人,其中中南地区飞行人员最多达 1 035 人,占 29.8%;其次是华东地区,飞行人员数量为 752 人,占 21.6%;华北地区、东北地区、西南地区、西北地区及新疆地区飞行人员分别为 579 人、456 人、357 人、146 人、151 人,占比分别为 16.7%、13.1%、10.3%、4.2% 和 4.3%。目前,我国仅有 13 个省市拥有航空运动学校,这是我国培养航空运动人才的主要阵地。而拥有相关执照的培训机构不足 100 家,训练基地少于 200 个,年培训能力不到 1 万人。这样的人才培养能力和规模远远落后于发达国家。

第三节　我国航空运动产业未来发展趋势

一、航空运动市场规模逐渐扩大

从需求层面讲,随着航空运动在我国的传播,人们将逐渐了解这类体育运动，并产生消费需求。消费升级体现在旅游和体育领域的一个重要特征就是“体验性”，人们往往对“新”“奇”“特”的事物表现出本能的关注。随着航空运动安全性的增加，消费者参与“低空游览”和“航空娱乐飞行”等活动的愿望将愈加强烈。同时，加强航空运动爱好者网络建设，能增进交流，提高消费者的欣赏能力、参与水平和频次。这些都将扩大航空运动的市场规模，有望实现“消费人数达到2 000万，整体产业经济规模达到2 000亿元”的目标。

从供给层面讲，虽然目前还没有实现《航空运动产业发展规划》所提出的要求，现有的航空飞行营地数量仅仅达到了目标的1/10，各类航空运动俱乐部数量还很有限，但我国的试点地区越来越多，部分地区实现了3 000米低空空域的开放。通常而言，从无到有的突破是比较困难的，当突破之后就会有一个示范效应，有一个加速发展的过程，而当市场发展到成熟阶段之后，就会进入到一个稳定的平台期，之后或衰落或被开发新的价值点进入二次成长。那么对于航空运动市场而言，我国因飞行营地有限，空域管理没有放开就导致有限的航空运动需求都没有办法得到满足，才出现了大量国内消费者出国旅游并体验航空运动的现状。空域管理改革深入又将吸引社会资本投资航空飞行营地的建设，基础设施、配套管理、服务的改善，将有效延长游客的消费时间，进一步释放航空运动消费的潜能。

二、赛事及飞行节的品牌带动效应进一步凸显

航空运动赛事、表演等在激发大众航空旅游消费习惯方面有着不可替代的作用。随着政策的开放和明朗，众多高水平的国际赛事将在国内各大城市开展，以提高航空运动的观赏性、体验感，增强消费黏性，扩大消费群体。在国内大众普遍对航空文化不感兴趣、消费意识不强的情况下，利用航空运动赛事的商业化运作可有效推动航空运动知识普及、文化传播、消费引导，赢得广泛的消费基数，促进航空运动市场的培育。例如，安阳航空运动文化旅游节是国内为数不多的成功举办12届、具有广泛知名度的成熟的大型活动品牌，近两年连续被评为“国家体育旅游精品赛事”，已成为该城市一张独特的城市名片。活动期间，各种特技飞行表演、动力伞表演、竞速表演等航空运动在安阳蔚蓝的天空中精彩上演，形成了空中文化交流的热烈氛围，提升了城市形象。2019年滑翔伞世界杯中国站比赛在安阳举办，再次扩大了城市在国内外的影响力。2017、2018、2019连续3年，武汉接连举办“国际航

联世界飞行者大会”“RENO 国际航空锦标赛”等国际国内顶尖飞行类赛事、活动。飞行文化、航空运动已深入人心，成为城市新时尚。

三、专业人才数量大幅增长，人才培养质量得以提升

随着航空运动需求规模的增长和航空飞行营地数量的增加，对相关的专业服务和管理人员的培养力度也会增强。航空运动专业人才培养的标准化、专业化、批量化问题将逐步得到解决。在目前航空运动学校和培训机构的基础上，高等教育机构、职业教育机构和航空运动运营企业都会逐步介入，增强国际、国内人才的交流合作，促进飞行教员、飞行运动员、营地运营专业人才数量和质量的大幅增长。

四、全方位融合发展提高产业经济带动力

随着我国航空运动产业发展进程的推进，航空运动与科技、通航、旅游、教育、健康等产业的联系越来越紧密，产业的融合度将提升，并促进相关产业经济的发展。对专业的航空运动管理和服务人才的需求，必然促进飞行员及运营人员培训市场需求的增长。而航空运动飞行营地的建设需要配置大量的航空器材及飞行设备，由此产生的消费需求又会拉动生产厂商和配件行业的产值增长。《航空运动产业规划》提出，未来中国将建成 2 000 个飞行营地，若以此计算，每个营地配置价值 500 万元的航空器，相应的运动类航空器材总值就要达到 1 000 亿元，间接生产总值估计在 4 000 亿元左右。航空制造产业的发展也会促进航空运动成本的降低，扩大航空消费受众范围。航空运动与航空旅游的融合将是产业融合发展的核心，“全域旅游”“体旅融合发展”等政策落地，将会通过航空赛事、航空运动旅游、航空观光旅游提升旅游目的地吸引力，促进交通、餐饮、住宿等行业的发展。

五、信息技术广泛应用

在我国，以互联网技术为代表的信息技术，深刻影响着社会各项产业生态和盈利模式，航空运动产业也不例外。一方面，移动互联网技术可搭建航空运动线上宣传、培训、体验等活动信息发布平台，还可建立飞行营地、飞行器、飞行员、俱乐部及其他相关人员数据库，进而构建行业动态管理系统。相较于全球顶尖航空制造商，我国航空制造企业在这方面有很大的提升空间。另一方面，航空运动装备具有复杂、科技含量高的特点，这也是航空体育项目独特的魅力，先进的科技装备能提

升航空运动消费者的安全感和体验感。借用互联网思维来思考航空运动的发展，重点在于把航空运动产业的产品、运营、服务等领域和“互联网 +”相结合进行创新，开拓一个新的领域，引导一种新的发展模式和经济形态。2015 年，首届中国通用航空创业大赛上，“智能硬件 + 飞行数据云端系统”备受关注，该系统能够用智能硬件采集飞行数据并实时上传，依托物联网云计算技术对数据进行分析，为低空飞行提供安全服务和配套服务。四川某公司研发的“四川省低空空域协同运行中心”系统，实现了“军地民”各方对低空飞行动态的实时掌控，通航工作人员只需登录系统，简单操作，在 3 分钟内就可完成飞行报备，飞行申报流程也得到大大简化。这大大提高了飞行申报、审批等办事效率，这样的系统应用将扩大适用范围，为我国航空运动产业的发展带来便利与动力。

复习思考题

1. 简述航空运动产业系统的构成。
2. 简述我国航空运动产业的发展历程和发展环境。
3. 请结合你的认识，简要分析我国航空运动产业发展中存在的不足。
4. 请介绍西方国家航空运动产业的发展特点。

第十一章 汽车摩托车运动产业

学习目标

1. 理解汽车摩托车运动（简称“汽摩运动”）产业的发展历程及产业内涵。

2. 掌握国内外汽摩运动产业发展的现状。

3. 了解国内汽摩运动产业的未来发展和策略。

本章导语

汽摩运动一直被认为是精英群体的游戏，但随着社会发展进步，汽摩运动逐渐进入大众生活。以汽摩运动赛事、汽车自驾、旅居车、汽车运动营地为主要内容的汽摩运动产业正快速发展。本章首先回顾了汽摩运动产业的发展历程，并解析了其产业内涵，对国内外汽摩运动产业发展的现状进行了比较详细的阐述，最后预测了国内汽摩运动产业的未来发展趋势及有效的应对策略。

第一节 汽车摩托车运动产业概述

一、汽摩运动产业发展历程

（一）汽摩赛事的发展历程

从第一辆汽车被生产出来到第一次汽车比赛的举行用了不到十年的时间。1885 年世界上第一辆马车式三轮汽车正式诞生，随后几年欧洲进入汽车工业制造阶段，多个汽车品牌诞生。19 世纪汽车工业在欧洲开始兴盛，厂商试图通过举办汽车比赛来验证汽车实力。1894 年巴黎市的一家名为皮蒂特的杂志组织了一场检验汽车稳定性的比赛，决定比赛胜负的裁判委员会随同比赛车辆一起完成比赛，根据汽车的驾驶情况做出评价，全程 127 公里。1895 年 6 月 11 日，由法国汽车俱乐部和《鲁·普奇·杰鲁纳尔》报联合举办了世界上第一场汽车比赛，也是最早的长距离汽油车公路赛，赛事在巴黎到波尔多地举行，全程 1 178 公里。随后其他汽车工业发达的国家也相继举办了本国的汽车运动赛事，但法国垄断了高性能汽车和赛车的生产技术，因此法国的汽车俱乐部举办了一系列重要的国际赛事。因野外赛事屡次出现安全性问题，后来比赛陆续改在封闭的赛场和跑道上进行。1896 年，在美国普罗维登斯举行的汽车跑道赛是世界上最早的专用封闭赛道比赛。1904 年 6 月 10 日，在赛车运动兴盛的法国成立了国际汽车协会。

德国人威廉海姆·戴姆勒 1885 年发明了世界上第一辆摩托车。和汽车运动赛事产生原因类似，摩托车制造商和爱好者都有组织赛事或参与赛事的强烈愿望。1904 年 9 月 25 日，法国摩托车俱乐部在巴黎西南部的杜尔当举办了一场名为“国际杯”的比赛，有奥地利、丹麦、法国等国车手共同参与。比利时、丹麦、法国、英国、意大利、荷兰、美国、德国、奥地利和瑞士成为国际摩托车俱乐部的正式创始成员。1913 年，国际摩托车俱乐部组织了第一项国际性赛事：国际六日拉力锦标赛。

中国摩托车运动起源于 1952 年，当时作为军事体育项目引入国内。而中国汽车运动起源于 1985 年，随着“港京拉力赛”走进中国，中国人看到汽车运动的魅力，其他汽车赛事也模仿国际拉力赛陆续建立起来。我国汽车赛事（运动）比赛主要有三种：卡丁车系列比赛、拉力赛和场地赛。为更好地与国际接轨，1995 年成立了中国汽车运动联合会。1996 年第一个赛车场“珠海国际赛车场”诞生，是中国赛车场建设的起步。2004 年上海市政府率先投资 50 亿修建赛道，举办 F1 中国站首个大奖赛。F1 赛事的引进，推动了长三角地区汽车工业和赛车运动的发展，激发了人们对汽车运动的热情，使上海成为世界最有激情、最有潜力的汽车区域市场之一，上海成为全球各大汽车厂商关注的焦点。

1922 年，国际汽车协会将汽车与摩托车运动事项交与国际运动委员会，这个自治组织后来即演变为国际汽车运动联合会。中国汽车运动联合会和中国摩托运动协会分别成立于 1944 年和 1979 年。2015 年，在体育管理体制机制改革的时代背景下，中国汽车运动联合会和中国摩托运动协会合并为中国汽车摩托车运动联合会。由于汽摩运动从一开始就具有很强的市场性特点，国家体育总局将中国汽车摩托车运动联合会作为深化体育管理体制改革试点之一。2018 年，中国汽车摩托车运动联合会实现“脱钩”“管办分离”之后，按照“小协会、大公司”的发

中国早期汽车赛事

展思路,不断激发市场活力和社会创造力,促进了中国汽摩运动的发展。

随着赛车运动逐步发展,赛车文化也以一种蓬勃的姿态发展着。各种各样的汽车摩托车赛事越来越多,许多赛车协会以及组织诞生,赛车已经变成了一种真正意义上的体育运动。汽摩运动的特点决定了它的“小众”,它特有的魅力使它一跃成为当今世界最有影响力、最为精彩和科技含量最高的体育项目之一。

(二)自驾车、旅居车旅游的发展历程

从 20 世纪 80 年代开始,汽车进入中国家庭,经过 30 多年持续的经济高速增长,汽车已从高端消费品转变为大众消费品。与汽车的大众化过程相对应的是中国旅游业的大众化,二者的叠加,产生了自驾车旅游,俗称自驾游。自驾游发展分几个阶段:第一阶段,20 世纪 90 年代到 21 世纪初,家庭汽车从无到有;第二阶段,“十五”到“十二五”期间,汽车国产化率提高以后,大众买车变得相对容易,同时公路网开始形成;第三阶段,“十三五”时期,政府相关部门介入自驾游发展,并制定规划、标准、政策,自驾游行业协会成立,自驾游进入统筹协调、规划发展进程;第四阶段,即将到来的“十四五”,主要特点是新汽车、新交通、新技术的发展,如新能源汽车、自动驾驶技术的出现和普及。

旅居车俗称为房车,被喻为“车轮上的家”,兼具“房”与“车”两大功能。房车是集“衣、食、住、行”于一身,实现“生活中旅行、旅行中生活”的时尚产品。房车的雏形源于吉卜赛人的大篷车,现代意义上的房车则起源于美国。第一次世界大战末期,美国人把床、帐篷、厨房设备等加到了家用轿车上,或在 T 型车的底盘上加盖木结构的简易房,“房车”这一概念由此诞生。随着航空动力学在房车制造技术上的运用,房车逐渐发展成为一个独特的车种,便利、舒适、豪华是其基本特征。房车也迅速进入旅游休闲领域,成为集运输、食宿、娱乐为一体的现代旅游休闲车。我国房车旅游起步较晚,1998 年年底随着贺岁片《不见不散》在全国的热播,房车正式进入人们的视野,但行业内对于房车还没有形成统一的标准和概念。房车旅游是随着公路交通的发展和汽车的普及而诞生的一种休闲旅行方式,指以房车和房车营地为物质载体进行的自给自足的户外旅游活动,是集行游、食宿、娱乐于一体的强社交性的休闲形式。

(三)汽车露营地的起源

1853 年,英国人霍丁(Thomas Holding)用独木舟和自行车做交通工具在美国和苏格兰地区高地进行露营旅行,并在 1908 年出版了世界上第一本露营者手册,这是早期汽车露营旅游的雏形。1860 年的美国

人让青少年借助帐篷等野外工具选择在野外过夜，享受大自然、享受幽静、享受孤独并参与游憩，随后以青少年为主体的露营活动在各国逐步开展起来。1907 年，世界上第一个露营俱乐部由原来的自行车露营者组织和其他几个俱乐部合并在英国成立。1933 年，国际露营及露营车总会（FICC）的成立标志着世界性的房车露营活动的形成。FICC 世界汽车房车露营大会是行业内最具规模和影响力的汽车房车露营盛会，截至 2020 年已成功举办 90 届。总的来说，以上的露营活动只是初级阶段的野营。第一次世界大战后，露营活动有了迅速发展，有专用的露营场地，有更多的人参与，露营逐渐发展成为一种旅游方式。

随着社会工业化、城市现代化程度的提高，一方面，集体生活的意义得到重视，学校、青少年团体、社区及公司等举办的露营活动开始盛行；另一方面，人类的生存环境不断恶化，人们渴望回归自然，启示本真。伴随对露营用具和露营地的不断开发，家庭露营和汽车露营逐渐流行，最终由一个旅游项目演变为一种旅游形式。20 世纪 90 年代到 2002 年，西方的自驾游观念传入中国并影响中国的旅游市场。2003—2013 年由房车发烧友主导的汽车露营开始产生。2014 年，第 80 届世界汽车房车露营大会在北京召开，标志着中国露营地项目的正式启动。

国际露营及露营车总会

二、汽摩运动产业内涵及构成

（一）汽摩运动产业内涵

2016 年国务院办公厅印发的《关于加快发展健身休闲产业的指导意见》对汽车摩托车运动产业的内涵进行了阐释，提出推动汽车露营营地和中小型赛车场建设，举办拉力赛、越野赛、集结赛等赛事，组织家庭露营、青少年营地、主题自驾等活动，不断完善赛事活动组织体系，打造“三圈三线”自驾路线和营地网络。可见，汽车摩托车运动产业主要集中在赛事、自驾、营地等方面，并在中汽摩联的引导和推动下，以汽车自驾运动营地为突破口，联合各种类型汽摩赛事，打造健身休闲综合体，扩大汽车摩托车运动服务产品供给。综上，汽车摩托车运动产业可定义为依托汽车自驾运动营地，围绕汽车运动和摩托车运动项目，并提供相关系列产品、服务的经济活动总称，涵盖了汽车制造、汽车自驾运动营地设施建设与运营、自驾车旅游服务、汽车摩托车运动赛事运营等业态。

“三圈三线”自驾线路和汽车自驾运动营地网络

（二）汽摩运动产业的构成

1. 汽摩运动赛事

（1）汽车摩托车运动赛事的魅力：汽车摩托车运动是一项集观赏

性、挑战性和冒险性为一体的、激动人心的、激发人们情感的一项竞速运动，人们一般将汽摩运动赛事简称为“赛车”。世界一级方程式锦标赛大奖赛（F1）、国际汽联世界拉力锦标赛（WRC）、巴黎—达喀尔汽车拉力赛以及马来西亚的越野雨林汽车挑战赛等都是很有影响力的比赛，电视收视率和现场观众人数都不亚于奥运会和世界杯足球赛。F1 赛事每年举行，据统计，每场比赛现场观众数量可达 10 万 ~20 万人，每张入场券 100~300 美元不等，同时向 200 多个国家转播，各大报刊刊登报道，吸引观众数量可达 60 亿人次，存在巨大的商机。现阶段，汽车赛事逐步演化成群众性的体育观赏节目，既为汽车爱好者提供施展技能的舞台，又宣传了汽摩文化，还能促进汽车产业结构和赛事运作管理的升级，继而扩大汽车产业链的发展，有利于区域经济社会的协调。因此，汽摩运动既是一种体育运动，又是一种现代文化，更是一种可以促进社会经济发展的综合性产业。

世界一级方程式锦标赛

（2）汽摩赛事分类：按照赛车种类划分包括定制车、改装车、量产车；按照赛道类型可以分为开放道路的长距离越野、拉力赛，封闭非铺装道路的场地越野赛，封闭道路的场地和公路赛，以及其他特定赛道的直线竞速、漂移、爬坡等赛事；从动力来源可分为传统的内燃机动力赛车和新能源赛车。2019 年，电竞模拟赛车作为一个崭新的项目也进入了汽摩运动大家庭。

2. 自驾车、旅居车旅游

（1）自驾车旅游：自驾车旅游属于汽车旅游的一种类型，主要指旅游者自己驾驶汽车，借助旅游目的地所拥有的特殊人文自然环境和相关设施所进行的一系列吃、住、行、游、购、娱等行为，旅游目的主要为休闲度假、探亲访友、娱乐健身、求知探险和满足个人特殊爱好等。自驾车旅游是一种新型的自助旅游活动，更是集体验、娱乐、休闲、度假于一体的时尚旅游方式。

（2）旅居车旅游：旅居车旅游是随着公路交通的发展和汽车的普及而诞生的一种休闲旅行方式，指以房车和房车营地为物质载体进行的自给自足的户外旅游活动，是集行游、食宿、娱乐于一体的社交性强的休闲形式。它是房与车的结合，食与住的结合。房车旅游更是一种生活方式，强调旅游者在体验户外生活、满足社交需要的同时，保持与定居生活相同的舒适感。

3. 汽车露营地

（1）汽车露营地的概念与特点：汽车露营地是指在交通发达、风景优美的地方开设，以自驾运动参与体验为主要形式，向大众提供自助

房车的配备

或半自助服务的健身休闲度假区，服务内容包括住宿、餐饮、洗车保养与维护、露营、娱乐等。汽车露营是以汽车为载体的露营生活，人们在亲近大自然的同时享受汽车带来的乐趣，它具有活动方便、老幼皆宜、活动范围大、性价比高等特点。由于在旅途中，旅游者驾车并带上了各种露营装置与日常生活用品，如帐篷、睡袋、防潮垫、头灯、户外灶具、车载冰箱、桌椅、吊床及各种食物。这样，借助汽车速度与装载量的优势，使参与者在交通方面占据主动，同时在野外住宿和餐饮方面也更具自主性。与传统意义上的露营相比，汽车露营的特点是：以汽车为载体，人参加休闲、娱乐、锻炼等活动范围扩大；户外条件大为改善，人们在户外仍然有在家的舒适感，因为营地中给水、排水、电源、通信、道路、卫浴、厨房等配套设施齐全。

（2）汽车露营地的分类与构成：汽车露营地可分为停靠式与常规式。停靠式汽车露营一般只是人们旅程中补给、短暂休息的场所，营地设施较为简单，仅提供汽车需要的水源、电力等，还有少许日常生活用品。常规式汽车露营地规模较大，占地面积大、服务功能全。营地内通常可供数百辆汽车停靠，具备基础和特色功能区域。房车露营区、帐篷露营区、木屋区等特色功能区可以满足旅游者不同的体验和露营需求（表 11–1）。

表 11–1　自驾车露营地功能区设置要点

基础功能区	设置要点	特色功能区	设置要点
出入口	满足车辆进出和交通安全要求	木屋住宿区	与活动区有景观阻隔，便于水电网管进入
服务中心	与出入口道路和其他功能区连接顺畅，便于露营者集散和服务衔接	帐篷露营区	与活动区有景观阻隔，便于水电网管进入
服务保障区	可与服务中心合并，与出入口道路和其他功能区连接顺畅	儿童游乐区	安全，远离危险，可在户外运动区周边
停车场	毗邻服务中心	户外运动区	与休憩区有景观阻隔
自驾车露营区	与活动区有景观阻隔，便于水电网管进入	商务活动区	可设置在服务中心，或邻近休憩区
房车宿营区	与活动区有景观阻隔，便于水电网管进入	宠物活动区	不宜与儿童游乐区邻近
废弃物收纳与处理区	位于营地下风处，与其他功能区有一定距离		

引自：宋瑞 .2016—2017 年中国旅游发展分析与预测［M］. 北京：社会科学文献出版社，2017

第二节　汽车摩托车运动产业发展现状

一、国外汽车摩托车运动产业的发展

（一）国外汽车摩托车运动赛事发展状况

早在19世纪的欧洲大陆，汽车、摩托车赛事（运动）就伴随汽车、摩托车的工业发展而兴起。随着国际汽车联合会等社会组织和协会的建立，汽摩赛事体系在欧美国家逐渐建立健全。每年在80个国家和地区有近800场国际汽车比赛进行，其中一半以上在欧洲举行。此处以两个赛事为例，以帮助大家了解欧美赛车运动的发展。一个是前文介绍的F1锦标赛，另一个是美国纳斯卡赛事。

美国是较早发展汽车工业的国家之一，汽车文化在美国有深厚基础。美国纳斯卡赛事，即美国的全国运动汽车竞赛（National Association for Stock Car Auto Racing，缩写NASCAR），是一系列赛事的集合。1948年2月举办了首届纳斯卡赛事，该赛事如今覆盖美国39个州与加拿大、墨西哥和欧洲部分国家的100条大型赛道，每年举行近1 500场不同级别和规格的系列赛，现场观众超过1.5亿人次，约7 500万车迷。

（二）自驾车、旅居车旅游发展现状

20世纪初期，私家车的普及和汽车陆地旅行能力的发挥，使得自驾车旅行成为发达国家居民日常旅行的主要方式之一。为了适应自驾游的发展，国外旅游业产生了以汽车营地和汽车旅馆为代表的新型服务，政府部门也在道路维护及相关配套基础设施上进行了可观的投资，借助自驾游的兴起为更多地区创造景观与旅游服务收益，发展至今，国外自驾游的市场已经相当成熟。自驾车旅游露营已与休闲、野餐、漂流并列成为西方人士最喜爱的四大旅游项目，也是当今世界上非常流行的体育运动旅游项目之一。

20世纪40年代第二次世界大战结束的时候，拖挂式房车旅行在美国开始流行，50年代自行式房车流行，60年代发展进入一个峰值，70年代起伏较大，从80年代开始，人们对房车旅行的热情日益强烈，房车销售量开始加速上升，这种热度一直持续到今天。美国是全球最大的房车生产和消费国，每12个美国人里，就有1个人拥有房车。2018年美国房车年销量为520 700辆，其中拖挂式房车销量

为455 200辆，自行式房车65 500辆。美国整个房车产业经过100多年的发展，生产、销售、租赁、服务、营地、旅游各行业都形成了完善的体系。当前，欧洲房车保有量为745万台，美国的房车保有量已发展到1 130万台，日本的房车拥有量为27万辆，韩国的房车拥有量为7 000辆。新西兰与澳洲是房车自驾游的天堂，房车在那里是比较普遍的旅行交通工具。由于当地地广人稀，风景如画，租辆房车出游是非常受欢迎的方式之一。根据澳大利亚房车工业协会的研究，该国房车用户中50%为30~54岁的消费人群，25%为55~70岁的消费群体。而国土面积只有26.8万平方公里的新西兰拥有数百个房车营地。

房车天堂——新西兰

“新冠”病毒肺炎疫情使全球经济遭受巨大打击，各行各业的发展均有放缓甚至停滞，但房车的销量反而超过2019年的同期比例。露营地是房车的大本营，是房车旅行的基础设施。房车销售的增长与露营地的增长是同步的，二者相辅相成，缺一不可。因此，与巨大的房车保有量相对应的，是巨大的露营地存量的增长。

（三）国外汽车露营的发展状况

汽车露营已经成为一种国际化的主流休闲方式。国外汽车露营地呈现出数量众多、类型齐全、布局合理、经营完善、体系完整、规模化、品牌化运营的特点。欧美国家的露营活动一般都以家庭为单位，很多家庭拥有自己的旅行房车，露营活动几乎是每个家庭必有的度假生活之一，美国、欧洲的家庭房车度假次数以每年20%~40%的比例增长。据统计，美国1/3的旅游住宿设施、1/3的旅游时间、1/3的旅游土地是以露营形式存在的，有9%~10%的家庭有房车，且平均每辆房车每年使用天数在50天以上，共有800万美国人常年住房车。欧洲国家普遍国土面积较小，自驾车旅游一天可以穿过两三个国家，汽车露营非常盛行。在欧洲的繁华大都市里，如巴黎、罗马、布鲁塞尔、马德里、里斯本都有汽车露营地，以便为外地来此旅游的露营人口提供住宿。汽车露营已经成为欧美人们不可缺少的休闲方式，在高速公路上、乡间的小路上，随处可见露营旅游的车辆。2017年，美国和欧洲汽车露营地保有量占全球80%，美国约为27 210个，欧洲约有26 000个，澳大利亚3 000个。在亚洲，日本的露营地有3 000个左右，韩国有1 000个。露营地发展带动了发达国家地产业、旅游业、汽车产业、户外用品业等相关产业的发展，成为推动区域经济发展的重要力量。

二、国内汽摩运动产业发展现状

世界各国著名的露营企业

（一）汽摩运动赛事

1. 汽摩运动赛事规模

根据中国汽车摩托车运动联合会公布的数据，2018 年中国汽车摩托车运动联合会全年共计完成 114 场赛事，其中国际赛事 11 场。各类汽摩赛事保持了较好的金字塔阶梯结构。以 F1 赛事为代表的高水平国际赛事保持着在华举办规模，连同世界房车锦标赛、世界汽车耐力锦标赛，总数占了国际汽联世界锦标赛的一半。

由国际摩联主办的国际摩联花式极限摩托世锦赛是世界花式越野摩托最高级别的赛事，也是摩托车项目唯一的世界锦标赛，每年在全球有 8~10 站赛事，遍布欧洲、美洲、亚洲和非洲。2018 年在中国举办 2 站，创下新的单赛季在欧洲以外国家举办次数纪录。

汽摩赛事能扩大举办城市的总内需，拉动当地汽车、摩托车、旅游等产业的发展。根据中国汽车摩托车运动联合会所有自主产权赛事的统计，截至 2017 年 12 月，场地赛车项目全年社会投资约 17.3 亿元；越野拉力项目全年社会投资约 26.5 亿元；全场地形车与摩托车项目全年社会投资约为 9 100 万元；集结赛及其他活动全年投入约 2 000 万元。国内汽摩运动项目除场地建设费用外，全年社会投资逾 47.4 亿元。汽摩运动项目供给数量和质量的大幅度提升，以及参与及观看人数的大量增加，反映出我国汽摩运动消费市场需求正在被激发和释放，潜力巨大。

中国汽车摩托车运动大会

2. 赛事类型

目前，我国开展的汽摩运动项目涵盖了大部分国际主流运动项目，每年举办的全国性汽摩赛事超过 130 场，包括 10 余个国际级锦标赛及其他赛事。此外，我国常年举办包括一级方程式锦标赛、世界房车锦标赛、世界汽车耐力锦标赛、花式摩托世锦赛等众多高水平国际赛事。我国已经成长为全球最为重要的汽摩运动市场之一，逐步形成越野拉力类、场地赛车类、漂移赛车类、卡丁赛车类、摩托车类、国际赛事类六大赛事（表 11–2）。

表 11-2　中国汽摩运动主要赛事

序号	类别	主要赛事名称
1	越野拉力类	中国汽车场地拉力赛、中国汽车越野拉力赛、中国汽车场地拉力锦标赛、中国汽车越野拉力锦标赛、中国汽车短道拉力赛系列
2	场地赛车类	中国房车锦标赛、中国超级跑车锦标赛、中国方程式大奖赛、国际汽联 F4 中国锦标赛、华夏杯赛车大奖赛、中国卡车公开系列赛等
3	漂移赛车类	中国漂移锦标赛、漂移大奖赛中国站等
4	卡丁赛车类	中国卡丁车锦标赛、卡丁车挑战赛、中国卡丁车新型赛等
5	摩托车类	中国摩托车场地锦标赛、中国摩托越野锦标赛、中国全地形车锦标赛、中国雪地摩托越野锦标赛、中国超级摩托耐力赛等

3. 会员数量

根据中汽摩官网信息显示，截至 2019 年 11 月 30 日，在中汽摩联注册的单位会员 343 家；注册车手 5 226 名，注册车队 203 支；国内可运营的、经国际汽联及国际摩联认证的赛道 15 条，世界卡丁车委员会认证的赛道 4 条；中汽摩联授牌的汽车自驾运动营地 620 家，星级营地 63 家。

随着人民对美好生活的需要日益增长，我国汽摩运动文化将不断向深层次发展。赛车竞技成为现代科技竞争和车手挑战的绝佳赛场；高品质的赛事将不断满足观众的观看需求；大众类汽摩运动更加贴近民众需要，努力融入民众的休闲文化生活，也满足了爱好者的体验需求。国家政策推动、市场资本青睐和消费需求旺盛三大要素齐力并进，使我国汽摩运动的经济社会发展条件日趋成熟，汽摩运动必将迎来新的战略发展机遇。

（二）自驾车、旅居车旅游

1. 全国汽车数量

截至 2018 年 12 月底，我国房车保有量已经超过 10 万辆；2018 年房车销售 31 026 辆，较 2017 年增长 60%。虽然与欧美国家的数百万辆保有量相比还存在很大差距，但从增长幅度可以看出我国汽车旅行消费市场具有强劲的发展潜力。截至2019年6月，全国机动车保有量达3.4亿辆，其中汽车2.5亿辆。在汽车保有量中，私家车保有量为1.98亿辆，平均每千人汽车保有量约为180辆。目前发达国家千人汽车保有量总体在500~800辆的水平，考虑到人口规模、区域结构和资源环境的国别差异，未来我国随着居民收入不断提高，消费不断升级，城市化逐步推进，千人汽车保有量仍然还有较大的增长空间。

2. 自驾游

2017年中国自驾游人数平稳增长，总人数达31亿人次，比上年增长17.4%，占国内出游总人数的62%，从近五年的自驾车出游人数统计情况来看，自驾出游人数持续增长，出游人数占国内旅游人数比例稳定在半数以上，从地域上来看，因经济发展水平、交通基础设施、旅游吸引力等不同，各省区市的自驾游人数占比也有差异，最低为51%，最高为69%。

3. 旅居车旅游

2017年，我国房车产能进一步释放，需求和销售也趋旺。全国各地的房车展会数量和规模突飞猛进。北京、上海、广州、南京、天津、苏州、太原、武汉、成都等城市均举办了房车露营展会。其中，中国国际房车展、北京国际房车露营展览会、北京（国际）房车旅游文化博览会、中国（南京）国际度假休闲及房车展览会、中国（山西）国际房车露营博览会等展会的参展商数量多、品牌集中，交易额领先。展会主办地所在省区市成为房车销售的重点市场。据统计，2017年全国旅居车销售量为2.2万台，保有量为7万台，进口1 200多台，出口15 000多台。全国旅居车改装企业超过300家，旅居车销售的增速很高，但基数较小。由于旅居车保有量小，驾乘旅居车出游的人群数量还比较少，多是由旅行社或自驾游俱乐部组织开展。根据调查，驾驶或乘坐旅居车出游的主要客源地是经济基础好、居民收入较高的京津冀、长三角、珠三角、成渝等城市群，主要目的地是内蒙古、青海、四川、云南、新疆等中西部省区。

（三）汽车露营地

1. 组织管理机构

为了在我国渗入汽车露营这种新理念，满足人民群众的需求，加快建成小康社会的步伐，2003年9月16日，中国汽车运动联合会与中国国际体育旅游公司合作成立了“中国汽车运动联合会汽车露营分会”。该协会规划汽车露营地发展方向，组织策划交流和比赛活动，让汽车露营地的建设和发展更具科学性。目前，始于2014年，由中国汽车摩托车运动联合会创立的中国汽车（房车）露营大会整合体育文化旅游多个领域的内容，成为一年一度的中国汽车露营盛会（表11–3）。中国汽车（房车）露营大会是我国以汽车、房车自驾露营这一新兴旅居方式为主题，集专业行业展会、专业论坛、产业现场会及大众体验互动活动于一体的多方交流、国内交流、国际交流平台，是国内最具专业性、权威性和行业指导性的汽车（房车）露营盛会。

表11–3　历届中国汽车（房车）露营大会概况

届次	时间/年	举办地点	主要活动内容及特点
第一届	2014	北京延庆	开始起步发展，房车与户外展共同展出，规模有限
第二届	2015	内蒙古达茂旗	与举办地政府密切合作，时间最长，10多个自驾车俱乐部、户外俱乐部和40多个国外房车企业的代表参加
第三届	2016	湖北松滋	引导露营地规范化发展，明晰了该景区在二期工程建设中依托五星级营地打造露营小镇
第四届	2017	广西桂平	规模和内容有新突破，包含房车展示、露营公开课、星空露营音乐节、美食节以及荧光跑等大众休闲活动
第五届	2018	安徽芜湖	露营产业招商现场签约项目66个，签约总金额151亿元；房车企业、户外企业、优秀营地主参展规模扩大
第六届	2019	天津滨海	以“海、陆”一体化为特色，提出了全新的“文体旅商”大融合概念，大会规模和影响最大

资料来源：根据中国汽车摩托车联合会官网资料整理

2. 相关政策法规

国务院、国家体育总局等有关政府职能部门为了推动我国汽车露营运动的发展，制定了相关法规和条例。这些政策法规的颁布实施为汽车营地建设在土地、资金、标准等方面都给予了相应的规范、引导，这必将为我国发展汽车露营运动创造一个良好的软环境（表11–4）。

表 11-4　2007—2020 年汽车运动营地相关法规条例

时间	发布单位	主要内容
2007 年 7 月	广西壮族自治区有关部门	《广西汽车旅游营地发展规划》和《汽车旅游营地星级的划分与评定》
2007 年 9 月	中国汽车运动联合会汽车露营分会	《中国体育休闲（汽车）露营营地建设标准（试行）》
2015 年 10 月	中国国家标准化管理委员会	露营地建设运营规范
2017 年 5 月	国家旅游局	《中国自驾游目的地基础设施与公共服务指南》
2017 年 7 月	国家旅游局、国家体育总局等八部门联合发布	《汽车自驾运动营地发展规划》
2018 年 6 月	体育总局办公厅	《关于加快推动汽车自驾运动营地产业发展的通知》
2019 年 10 月	中国汽车摩托车运动联合会	《中国汽车自驾运动营地星级评定办法》
2020 年 8 月	中国汽车摩托车运动联合会	《汽车自驾运动营地建设要求与开放条件》 《汽车自驾运动营地服务管理要求》

3. 运营服务

我国《汽车自驾运动营地发展规划》的目标是打造“三圈三线”的自驾路线和营地网络，预计到 2020 年，基本形成布局合理、功能完善、门类齐全的营地体系，带动汽车自驾旅行活动产业发展，释放消费潜力。

营地建设的区域分布状况体现为，华北地区在推动产业发展的早期阶段发挥了重要作用；华东与西南地区凭借良好的经济、市场、消费、旅游资源、自然资源等优势，增长更加迅猛。根据《2018 中国露营地行业投资报告》显示，中国已建成露营地 1 239 个，在建 451 个，共计 1 690 个；其中，2018 年新建成露营地 414 个，其中 47% 分布在华东和华北地区，北京在建营地数量最多，广东省拥有已建成露营地最多。值得一提的是，在汽车营地规划中，因西南地区拥有丰富的旅游资源基础，近年来大型资本大量进入，因此该区域有望成为中国规划汽车营地数量最多的区域。

营地品牌效应方面，经过前期的试探和摸索以后，中国汽车营地市场上也出现了一些具有引领作用的连锁品牌，如首旅、星河、途居、港中旅、318、三特、中航等。每个品牌又有自己的运营模式和服务重点，以自驾旅游、越野探险、地块改造等为特色。

营地传播与营销方面，主要借助于中国露营协会官方网站、房车网以及旅游网站等线上营销，但露营地的营销活动多由企业单独运作，二者之间的信息传递效率较低，不能满足当前营地发展需求。中汽摩联合会组织定期会组织和策划以中国汽车（房车）露营大会为代表的展示和交流平台。

第六届汽车（房车）露营大会

总体来看，我国汽车露营地的发展规模和水平有了很大的扩充与提升，但还不能满足当下人们日益增长的消费需求，还存在营地标准体系不完善、配套设施尚不健全、赛事活动内容单一、市场需求与有效供给不平衡等诸多问题，迫切需要加强统筹规划和规范引领。

第三节　中国汽车摩托车运动产业未来发展及策略

一、汽摩运动产业发展趋势

（一）赛事体系将更加完善

在汽摩运动赛事方面，中国将不断开放办赛，形成政府主导、社会和企业共同参与的运行机制。将以中汽摩联合会同行政管理脱钩为起点，遵循社会主义市场经济发展的规律和汽摩运动规律，并建立与国际接轨的汽摩运动竞赛制度，建立中国特色的汽摩运动竞赛体系，优化多部门合作、多主体参与的金字塔式赛事体系。

在市场培育方面，打通分级分类有序的参赛通道，开展囊括竞技性与娱乐性、观赏性与参与性、高水平与低门槛于一身的系列赛事活动，推动青少年汽摩运动水平提升。不仅仅有全国性汽摩运动赛事，而且地方性赛事、俱乐部赛事、全地形车运动赛事、娱乐型赛事也会多元发展，这样就从基础上，打通参赛的门槛限制，使消费者参与度提升，受众面扩大，汽摩运动人口占比提升，这是产业可持续发展的根本保证。

（二）管理水平逐步提升

虽然我国的汽摩运动起步晚，基础薄弱，但我国经济发展快速，汽摩运动的独特魅力正在受到越来越多的人的关注。汽摩运动作为一项新兴运动，在不同场地，使用不同车型能给人们带来不同的体验，这符合体育部门给民众提供更好的体育和娱乐产品的主要职能。

我国的汽摩运动管理水平将逐步提升，一些国际赛事的引入拓宽了国内经营管理者的视野，学习了相关管理经验；而汽摩运动管理中心的体制改革也释放了协会管理与运营的能动性，企业化运作将成为必然趋势，而现代化企业管理制度将在后期的运营过程中体现为工作效率的提升。营地建设本身就兴起于市场需求的推动，资本具有天然的逐利性，相关企业也必然会在市场中不断总结经验和教训，并促进自身管理水平的提升。

中国汽摩运动管理改革

各类汽摩运动标准、培训、服务、评估体系将逐步建立并完善；汽摩运动与汽摩相关产业的结合度将更加增强；汽摩运动车辆、器材研发设计和示范应用将得到扶持；汽摩运动场地管理更加规范；各类汽摩运动的管理和服务人才培训规模增大，考核评估更加合理。

（三）汽摩运动产业经济发展新动能逐步凸显

我国汽摩运动产业将从精英群体走向大众，并在竞赛表演和大众休闲消费中表现出强劲的发展动能，从消费者到经营者、从服务人员到管理者、从赛车手到观众、从汽摩赛事和营地展会运营、从汽车装备到场地建设，将带动本产业及相关产业的快速发展。预计到2029年，全国汽车自驾运动营地授牌数量将达到3 000家，其中星级营地1 000家；中汽摩联单位会员数量将达到1 000家；个人会员数量将达到2 000万人；汽摩运动产业总规模达到5 000亿元；国内在国际汽联和国际摩联注册赛道数量达到30条以上；注册赛车手达到3万人，车队500支；每年专业培训赛车学员数量达到1万人；培养全国各级裁判员总数达到10万人。

（四）营地建设网络化、特色化、标准化

目前，在我国在进行汽车自驾运动营地建设，实质是进行全国网状布局，目的是为了满足大众日益增长的休闲消费需求。依托营地，将逐步在全国构建“三圈三线”的空间布局，并建立起全国经典自驾游线路网络，以节庆等契机推出各类主题自驾游线路。

我国自驾营地的发展还存在特色化的特征。消费者的挑剔是对汽车营地建设与运营质量的鞭策。各地依托自然资源、赛事资源、基础设

汽车自驾运动营地行业标准

施资源等，不断开拓创新，突出自己营地的特色，以在激烈的市场竞争中脱颖而出。于是，“营地 +”的运营，往往结合更多的主题活动或赛事进行。

我国汽车运动营地规范化建设过程中，除了特色，最基本的是实现标准化。一个成熟的汽车营地往往具备基础功能区和特色功能区，融合了旅游、教育培训、科技体育以及地方文化等多样化的各类休闲项目。因此，随着我国汽摩运动产业的发展，营地建设将更加完善和成熟，汽车运动营地将表现出明显的综合性、标准化特征。

二、汽摩运动产业发展策略

（一）以汽车自驾运动营地为载体，推动内涵及外延消费增长

由于汽车自驾运动营地是新型消费的生态综合体，具有覆盖领域宽、消费引领性强、经济带动性强的特点。因此，汽摩运动产业应该以汽车自驾运动营地为载体，完善硬件建设和功能实现，丰富活动种类，提升服务以满足大众多样化体育消费需求。在经营过程中，营地经营者应该广泛开展群众性汽摩活动，并方便大众参与，增强消费黏性。相关部门和汽摩联合会应该利用好中国汽车（房车）露营大会等活动，搭建户外产业平台，为产业提供展示推介和商贸交流机会，为民众提供优质体育旅居产品的消费选择。经营管理者应该深挖汽摩产业价值链，拓展自驾露营、汽摩健身、汽摩观赛、汽摩培训、汽摩自驾游等消费新领域，促进健身休闲、竞赛表演产业与汽车运动营地的互动发展。

（二）完善汽摩运动产业链，加强产业科技创新

通过完善汽摩运动全产业链条，促进汽摩运动与相关行业融合发展，推动区域汽摩运动产业协同发展。以发展各类汽摩赛事活动为引领，带动以赛车技术研发、赛车生产、汽车改装、汽摩培训、汽摩表演、汽车露营、汽摩会展等为核心的汽摩运动产业集群。增强产业链上下游协同能力，推动形成具有国际引领性的产业技术。

搜集与分析汽摩运动观众和参与者信息，整合、运用产业相关大数据，并挖掘汽摩产业的“看点”“热点”，打造眼球经济、体验经济和粉丝经济，形成“卖点”。同时，在大数据技术应用的基础上，电动化、网联化、智能化、共享化正在成为汽车产业发展潮流和趋势。经营主体主动适应国家产业政策趋势，充分发挥赛车技术革新引领产业技术进步和赛车运动带动汽摩工业发展的独特作用，加强新能源、智能网联车辆技术开发，间接推动新技术消费。

（三）增强汽摩赛事活动的娱乐和消费属性，促进汽摩竞赛表演业发展

汽摩运动的产生和汽车工业的发展紧密相连，而在我国汽摩运动产业的起步与汽摩竞技赛事和汽摩运动发烧友的推动密不可分，因此供给各类品质的汽摩运动赛事活动产品，增强汽摩运动赛事的娱乐消费属性，促进汽摩运动竞赛表演业发展，是我国汽摩运动产业进步的重要组成部分。

一方面，赛事主办方要增强汽摩运动赛事产品的观赏性。可以从以下两个方面入手：一是继续引进国际高水平汽摩赛事，以高品质赛事吸引消费者，促进汽摩竞赛表演业发展。二是以观赏性较强的项目为突破口，打造一批深受群众喜爱，集娱乐功能、商业价值和表现形式于一体的本土汽摩表演项目。

另一方面，赛事主办方要增强汽摩运动赛事活动产品的体验性。以落户于武汉的中国汽摩运动大会为范例，举办各类群众性、综合性、娱乐性赛车盛会，大力开发运动体验活动。各地主办方可以区域特色、地方文化为主题的汽摩运动节及其他主题节庆活动为核心，策划一批高水平、高质量的汽摩运动主题赛会活动，丰富汽摩赛事活动和服务的有效供给，激发大众汽摩运动体验消费需求。

（四）兼顾经济与社会效益，科学规划布局汽摩运动场地设施

汽摩运动产业除了汽车运动营地外，还需要赛道及其他运动场地设施的支持。汽摩运动产业具有先天的优势，其诞生就伴随产业资本的高度关注。因此，我国应该鼓励、支持社会力量参与汽摩运动场地设施建设和项目开发运营。在汽摩运动场地设施的规划与布局方面，建立科学的汽摩运动场地设施体系。专业赛道必须符合赛事竞技需求，但不同的区域往往拥有自己独特的地理资源，因此可以结合汽摩运动特点和大众需求，建设临时性赛车场、越野赛车场，使其兼具体验与娱乐功能，以满足不同消费者对汽摩运动的消费需求。

同时，汽摩运动场地设施的建设必须既顾及经济效益也顾及社会效益。由于汽摩运动对环境影响的客观存在，因此汽摩运动场地的科学规划和布局中一定要注重环境保护，并推出具有绿色环保理念的场地、设备、赛事、体验互动等，这是汽摩运动产业可持续发展的必然要求。

（五）以消费升级为契机，扩大汽摩运动消费市场

2019 年，中国 GDP 接近 100 万亿元，人均 GDP 突破 1 万美元。据预测，2022 年中国人均 GDP 将达到 1.33 万美元，顺利步入高收入国家；2035 年人均 GDP 将达到 3.15 万美元，进入现代化国家初步阶段。中国的产业结构已经进入服务业和技术密集产业快速发展的阶段，这和汽摩运动产业的阶段特点很契合。大众消费结构正在升级，中国人均汽车保有量正逐步提升。精英型的汽摩赛事转变为以体验为主要特征的平民化、大众化汽摩运动可以迎合大众的消费偏好的转变。

因此，管理机构和企业应该以我国消费结构升级为契机，扩大汽摩运动消费市场。首先，个人会员俱乐部将成为凝聚、传播汽摩运动文化的基础性平台。其次，企业应建立汽摩运动消费服务平台，使消费者轻松了解企业所提供的汽摩运动产品和服务，实现信息对称。企业还应该依托互联网技术，提供自驾运动营地预订，拓展营地体育休闲和社交活动，开发自驾运动精品线路游、赛事观摩游、亲子夏令营等产品。再次，驾控技能培训是大众类汽摩运动良性发展的基础，相关人员培训直接影响产品和服务的质量。最后，以中汽摩联合会为首的社会组织水平将以汽摩大会、露营大会等形式，在不同时间为举办城市或地区带来聚集效应，传播汽摩运动文化。

复习思考题

1. 请你叙述一下汽摩运动产业的发展历程。
2. 你觉得我国汽摩运动产业发展的主要障碍是什么？
3. 汽车露营地建设需要获得哪些方面的支持？

第十二章 特色运动产业

学习目标

1. 掌握特色运动产业的概念及产业结构、发展意义。
2. 熟悉时尚运动与民族民间健身休闲产业的发展现状。
3. 了解时尚运动与民族民间健身休闲产业的未来发展趋势。

本章导语

时尚与传统是一对矛盾统一体。时尚运动代表了时代的价值追求与审美倾向,民族民间健身休闲项目是一个国家、区域内不同民族留下的体育文化,往往具有地域性和民族性。时尚运动与民族民间健身休闲运动组成了我国健身休闲产业的特色运动。本章首先对特色运动产业的概念、产业结构及发展意义进行阐释,结合当前时代特征分析了时尚运动与民族民间健身休闲业的发展现状,并展望了其未来发展趋势。

第一节 特色运动产业概述

一、特色运动产业内涵

《国务院办公厅关于加快发展健身休闲产业的指导意见》(国办发〔2016〕77号)将健身休闲项目分为日常、户外和特色三种健身运动类型,发展特色运动是引领生活潮流、发展消费经济的重点体育项目门类。根据当前大众休闲健身需求和经济社会发展态势,特色运动属于与日常健身锻炼项目相对应,随经济、社会发展而演变和发展,受青少年、高端人群及传统文化爱好者青睐,充分彰显参与群体个性特征,重点在于参与体验感,能引领时代潮流的体育运动项目,是健身休闲产业未来发展方向和核心内容，是拉动体育消费的重点领域。特色运动主要包括极限运动、击剑、马术、高尔夫等时尚运动项目和武术、龙舟、舞龙舞狮等民族民间健身休闲运动项目。特色运动具有消费引领性强、参与体验性强、经济带动性强、文化传承性强、开放包容性强以及资源依附性强等主要特征。特色体育产业是为社会提供特色体育产品的同一类经济活动的集合和经济部门的总和。

二、特色运动产业结构

产业分类是把具有不同特点的产业按照一定的标准比例划分为各种不同的类型，按照与特色运动的关联度，把特色运动产业分为本体产业、衍生产业和协同产业。

（一）本体产业

本体产业是通过开发特色运动本身而形成的劳务产品，主要包括竞赛表演业、大众健身娱乐业、培训和咨询业、有形和无形资产经营业等。本体产业涉及的部门和单位有各级特色运动项目管理中心、特色运动项目协会、业余俱乐部、运动队、特色运动项目技术学院、各类特色运动健身组织公司（单位）、健身中心以及各级各类业余培训中心等。

（二）衍生产业

衍生产业是特色运动相关管理部门充分挖掘和利用项目本身的优势和资源，使其与当前社会经济、艺术欣赏、休闲旅游、新型科技等相结合的产业，可为市场提供体育精神享受和物质体验等方面的产品，主要包括特色运动用品制造业、服装与纪念品业、器材制造业、场地场馆建筑业、旅游业等。衍生产业涉及特色体育运动用品制造厂商、各类特色体育运动用品销售（批发及零售业）单位、各类生产和销售特色体育运动服装和纪念品的单位及旅游公司等。

（三）协同产业

协同产业是特色运动中介产业和相关服务消费业，主要包括特色运动广告业、保险业、赞助业等。协同产业涉及各类特色运动广告代理公司、承办特色运动专业性会议或展览活动的部门、承办各类特色运动赛事和表演的赞助商，包括运动员、赛事、相关器材设备特色运动保险公司等。

三、发展特色运动产业意义

（一）满足大众日益增长的健身休闲需求

特色运动具有休闲体育的基础功能。一方面，通过参与特色运动，可有效提高身体机能并改善身体形态；另一方面，参与非强制性的休闲娱乐特色运动，除了可获得健身效果之外，还可以放松心情，愉悦身心。随着闲暇时间的增多和生活水平的提高，人们的健身休闲诉求变得多元化，如健身诉求、社交诉求、回归自然诉求、民族文化诉求、惊险刺激诉求等。特色运动是更新迭代、持续发展的体育领域，可以创新体育服务供给的内容，可持续满足群众多元化、多层次的健身休闲需求，在一定程度上缓解体育服务的供给侧结构性矛盾。大力发展特色运动，可有效弥补健身锻炼体育场馆数量不足的问题，丰富健身休闲形态和提升大众参与体验感。特色运动充分利用山、水、空域、湿地、沙漠、草原、森林等资源，拓展了健身休闲体育运动的空间，提升了体育服务的供给能力。大力发展特色运动，可有效满足大众日益增长的引领潮流、个性化、民族化的健身休闲运动全新需求，同时也提升了健身休闲运动服务层级，提升了全社会的健康素质和生活质量。

（二）繁荣体育产业市场

产业价值是体育产业发展的源泉，只有商业性是特色运动产业持续发展的根本。特色运动与日常健身锻炼项目相比较，特色运动项目对场地设施、器材装备要求更高、更专业。不仅仅是特色运动项目本身，其装备制造、体育中介业等关联产业同样具有引领消费的作用。由于运动空间的特殊性，特色运动项目用品不仅要适应恶劣的天气和地理环境，而且对安全性和外观时尚性等方面都有较高要求，所涉及的产业业态、产品制造和服务的领域更宽广，诸多行业融合创新才能满足其市场需求。毫无疑问其产品附加值也更高、更有个性，产品的体系特征也更加明显。特色运动产业的消费主体是白领中的青年，消费能力强，产业价值较高，因而一个新项目一旦出现，相关商品和商业性的运动场馆马上就会涌现。这一方面繁荣了体育产业市场，另一方面也为特色运动项目的普及推广创造了良好的客观条件，提升了产业效益。比如：2016 年上半年，在阿里巴巴平台的体育消费金额排在前六位的全部是特色体育项目，分别是高尔夫、滑翔伞、击剑、船艇、马术以及赛车。

（三）助推区域经济发展

特色运动项目资源依附性较强，对资源条件要求高且独特，大部分特色运动项目依附于山、水、空域、沙漠等人烟稀少的地方，这些地方往往经济比较落后。发展特色运动产业，有利于实现体育产业的精准扶贫，例如，针对边远地区特色运动资源条件好的特点，规范引导和科学强化特色运动赛事和活动植入，形成健身休闲体育产业发展新热点，从

中国马术协会骑手分级体系

而带动人流、物流和资金流汇聚，推动这些欠发达地区的经济整体向前发展。发展特色运动产业，有利于促进健身休闲体育产业均衡布局，通过中东西部独特的资源禀赋条件，开展特色运动产业，可逐步改变中西部地区体育产业严重落后的现状，有效推动区域经济的发展。

（四）彰显文化教育功能

特色运动是流行文化和民族传统文化的综合体，作为一种社会文化现象，本身就蕴含着丰富的文化内涵，具有一定的文化教化功能，主要体现在制度、精神、物质三个层面上。在制度层面，时尚体育虽然淡化了其竞技性，但其活动的开展离不开文化礼仪、技术规范和行为准则。通过表演、活动和竞赛的形式，把健康、科学的特色运动文化、思想和规则展示给大众，具有规范人们行为，助力特色文化传播、彰显教化功能的效果。在精神层面，特色体育具有彰显个性，提高欣赏水平，提升审美情趣的功能。人们在参与特色运动过程中，潜移默化地感知其多方面的体育文化教育功能。长久持续地参与特色运动，逐渐培养选择认知、塑造、保存和创造的能力，形成乐观坚强、坚韧不拔的品质，能吃苦耐劳，团结合作、无私奉献。例如，定向运动需要参与者在较短时间内根据人、地、时选择有利于任务完成的方式和路径，不仅可以提升判断和决断能力，还可以培养团队协作能力。在物质层面，特色运动项目所需物资大到体育场馆和活动空间，小到体育器材和服饰用品，都彰显着运动文化的存在。比如：武术表演的服饰和场地上的八卦图，龙舟的构造、色彩等都很有考究，蕴含着丰富的文化内涵，是民族传统体育文化的符号。

第二节　时尚运动产业的发展

一、时尚运动产业发展现状

（一）进驻大型赛事，传播力和影响力逐步提升

惊险刺激、观赏性强的时尚运动项目，进入奥运会等大型赛事后，被越来越多的人了解和认识，其影响力不断增强，参与群体越来越庞大。比如，在 2008 年北京奥运会上，我国选手仲满夺得男子佩剑个人赛冠军，顿时击剑运动大热，击剑运动产业迎来发展的第一个“春天”，国内大多击剑俱乐部由此起步。2016 年巴西里约奥运会开幕式上，伦敦奥运会花剑冠军雷声作为中国队旗手亮相开幕式，击剑运动再一次进入人们的视野，加之当前体育产业的政策红利和快速发展，击剑运动变得炙手可热。奥运会是一个随着社会不断发展和变化的盛会，一些节奏较慢的传统的体育项目渐渐地不能再满足人们的审美需求和娱乐需求，于是国际奥委会的管理者越来越重视时尚休闲运动项目，他们看到了这些项目显现出的吸引力，就将一些时尚运动项目吸收进奥运项目。一方面，增强了奥运会的吸引力，另一方面，也扩大了时尚运动的传播范围，间接助推时尚运动产业的快速发展。

随着高尔夫运动重返奥运会带来的热潮，同年颁布的《竞技体育"十三五"规划》与《关于加快发展健身休闲产业的指导意见》，将高尔夫运动列入了竞技体育范围，对高尔夫运动的本质做出了认可，中国高尔夫运动市场开始复苏，其市场规模从 2016 年的 86.4 亿元增长至 2018 年的 92.4 亿元，2014 至 2018 年中国高尔夫运动市场年复合增长率为 4.0%。未来，随着中国经济的持续增长、中国居民可支配收入的增加与高尔夫运动的普及，中国高尔夫运动市场规模将保持稳定增长，预计到 2023 年，中国高尔夫运动市场规模有望突破 110 亿元。

（二）产业基础日益夯实

近年来，我国时尚运动产业快速发展，产业基础日益坚实，场地设施、俱乐部数量与参与人数快速增加，为经济社会的发展做出了积极贡献。时尚运动受众范围不断扩展，覆盖人群逐步由高收入小众群体延伸到大众消费民众。截至 2017 年，全国注册的各类击剑俱乐部、培训中心、学校代表队达 373 个，参与击剑运动的人数超过 10 万人。

发端于 1984 年的我国高尔夫球运动，现在除西藏自治区外全国其他省区市均建有高尔夫球场地设施，如环渤海地区、珠三角地区、长三角地区等经济活跃地区及海南、云南等旅游大省发展尤为突出；参与人口接近 500 万，覆盖人群范围逐渐从高收入阶层向社会中间阶层延展，青少年人口增长迅速。

2014 年以来，青少年高尔夫赛事蓬勃发展，由 2014 年的 6 个增长至 2017 年的 17 个。2016 年，中国高尔夫球协会授牌全国 68 家单位成立首批青年竞赛训练基地或中心，为青少年提供职业化、规范化的高尔夫教学指导。中国青少年高尔夫赛事的兴盛和规范的青少年高尔夫培训市场促使参与高尔夫运动的青少年数量增多。

据《2019 中国棒球人口白皮书》显示，截至 2019 年，中国棒球人群整体规模约 4 100 万，活跃人群 2 100 万，主要分布在经济发达的华北、华东、华南地区的一线和新一线城市，如北京、上海、广州、成都等

中国马术市场发展

地。在活跃人群中，泛棒球消费人群占比 81.5%，棒球观赛人群占比 45.7%，棒球参与者占比 40.0%。其中成年棒球人群主要以收入相对较高的白领阶层为主。86.9% 的人受过良好的教育（本科及以上）；家庭月收入 8 000 元以上的占比 82.1%；棒球参与者普遍注重对健康、生活品质的投资，同时具备良好的消费能力。未来，棒球运动产业将沿着“棒球 + 青少年体适能培训”“棒球 + 企业团建”“棒球 + 旅游”“棒球 + 留学”“棒球 + 地产”等路线推进。

（三）赛事数量不断提升和规模逐步扩大

拥有一定规模的系统赛事体系，是时尚运动产业成熟与完善的标志。《加快发展健身休闲产业指导意见》《全民健身计划纲要》等相关文件的颁发，为时尚运动赛事的发展提供了政策与制度保障。加之人们日益增长的对惊险刺激运动的需求，时尚运动赛事数量不断增加，规模逐步扩大，初步形成了业余、职业和青少年的综合赛事体系。

据中国马术协会统计，2018 年共举办国际国内赛事 38 场。在这些赛事中，场地障碍赛事 16 场、青少年场地障碍赛 8 场、盛装舞步赛事 2 场、三项赛赛事 1 场、速度赛马 5 场、耐力赛 2 场、马球 1 场、绕桶赛 1 场，马术大赛、马术节等综合性赛事 2 场。

据中国击剑协会统计，2018 年共举办击剑类国际赛事 5 项，全国专业性赛事 10 项，商业性赛事 1 项，以及俱乐部联赛 5 站，平均每站参赛运动员约 2 950 人。中国击剑俱乐部联赛成为中国本土击剑赛事最为重要的品牌赛事。

据中国高尔夫球协会发布的《关于 2019 年全国高尔夫球竞赛计划的公告》显示，除中巡赛和美巡赛（中国）等职业联赛外，2019 年国内业余和青少年比赛数量呈现出蒸蒸日上的态势。在业余赛事中，全国业余高尔夫球巡回赛（5 站）、希望赛（6 站）和中国业余高尔夫球公开赛（5 站）是其中规模最大的三项赛事，除此之外在国内还会有其余业余赛事、青少年赛事，加起来共有 26 场。

（四）时尚运动产业价值凸显

随着国家对时尚运动产业的关注和重视，资本投入力量雄厚，产生的产业价值也逐渐凸显。近几年，高尔夫、击剑、轮滑等时尚产业体系逐步完备，产业水平也不断提升，虽然与篮球、足球、乒乓球等大众项目相比，受众群体较小，但市场价值较高，积极推动着我国经济结构调整和体育消费升级向前发展。根据《2016—2021 年中国轮滑鞋行业发展前景预测与投资战略规划分析报告》的数据显示，全国范围内轮滑爱好者超过了百万，参与群体人数超过千万；据不完全统计北京市有10几万青少年参与轮滑；南京的60多所高校均设有轮滑社团，全国经常参加轮滑运动的大学生有5万人次，并以每天3 000~5 000人次保持递增。

蓬勃发展的轮滑运动

据中国马术协会统计，2018年我国共有马术俱乐部1 302家，注册会员42万人，人均消费21 369元，产业总规模897.5亿元，同比增长33%，年度消费人次高达50万人次，总消费金额约90亿元。全年赛事带动总消费额约4 000万元。

据中国击剑协会统计，截至2018年，我国击剑协会业余运动员注册数量约为3.4万人，其中运动员、教练员、裁判员注册业余运动员总数较2017年增长28%。同年，在中国击剑协会注册的团体会员数量已达639家，其中专业组织团体会员576家。2018年5站俱乐部联赛共创造交通、住宿餐饮、购物等消费约为2 420万元。

二、时尚运动产业未来发展趋势

（一）大众化全面展开

时尚运动项目被纳入《全民健身计划（2016—2020）》纲要，就是要将时尚运动纳入全民健身公共服务体系，满足大众运动需求，使消费者能愿意和方便参与其中。当前，部分项目时尚运动如马术、高尔夫还是高消费人群的标志，随着“健康中国”“体育强国”等国家战略的推进，时尚运动公共服务体系逐渐形成和完善，立足全人群共享、全地域覆盖和全周期服务，使时尚运动成为人民群众喜闻乐见、方便参与、消费得起的体育运动，成为大众生活方式的重要选择。一方面把形式多样的时尚运动活动广泛设置在能聚集人气的旅游度假、休闲购物的地方，并借助手机App、互联网、电视、微信、微博等媒介进行宣传，降低参与门槛，扩大参与群体，提升参与乐趣，让更多的人参与进来。另一方面，普及时尚运动技术和比赛规则，以供给侧结构性改革思维增加有效供给，研发简易化、趣味化的时尚运动项目，打造多元化的休闲娱乐活动，满足不同人群的休闲娱乐需求。比如，推动条件合适的（半）会员制高尔夫球场在非高峰时间向公众和青少年低价开放，倡导自助打球，以十八洞高尔夫为最高消费标准，广泛开展小三、六、九洞等高尔夫消费方式。

（二）发展方式不断转变

高尔夫运动的项目开发

时尚运动由于具有很强的可观赏性，具有消费引领的作用，因此时尚运动经常成为商家投资的目标。许多时尚运动的代表人物在相关项目没有被列为竞技体育项目前就已经成为商家争相赞助的对象。例如,滑板运动员使用的器材、服饰、饮料等几乎都会成为商家赞助的选择。大众在观看和参与滑板运动的时候,往往关注和模仿滑板高手的技术动作,购买相关产品,这就是明星效应带来的商业价值。

时尚运动产业具有消费引领性、产业价值高的特征,未来企业将是推动该行业发展的主力军,市场在资源配置中起决定性作用,各级各类社会组织在市场与政府间的广阔空间发挥服务、公益、补充作用。在当前发展基础上,时尚运动行业适速增长,更注重增长质量和增长效益,在场地设施、人才培养、赛事活动、产业结构等方面转型升级。政府建立行业公共发展平台,行业自治组织内部治理结构不断完善;行业组织公共管理职能得以发挥,辅助政府干预市场,克服市场机制失灵缺陷。另外,管理部门的组织、协调、监管职能也会逐步完善,形成行业标准和行业政策体系,推动时尚运动休闲产业健康科学地向前发展。

（三）产业体系逐步完善

随着全民健身、发展体育产业上升为国家战略 ,运动消费结构不断升级,运动人口数量不断壮大,人们对时尚运动的需求在数量和质量上也不断升级。完善的产业体系,不仅可以解决资源短缺的问题,扩大受众群体,让更多的人参与进来,而且还可以充分发挥时尚休闲运动产业在体育产业经济中的带动作用。未来时尚运动产业体系逐步形成以场地设施经营为基础,以大众休闲健身和技能培训为核心,以职业巡回赛为动力,以专业人才培养为支撑,以器材、服装、装备制造为龙头,以旅游度假为带动,以产业融合为延展的产业体系。结构合理、布局均衡、功能完善、门类齐全的时尚运动产业体系,不仅能满足大众需要,而且其市场活力也得以激发。多元产业主体不断壮大,形成一批具有国际竞争力、带动性强的龙头企业,进而形成一批特色鲜明的产业集群和自主品牌。时尚运动服务业、培训业、装备制造业及相关产业结构进一步优化,形成服务业精品工程,装备制造业品牌工程和时尚运动产品融合发展工程。围绕“一带一路”、京津冀协同发展、长三角经济带等国家政策,打造时尚运动产业圈。因地制宜,打造地区特色,积极推进区域协同发展。

（四）青少年是发展主力军

因为时尚运动容易形成流行文化和休闲氛围,因此其引领消费的价值不容忽视。时尚运动充满个性和时尚的特点,对青少年有很大的吸引力,再加上青少年思想活跃,对新事物接受较快,因此时尚运动在青少年中的“非正式”推广和普及将自然增多。当前互联网时代，各类传播媒体将以时尚运动为素材吸引流量，产生流量经济和粉丝经济，而青少年的关注更会增进时尚运动文化的传播。

大力推动青少年时尚运动项目普及，是贯彻落实《青少年体育“十三五”规划》《青少年体育促进计划》的要求，以市场化方式运行青少年运动技能培训和赛事组织，建立青少年体育公共服务体系。以青少年培训为中心，可以有效拉动家庭其他成员参与时尚运动，围绕青少年及其家长，创新时尚运动培训产业的商业模式，深度挖掘时尚运动的核心消费需求，持续做大做强时尚运动培训产业。当前我国体育教学改革中，新兴时尚运动项目成为体育课程改革的重要的内容，将代替某些传统体育课程内容。学校在政府部门指导下与时尚运动俱乐部及社会组织合作开设时尚运动公开课，以培养青少年时尚运动技术、提升青少年综合素质为导向，促进青少年时尚运动培训产品体育属性与教育属性的融合。可以预见，时尚健身休闲运动进校园的进程将加快，时尚运动文化将在青少年中得到“正式”传播，在我国将拥有更广泛的群众基础。

第三节　民族民间健身休闲产业的发展

一、民族民间健身休闲产业的发展现状

（一）民族民间健身休闲项目不断创新呈现形式

我国已经挖掘出近 700 项民族民间体育项目，全国范围内已建立 155 个民族传统体育基地。这些丰富的民族民间体育文化资源为其产业化发展提供了良好的禀赋优势。随着全民健身和体育强国建设稳步推进，民族民间健身休闲产业发展基础不断夯实，规模持续扩大，并呈快速发展态势。但与时尚运动相比，我国传统民族民间体育项目的商业化氛围不高。从已有的发展情况来看，大多数民族民间健身休闲项目主要是作为社会媒介活跃气氛和文化认同的手段，只有少部分才能产生直接经济效益，如部分民族民间传统体育项目如武术、舞龙、舞狮、赛龙舟等开始走向市场，成为一种传统民间赛事，节庆文化商品得到了部分群众的认可。截至 2018 年底，中国武术协会认定的武术之乡已达到 100 个，武术竞赛表演、健身休闲、培训研修、用品制造、武术旅游、影视动漫等产业链条不断完善。根据中国武术协会不完全统计，目前

美国搏击运动的产业化发展

中国武术人口超过 6 500 万人，占世界总习武人数的四分之一；现有武术馆、校、院、社 1.2 万余所，常年在馆习武人数达 200 万人。庞大的群体，构成武术产业基本消费市场，推动武术产业发展。以“中国武术散打王争霸赛”“中国武术散打职业联赛”“中国武术散打俱乐部超级联赛”“中国真功夫武术散打百强争霸赛”等品牌赛事为代表的武术赛事日益繁荣，以推动武术普及化、社会化为目的的武术健身活动日趋活跃，以技能培训、强身健体为主要内容的武术培训研修蓬勃发展，以武术运动服饰、刀枪剑棍等器材及相关装备为主要产品的武术用品体系初步形成。

（二）民族民间健身休闲产业与旅游业融合发展

当前，民族民间健身休闲产业还处于起步阶段，其产业的发展既依托文化产业的发展，也依附于旅游业的发展。民族民间健身休闲项目开发是近两年随着旅游业的不断发展和深层次的挖掘才得以利用起来的。民众在欣赏自然风光和人文景观的同时，可领略体验带有地域特色的民族民间体育运动，满足休闲娱乐、健身消遣、观光旅行的多元化需求。民族民间健身休闲体育的开发利用可为旅游业的发展增加文化内涵并扩大参与群体，但反过来看，民族民间健身休闲业直接创造的收益还没有从旅游产业中完全剥离出来。因此，可以说民族民间健身休闲业对旅游业依附性较强，在旅游业中的整体开发中仍然处于初级阶段。如云南地区紧紧围绕以民族民间传统体育为特色的康体休闲游和以体育赛事活动为载体的观赏体验游为中心，推动民族民间健身休闲产业 + 旅游融合发展。除原有的昆明火把节、石林火把节、楚雄彝族火把节，保山、普洱、丽江、大理、昭通等地近两年也开始举办特色火把节。游客不仅可以体验云南民族特色文化，还可以品尝到特色美食。在如此众多的民俗节庆等活动拉动下，各个地方的旅游接待人数也呈骤增趋势。2019 年 6 月 7 日上午，迪庆·香格里拉端午赛马节暨中国旅游集团首届“时光之礼”香格里拉旅游文化节在迪庆香格里拉民族体育中心开幕。赛马节以其不断扩大的规模和影响迎接来自五湖四海的赛马爱好者、游客、群众、摄影爱好者，尽享赛马盛会，逐步实现了“弘扬民族文化，打造节庆赛事，共享艺术盛宴，实现品牌提升”的产业发展目标。湖南岳阳的汨罗江作为龙舟文化的重要发源地之一，每年端午前后都会举办龙舟赛事，吸引全国各地的游客前来观赛。岳阳市政府为每年办赛都提供了政策扶持，支持龙舟赛的同时能给游客提供许多福利，吸引更多人前来，发展城市旅游业。在汨罗，已经投资 50 亿元打造端午文化产业区，龙舟赛事是产业区中的重要内容之一。

（三）民族民间健身休闲项目产业化发展未成体系

民族民间健身项目产业化发展不均衡，还未形成完整体系，存在开发结构不合理、配套性差、延续性不足、投资主体单一等诸多问题。其一，从区域发展状况看，西南地区的开展略好于其他大部分地区。我国的西南地区主要包括重庆、四川、贵州、云南和西藏自治区，涵盖四川盆地、云贵高原、青藏高原南部等地形单元。川藏滇黔地区是我国少数民族聚居区域，多民族交错杂居构成了丰富多彩的少数民族文化，同时也有众多的民族体育项目和旅游资源。近年来，西南地区旅游业发展迅猛，民族民间健身休闲项目在“旅居共娱”的环境中创造了一定经济效益和社会效益。从内容、形式、时间上看，多围绕当地民族民间项目，以歌舞表演、节庆活动等形式呈现。由于节庆活动都有时间界限，大多数民族地区的活动都在民运会和民族重大节日内进行，时间的延续性和热点的连续性不够持久，这不利于民族民间健身休闲项目的产业化发展。如何拓宽和挖掘民族民间健身休闲项目的内容和价值成为值得相关部门、企业经营者、研究人员深入思考的问题，如何延长节庆活动影响力，开发相关项目节前、节中、节后的产品并提供相应的服务，满足消费者需求成为解决问题的关键。其二，从投资构成上来看，目前以当地政府及相关机构进行公益性或事业性投入为主，社会、个人、企业、外资的商业经营性投入较少，且投资渠道单一，多元化的投资格局尚未形成。

二、民族民间健身休闲产业未来发展趋势

（一）形成良好的民族民间体育文化氛围

要发展民族民间体育，大力弘扬中华民族民间传统体育文化，讲好民族民间体育文化故事，体现中国民族民间体育精神，展示中国民族民间体育形象，实现中华优秀传统文化的创造性转化和创新性发展。民族民间健身休闲体育文化内涵，是该产业普及和发展的核心驱动力。首先，要充分发挥民族民间体育文化的社会功能与价值，增强民族民间体育在当今社会的感召力和影响力。其次，要继续推进民族民间体育的传承与保护，鼓励符合条件的民族民间体育相关项目列入非物质文化遗产代表名录。最后，要建设民族民间体育博物馆，筹办民族民间体育赛事、搭建民族民间体育展等各类传播平台，发挥民间代表性传承人在民族民间体育文化传承中的作用。

具体的做法是一方面深挖民族民间健身休闲业资源，组织开展民

族民间体育文化资源调查，摸清发展民族民间健身休闲产业的人文基础条件，推进民族民间健身休闲资源相近产业互补、供需对接的区域联动发展模式建设。另一方面，扩大民族民间健身休闲业人口，利用报纸、杂志、广播、电视、网络等各类媒体，广泛宣传民族民间健身休闲运动的知识和方法，营造良好的参与氛围。充分发挥各类社会组织的作用，举办各种技术或理论培训班、交流或研讨活动，适时与学校教育相结合，推动民族民间体育相关活动的开展。

（二）竞赛表演质量不断提升

民族民间健身休闲产业还处在发展初期，各方面都还不够成熟，要利用表演和赛事起到引领作用。民族民间健身休闲产业未来在竞赛和表演质量上要不断提升，以此引领其他关联产业向前发展。首先，重视职业赛事发展，积极探索市场经济条件下职业赛事的发展方式和路径，引导散打、龙舟等具备条件的民族民间健身休闲项目走职业化道路，鼓励建立职业赛事发展联盟，逐步提高职业赛事的成熟度和规范化水平；健全职业赛事政策法规体系，强化事前事中事后监管，推进民族民间健身休闲产业信用体系建设，建立“黑名单”制度和退出机制，持续优化和规范民族民间健身休闲体育职业赛事发展环境。其次，打造品牌赛事。创新社会力量参与民族民间健身休闲体育赛事的组织方式，构建特色鲜明、形式多样、内容丰富的民族民间健身休闲体育赛事体系，重点培育一批具有中国特色的世界级民族民间健身休闲体育品牌赛事。最后，注重表演市场的培育。以武术套路、散打、舞龙舞狮等观赏性强的民族民间健身休闲体育项目为突破口，打造一批娱乐功能强、商业价值高、表现形式多样的民族民间健身休闲体育表演节目；鼓励开发体现中华优秀文化、具有中国特色的民族民间健身休闲体育表演精品；积极培育各级各类民族民间健身休闲体育演出团队，推动民族民间健身休闲体育表演市场向专业化、多元化方向发展。

（三）民族民间健身休闲市场供给更加丰富

丰富的市场供给，可提高民族民间健身休闲业的产业效益，服务范围、装备制造、场地设施都是其重要影响因素。其一，民族民间健身休闲服务内容不断拓展。大力发展民族民间健身休闲服务业，构建以健身休闲、竞赛表演、培训研修、传统体育康养、民族民间传统体育旅游、影视等为主要内容的产业体系；实施民族民间健身休闲服务业精品工程，打造一批优秀的民族民间体育培训机构和品牌赛事，开发一批市场需求大的民族民间健身休闲课程和产品。其二，装备制造将进一步加强。鼓励研发民族民间体育表演服饰、器材等标准用品，引导开发民族民间体育健身指导技术装备、可穿戴式民族民间体育健身设备等新型装备；开展个性化民族民间健身休闲体育定制服务，满足强健体魄、祛病健身、减肥美体、防身自卫等健身需求。其三，设施供给不断增加。构建满足不同地区、不同人群健身需求的民族民间体育健身设施体系，扩大群众习练场所，增建室内外、城乡习练站点；引导商场、景区等引入民族民间体育特色资源，打造一批运动休闲与相关服务高度融合的服务综合体。

（四）民族民间健身休闲产业能效不断提升

民族民间健身休闲体育集健身、竞技、艺术、娱乐等多功能于一体，具有广泛的民俗性、显著的健身性、良好的观赏性和娱乐性、再加上丰富的文化内涵，受众群体应该非常庞大，正所谓民族的也是世界的，民族民间健身休闲项目将走向市场，并走向国际。但从目前的情况看，国际上之所以对中国功夫具有一定的认可度，基本都是通过影视作品这一种途径，因此，传播途径仍然单一，商业化开发滞后，影响力有限。未来民族民间健身休闲业将在示范引领和智能发展方面有所加强，提升其产业效能。一方面，民族民间健身休闲产业重大项目不断推进，培育一批产业层级高、投资规模大、带动能力强的民族民间健身休闲产业项目和有自主知识产权的高端品牌，如：全面推进全国武术之乡、武术示范街道、示范小区建设，打造一批以武术运动为主题的体育产业示范单位和示范项目，引领武术产业发展。另一方面，打造“互联网＋民族民间健身休闲体育”。充分利用移动互联网、物联网、云计算等新技术，构建“智慧民族民间健身休闲体育”服务网络和平台，拓展“互联网＋民族民间健身休闲体育”新领域。借助个性化开放移动互联平台，实现赛事、教学、电子商务等资源的高度有效整合，开展民族民间健身休闲体育运动大数据服务，提供电子商务、信息查询、数据共享、服务指导等集成服务。

“智慧武术”创新平台

（五）与其他产业深度融合

逐步建立民族民间健身休闲产业融合发展机制，民族民间健身休闲运动将与养生、旅游、文化、传媒、教育培训等深度融合。民族民间健身休闲影视产业链条逐步完善；民族民间健身休闲业与旅游业的融合将更深入、更科学；享有“朝阳产业”之称的旅游业，具有巨大的发展潜力；民族民间健身休闲体育的诞生地拥有自然资源和人文资源优势，与旅游业发展需求高度契合，二者具有强烈的产业关联效应，第一阶段以观光为主的低层次旅游消费将向以体验、度假为主的中高层次旅游消费转化，观光型旅游产品消耗自然资源，附加值低，转化过程中各地将挖掘区域特色文化产品以满足消费者需求。民族民间健身休闲项目满足了体验性消费的需求，并成为体验区域文化的深度参与型产品。未来，民族民间健身休闲业与旅游产业的融合发展将继续深入，二者互相推进，共同发展。如：国内旅行社和旅游景区设计开发包括民族民间健身休闲体育体验内容的赛事观摩、运动体验、遗产观光、节庆会展、研学旅游线路产品。还应该积极发挥民族民间健身休闲体育在运动康复、健康养生等方面的特色作用，提倡开展健身咨询和调理等服务，在加强民族民间健身休闲文件传播的同时，也大力发展了民族民间健身休闲产业。

综上所述，时尚运动因其新颖性、可观赏性成为现代社会的特色运动项目，受到资本青睐，具有产业化发展的天然优势。民族民间健身休闲项目因为具有地域性和民族性特征成为区域体育产业发展的特色运动项目，在发展过程中兼具社会意义和经济价值。时尚运动和民族民间健身休闲项目共同构成了我国健身休闲产业的特色运动项目，必将为我国的健身休闲产业增添新的、独特的色彩。

复习思考题

1. 什么是特色运动产业？阐释其产业结构及发展意义。

2. 时尚与民族民间健身休闲产业未来发展趋势是怎样的？

3. 结合你对特色运动产业的理解，说说你所在的地区有哪些相关产业，其发展方式是否科学合理？

第十三章 健身休闲产业与其他产业的融合发展

学习目标

1. 掌握健身休闲产业与旅游、医疗服务、教育、互联网行业融合发展的基础。

2. 熟悉健身休闲产业与旅游、医疗服务、教育等行业融合发展的现状。

3. 了解互联网 + 健身休闲产业的发展模式。

本章导语

国际奥委会前任主席罗格说过:“体育自身不能实现任何东西,但任何东西与体育结合会产生无穷的威力。”健身休闲产业融合是价值增值的过程,产业融合的内在动力是基于产业间的关联度和效益最大化的利益驱动,健身休闲产业融合的外部推力是宏观环境和政策。当前,健身休闲产业同其他产业的市场要素相互交叉、渗透,原有健身休闲产业的边界逐渐模糊,促进了新型产业融合的动态发展。本章主要讲述健身休闲产业与旅游、医疗服务、教育、互联网等行业的融合发展机理,介绍健身休闲产业与相关产业分享市场、平台和载体、需求和利润空间的基本状况。

第一节　健身休闲产业与旅游业的融合

一、健身休闲产业与旅游业融合的基础

（一）健身休闲与旅游的天然联系

1. 健身休闲是旅游活动的主要实现方式

旅游活动基于人的位移而实现。人类的体育运动总是贯穿旅游活动始终。从旅游兴起伊始，户外休闲运动就作为旅游的基本实现形式与之相伴。当走马观花式的、单纯的观光旅游不能满足人们需求的时候，休闲体验式旅游以人体的直接参与形式增强了旅游者的体验感，从而得到了迅猛的发展。健身休闲日渐成为旅游业发展的关键要素和动力引擎。

2. 健身休闲与旅游活动兼具“玩”的特性

健身休闲与旅游活动都是人们在“有闲”之时，选择的行为活动方式。健身休闲活动和旅游活动都要求活动主体不同程度“有钱”以满足不同层次的心理需求。二者均是在消费者“有钱”“有闲”条件下为了自身发展，愉悦身心而进行的，二者兼具“玩”的特性，而非谋生手段。人们在健身休闲中习得“玩”的技巧和本领，又在旅游活动中寻求“游玩”的乐趣。

（二）健身休闲与旅游的共性

1. 同为社会经济发展的产物

健身休闲与旅游都是人类社会经济发展到一定阶段的产物。随着社会生产力的不断提高与经济的高度发展，人们的生活环境得到了较大的改善，个人的收入水平也大幅上升。人们对身心享受的需求随着消费能力的增强以及余暇时间的增多而不断增大。更多的人以追求更高档次的、健康文明的文化娱乐活动来满足这种需要。体育和旅游的融合恰恰满足了人们这种需求。

2. 同为社会消费活动

人们在健身休闲活动或旅游活动过程中，总是不可避免地要与社会的方方面面发生经济联系和关系，通过货币交换来满足自身追求身心健康、缓解疲劳、放松心情等需求。对于区域经济而言，人们的消费活动会促进当地基础设施和服务业的发展，促进了旅游的兴起和户外运动休闲的繁荣，拉动社会经济增长，并提供更多的就业岗位。

3. 同为人类的文化活动

健身休闲和旅游都属于文化活动的范畴。在户外健身休闲活动过程中,人们既增长了见识,又增强了体质;既领略了大自然的美景,又体会了人与自然的和谐;既欣赏了人类的文化遗产,又丰富了现代生活知识;既了解了世界各地的风土人情,又促进了各国和各民族之间的交往与友谊。消费者在旅游活动中同样如此,主要是在旅行和游览过程中欣赏和体验各地不同的风土人情。

二、健身休闲产业与旅游业融合的经济意义

（一）促进旅游者消费升级

健身休闲产业具有与旅游业相同的体验、休闲、生活的产业特征。二者的融合有助于引导人们树立健康生活的理念,养成健康生活方式。在社会经济发展到小康阶段,旅游成为大众所需,无论城市居民还是农村居民,都表现出对"诗和远方"的憧憬。单纯的观光旅游已无法满足游客的需求,体验性强的健身休闲项目成为旅游活动中的重要关注点,大众在旅游活动中,参与健身休闲运动项目,试图摆脱现代文明病的困扰,维护机体健康,以获得更高的生活质量。人们渴望健康的需要与相关产业部门提供的优美舒适的环境、专业设备器材、专项技能的指导服务结合就会形成旅游消费者更高层次的消费需求与动机。二者的融合将促进旅游消费升级,并形成新的消费热点,带动消费者消费,提高社会的消费能力,促进经济增长。

（二）促进旅游产业结构升级

近年来旅游业和体育产业在国际国内都保持着较快的增长速度与较大的增长幅度。二者对国家经济发展所起的作用日益凸显,显示出极大的活力以及巨大的发展潜力,因而被称为朝阳产业。体育产业内部各子行业间的重组融合,指一般发生在体育本体产业的"体育健身休闲业"与其他体育子行业间通过上下游产业链的重组所实现的一种融合方式,因此,体育产业与旅游产业融合的突出表现是健身休闲产业与旅游业的融合。由于旅游业和健身休闲产业都是关联性很强的产业,而且二者都需要获得许多部门和产业的支撑才能建立和发展,旅游业和健身休闲产业的发展又能拓展体育、旅游、交通等相关部门和产业的业务内容,促进其发展。健身休闲产品的参与性和技能性特征将弥补目前旅游市场优质产品供给不平衡的现状,将促进旅游产业相关部门优化健身休闲环境,完善专业设施设备,培养体旅结合的专业服务人

才，提升技能指导与服务能力。

（三）刺激国民经济增长，增加外汇收入

旅游业被看成是第三产业发展的龙头，而健身休闲已成为大众消费的新热点。二者融合给市场注入一定的活力，从而加快社会商品和货币的流通速度。同时，二者的有效融合也将促进旅游目的地经济社会发展，提供就业机会，实现社会稳定。出色的旅游目的地运营将提升旅游目的地形象，与健身休闲产业的融合将促进当地旅游资源的增值，吸引国际旅游者，增加外汇收入。比如，贵州省完美地融合本地人文和自然的文化，兴建了第一个中国户外运动主题公园，在这里人们可以体验14个不同的运动如山地、自行车、攀岩及水上项目等。经过多年的努力，贵州紫云格凸河攀岩线路成了国际上最优质的黄金赛道之一，每年都吸引了国内外众多户外爱好者前来参赛、练习、观赛或旅游。

综上，健身休闲与旅游的天然联系与共性特征奠定了健身休闲产业与旅游业融合的基础。二者的融合不仅能促进社会的和谐发展，在经济领域还可以促进消费与产业结构升级，促进地方经济和国民经济的增长。

三、我国健身休闲与旅游融合的历程

在我国健身休闲产业与旅游业融合的发展经历了五个阶段。

（一）发展的萌动期（1985—1991年）

1985年国外登山爱好者想征服珠穆朗玛峰，为了促进中外文化交流，有关部门牵头成立了西藏国际体育旅游公司。从此，体育旅游产业在我国开始萌芽。1986年成立了中国国际体育旅游公司，统筹兼顾全国体育旅游管理。同时，我国在世界上享有盛名的体育旅游资源相继被开发并形成外向型发展模式，吸引国外体育旅游爱好者。但当时整个产业市场较小，为发展萌动期。

（二）资源导向型的粗放式发展期（1992—2001年）

1993年，原国家体委颁布制定《关于深化体育改革的意见》，提出要改革现有的体育体制和运行机制。实现两个根本转变总体目标后，健身休闲融入旅游产业，依托市场进入到一个崭新的发展阶段。该阶段，以社会经济体制改革为主要背景，以体育资源开发为重点，突出体育旅游产品数量的快速增加。但开发过程中对自然及人文环境存在许多破坏性行为，呈现出外延粗放型发展态势。

（三）多形式发展的摸索期（2002—2008年）

在奥运会的影响下，2008年我国体育旅游产业发展达到前所未有的高峰。体育旅游业借奥运会的契机开始了多种形式的发展，主要表现为：从载体活动上看，以体育比赛项目或健身休闲活动为代表的区域旅游活动开始出现；从投资经营主体来看，民营资本大量进入体育旅游产业，为健身休闲与旅游的进一步融合发展提供了机会；从产业规模来看，体育旅游产业形成了新的、可观的经济价值，部分健身休闲与旅游融合发展的组织形态萌芽。

（四）高速成长期（2008—2017年）

2008年是我国体育旅游产业发展的标志年，奥运会后体育旅游的发展已经迈向高速成长期。北京奥运会将中华民族的民族情感、民族意识推升到了新的高度，并极大地提升了国民的健康意识和体育参与意识，促使健身休闲成为后奥运时期人们的现代生活方式。同时，北京奥运会也给我国遗留了大量的体育旅游产业资源和健身休闲设施，如奥运会场馆等，从而促进体育旅游产业的高速发展，也促进了旅游业与健身休闲的进一步融合。

（五）高质量发展探索期（2017年至今）

2017年，党的十九大报告做出了我国社会主要矛盾已经转化为人民日益增长的美好生活需要和不平衡不充分的发展之间的矛盾的重要论述。为适应社会主要矛盾变化，旅游产业和健身休闲产业都必须寻求低能耗、高质量的发展路径，为市场提供有效供给。这是保持体育旅游业持续健康发展的必然要求。如深圳市龙岗区推进赛事活动和旅游产业协同发展，不断提升龙岗形象，走出了一条极具特色的体育产业高质量发展之路，形成体育生态圈高度融合的“龙岗模式”。

四、我国健身休闲产业与旅游业融合的现状

国务院在2014年出台《关于加快发展体育产业促进体育消费的若干意见》。2016年国务院办公厅又进一步印发了《关于加快发展健身休闲产业的指导意见》，健身休闲产业全面健康可持续发展的部署进一步被推动。当前我国健身休闲产业与旅游业的融合深度和广度都在进一步加深，力求实现高质量发展。

（一）产业融合发展基础仍薄弱

健身休闲产业与旅游业具有天然的联系，在实现方式、依托资源等方面都存在诸多共性。客观上讲，我国健身休闲产业和旅游业的融

合发展基础还很薄弱。比如,我国的旅游业长期以低附加值、逗留时间短的一次性观光型旅游占主导,粗放地消耗了旅游资源却并未获得旅游者的满意。体验性、参与性成为当前游客的重要需求,人才的缺乏和项目缺少设计成为制约体育旅游发展的瓶颈。同时,我国健身休闲产业起步晚,体教分离、应试教育导致人们健身技能缺乏,体育人才文化素养不高,服务意识不强。人们也不可能单纯为体育方面的目的而去某地消费,健身休闲产业发展规模和动力受限。健身休闲全产业链的发展还不够完善,高端健身休闲产品和服务还是我国健身休闲产业的短板。因此,我国健身休闲产业和旅游业的融合是产业增值的重要途径,即在薄弱的基础上,探索高质量融合发展,旨在依据旅游业发展的规律,科学开发旅游资源,专业化设计健身休闲项目,补齐全产业链,提供有效的、品质化的旅游产品和服务,以满足消费者需求。

(二)公共体育设施优化了居旅共享环境

《关于大力发展体育旅游的指导意见》《关于推动运动休闲特色小镇建设工作的通知》《体育强国建设纲要》等一系列政策的出台和落实,使我国在乡村和城市的社区、公园、广场等场所普及完善了体育休闲设施,市民和游客能够便捷地到达这些公共健身休闲场所。居民和旅游者共享环境的优化成果成为健身休闲与旅游业在城乡融合发展的重要支撑。

(三)"资源—项目"型产品成为产业融合的重要核心

旅游与户外健身休闲活动,都与地理环境密不可分。旅游与健身休闲的消费水平也受旅游者需求和旅游目的地的供给水平影响。在促进健身休闲产业和旅游业融合过程中,必须认真结合地理环境、旅游客源地和旅游目的地经济社会发展水平,选取适合旅游目的地资源的健身休闲项目,开发不同特色的休闲旅游产品。目前,我国已形成不同资源特色、不同运动项目、不同发展重点的区域体育旅游产品布局。比如,贵州重点发展山地特色体育旅游,内蒙古重点发展草原特色体育旅游,黑龙江重点发展森林特色体育旅游和冰雪特色体育旅游,新疆重点发展戈壁沙漠特色体育旅游,而沿海城市重点发展海洋体育旅游等。一批批运动休闲特色小镇、运动公园、运动度假综合体、高端运动俱乐部和场馆综合体相继建成,有力地弥补了旅游市场优质产品供给不平衡问题。

公园生态休闲旅游的发展

第二节 健身休闲产业与医疗服务业的融合

一、健身休闲产业与医疗服务业融合的基础

（一）以人的健康发展为出发点

健身休闲产业以促进参与健身休闲项目体验的消费者的身心健康为目的。医疗服务业以改善人的健康状态、恢复身体机能、挽救人的生命为根本任务。二者的融合不仅体现在两个学科领域技术手段的相互学习和使用,还包括思想、理论等诸多方面的渗透与结合。从根本上讲,二者均以人的健康发展为出发点,健身休闲以非医疗的方式对人的健康进行干预,提供预防疾病手段和方法,医学学科用医学的思维方法和知识体系将常见的体育运动方法进行归纳和总结,使之处方化,变得更加具有针对性、实用性和科学性。二者的融合体现出更广泛、更深远的科学健身社会价值,更有利于人类健康的实现。因此,健身休闲产业与医疗服务业的融合存在共同目标,即促进人类健康。

（二）已存在多种融合方式

事实上,体育科学与医学的融合早已形成多种方式。传统医学中"治未病""动静结合""天人合一"等理念和方法就是体医结合理念的完美诠释和集中体现。由于运动员在体育锻炼中面临的风险使医学运用于体育领域后促成了运动医学、康复医学、医学营养、健康评估的产生和发展。健身休闲在促进人的健康过程中,展现出独有的特色和效果,于是体育保健、运动处方等众多知识融合应用于健康领域。现代社会的竞争压力、科技进步、环境污染导致"现代文明病"的产生,多数人处于亚健康状态。渴望健康是人的本能,这一需求随着社会进步和发展表现得越来越强烈。健身休闲运动的预防和康复作用与医学的评估成为人们健康管理的重要模式。因此,健康是一个大产业,健身休闲产业与医疗服务业融合成为必然的趋势。

（三）国家政策支持

正是看到了健身休闲对健康的促进作用,各国政府在推进健身休闲产业与医疗卫生产业的融合方面先后出台了很多政策。在欧美等很多发达国家通过健身休闲提高国民体质,减少医疗负担,积极应对老龄化的挑战。美国是全球首个单独制定老年人体育政策的国家,先后颁布了《老年人法案》《国家计划:促进老年人体育活动》《健康公

民 2020》等政策，澳大利亚发布了《关于体育运动有益老年人健康的全国性建议》，德国实施了《健康生活》计划。这些政策的实施为人们的体育锻炼提供了场地设施、培训了老年体育指导员，有利于动员人们积极参与体育锻炼，促进自身健康。在我国，2014 年党中央国务院将“全民健身”提升为国家战略，在 2016 年又在《“健康中国 2030”规划纲要》中明确提出要通过“广泛开展全民健身运动，加强体医融合和非医疗健康干预，促进重点人群体育活动”等方式来提高全民身体素质。可见，生命健康是社会稳定发展的基础，维护和促进健康也是人本思想和社会进步的具体体现。无论东方还是西方，健身休闲的健康促进作用正被各国以法律法规的形式保障和落实。

二、我国健身休闲产业与医疗服务业的融合发展现状

（一）业务融合成为产业融合的核心

健身休闲产业与医疗服务业的业务融合主要体现在保障人民健康的工作模式的重组和方法手段的创新，以达到理想的疾病治疗及促进健康的效果。体医融合的主要实施方法就是“运动处方”。为了运动处方门诊业务的高效有序运行，需要在机构设置中重组组织机构，开设相关业务，培养体医融合专业人才。

目前，运动处方门诊是健身休闲产业与医疗服务业融合发展的典型实践与现实呈现方式。根据运动干预需求程度的不同，可以将运动处方门诊的服务对象大致分为以下三类：第一类，体检人群、亚健康人群、有健身需求人群等；第二类，慢性病病情稳定患者、肥胖病人群、有运动风险评估需求人群等；第三类，心脑血管疾病、糖尿病患者等。因此，在医疗机构、社区开设慢性病运动处方业务、健康测评和运动干预治疗业务，成为健身休闲产业与医疗服务业融合的核心表现。

（二）体医融合专业人才缺乏

渴望健康的人们增加了大健康产业的市场需求。人们不愿靠药物维持健康，更希望在病魔来临前阻止它造成伤害。但是，长期以来，我国的人才培养体系导致医生不懂体育，体育人不懂医疗，这成了制约健身休闲产业与医疗服务业有效融合的重要因素。目前，很多医疗机构和健身休闲中心设置专职医生和运动康复技师、营养师解决这一问题。同时，国内体育院校也在加大体医融合专业人才培养，如成都体育学院在体育类专业加入中医骨伤科学，在医学专业增加了体育和运动技能课程，使培养的人才兼有临床医学和体育学教育背景，是一套较

好的体医融合专业人才培养模式。

（三）产业融合深度不够

技术结合、业务融合并不代表健身休闲产业与医疗服务业的产业融合。当两个产业深度融合时，会出现健身休闲产业与医疗服务业的传统边界趋于模糊甚至消失的现象。显然，这种情况在我国尚未出现。

目前，我国健身休闲产业与医疗服务业全产业链还未形成。“体医”的业务融合与高精尖技术、高质量服务相结合仅仅应用于国家竞技体育的训练体系之中，还未与大众消费者健康消费的现实需求和潜在需求相联系，形成有机对接。竞技体育特别是高水平的竞技队伍，汇集了行业内最先进的运动训练理念和方法、运动员伤病治疗康复和恢复理念以及最佳的运动营养策略手段。事实上，如果能将这些应用于体育精英们的方法和手段应用到社会大众的慢性病预防和治疗中，为普通大众提供体医结合的健康促进服务供给，将有效释放巨大的经济能量，也会带来更加广泛的、良好的社会效应。

一些健康新产业、新业态和新模式已经出现，但这些产品供给还未形成完整产业链。对于一个有健康需求的人，其健康管理的全过程涉及健康体检、健身咨询、可能的治疗、康复训练等各个环节。互联网实现了信息传递，但我国亟须在运动场地等硬件设施的基础上建设运动处方库等软件支撑体系，还必须创新研发拥有自主产权的医疗健身器材器械满足人们日益增长的健康需求。

（四）关注特殊群体和重点人群

在健身休闲产业和医疗服务业融合的过程中，我国针对青少年、妇女、老年人、职业群体及残疾人等特殊群体的体质健康状况制订并实施了有针对性的干预计划。人口老龄化是我国的现实社会状况。体医结合重点关注老年人群体，促进健康关口前移，是保持老年人健康，延缓衰老的理想途径，对提高老年人健康水平和生活质量具有不可替代的作用。

实施青少年体育活动促进计划，有利于培育青少年体育爱好，促使他们熟练掌握一项以上的体育运动技能。这不仅促进了青少年健康，也在客观上形成了健身休闲消费群体。

针对妇女、职业群体及残疾人也存在不同的侧重点，健身休闲项目的选择往往结合医学的理论与群体特征而开展。

老年群体的健康管理

（五）多部门协同和社会参与

“全民科学健身活动”是体医结合的主要实施措施。但我国全民健身计划由体育部门实施，卫生、健康、医疗等则由卫生部门主导。曾

河北省的“体育+医疗”新模式

经体育部门和卫生部门存在沟通不足，即“互设壁垒”的现象。

体育和医疗是推动“健康中国”建设的共同动力，缺少体育手段的医疗和盲目运动都是存在隐患的。这一点，体育界和医疗界已有共识。随着认识的逐步加深，《“健康中国 2030”规划纲要》成为联合国可持续发展目标的中国本土版。在实施过程中，各行业各部门加强沟通与协作，形成促进健康的合力，共同加强了体医融合和非医疗健康干预。与此同时，群众不断提高自觉、科学健身的意识，健康消费观念和行为逐步形成。人们根据自身条件，未雨绸缪，广泛参与科学健身活动，形成了良好的社会文化氛围。

总之，健身休闲产业与医疗服务业的融合发展以人民的生命健康为根本出发点，健身休闲与医学将在思路、方法和理念上对健身休闲产业与医疗服务业产生深远的影响。2020 年初，湖北省武汉市用于抗击“新冠”疫情的方舱医院中医患共同练习太极拳、八段锦、健身操、体育舞蹈以抵抗疾病的典型案例，成为体医结合，产业融合发展的最好宣传。

第三节　健身休闲产业与教育行业的融合

一、健身休闲产业与教育行业融合的基础

（一）体育与教育的共同目的在“育人”，在于“人的全面发展”

教育与体育的共同目的具有一致性，其核心在“立德树人”的育人观。规则意识、坚毅笃行、团队意识、竞争意识等在体育运动中都有所有体现。体育竞赛规程是相关竞赛主办方对参赛选手和队伍进行行为约束的硬性控制文件。参与体育活动的学生必须遵守某项体育活动的比赛规则，在遇到困难时要求有一定的“抗挫”能力，培养其坚强的性格和毅力；比赛中遇到的各种突发的、紧急的、相对困难的事情，要求学生有应急的处理能力。这些都是教育要传递给学生的社会规则、精神和能力。针对终身教育的目标，事实上体育与教育总是陪伴人的一生。探讨二者融合发展，可以创新教育形式和内容，深化教育改革，也可以在健身培训领域创造更多消费需求。

（二）健身休闲是一种特殊的素质教育实现路径

当今世界综合国力竞争的根本取决于各类人才的质量和数量。提升劳动者素质成为教育的根本任务。以注重人的健全个性形成为根本

特征的素质教育受到政府、学校、家长、学生等社会各界的推崇。素质教育重视人的思想道德素质、能力培养、个性发展、身体健康和心理健康教育，因此，素质教育与健身休闲有着必然的联系。健身休闲是素质教育的实现途径之一。健身休闲运动项目总让人更会“玩”，让人在玩的过程中提升智力水平、身体素质、团队合作、勇敢、坚毅等。而这些都是素质教育对人的要求。因此，健身休闲是一种特殊的素质教育实现路径。

（三）素质教育助力健身休闲消费

素质教育的实施有助于青少年学习并掌握一门体育运动技能，并使其终身受益。技能习得的过程也养成了青少年健身的习惯，改变了一个家庭对健身休闲消费的行为。比如，一个学校在推行篮球运动的过程中，激发了孩子们的兴趣，这也可能促使热爱篮球运动的家长为提升孩子技能或身体健康水平而为其报篮球培训班，也可能影响整个家庭周末、假期的休闲方式，当这些青少年成走上工作岗位后，他们更有可能成为某个健身休闲项目的消费者。因此，教育是未来产业发展的发动机，教育产生或升级消费需求，素质教育扩大了健身休闲消费群体和规模，消费者素质提升促进健身休闲产业结构升级。

（四）研学旅行成为健身休闲产业与教育融合的重要表现形式

研学旅行是由学校根据区域特色、学生年龄特点和各学科教学内容的需要，组织学生通过集体旅行、集中食宿的方式走出校园，在与平常不同的生活方式中拓宽视野、丰富知识，加深与自然和文化的亲近感，增加对集体生活方式和社会公共道德的体验。

研学旅行与体育一样，具有户外特征，注重实践性与人的社会化，成为素质教育的新内容和新方式。研学旅行过程中，学生的身体活动参与必不可少，如乘坐不同交通工具、团队建设、生活技能学习等。研学旅行成为各国实施素质教育的重要途径之一。

各国开展研学旅行方式不同，但都成为休闲业与教育融合的重要形式。日本研学旅行是以单独的学校、班级为单位各自施行，日本 47 个都道府县地方教委每年出台本年度研学旅行的实施细则，并要求辖区内的中小学校遵照执行，具体包括对实施旅行的学年、天数、行程、费用以及随行教师的人数等各种要求。韩国教育部门将毕业旅行作为学生的一项必修课目，纳入学分管理。在美国，研学旅行主要为培养孩子的兴趣爱好提供更多的选择，美国霍奇基斯高中甚至曾组织 10~12 年级的学生去南极开展为期 3 周的探险之旅，让孩子们考察南极半岛和

国家公园里的特色休闲体育项目

周边岛屿。目前，我国重视研学旅行发展，先后出台了很多支持政策，成为地方推动素质教育、研学旅行的重要政策支撑。

二、我国健身休闲产业与教育融合的发展现状

（一）健身培训市场稳步发展

任何城市中的家长都非常渴望自己的孩子得到更优质的教育服务。当今社会推崇知识与素养能力并重的教育，而非应试教育。因此，家长们希望自己的孩子能够在阳光下愉快地接受体育锻炼，通过掌握的体育技能增强孩子的体质健康。同时，追求自我成长的人，总是具有终身学习的理念，他们大多注重身心健康，大多都有健身的需求。资本敏锐地发现了学生和其他社会群体的需求，将健身培训市场作为健身休闲产业投资的大本营，相关企业为满足社会不同年龄段人群对健身技能的需求，提供了体育技能培训、健身教练服务、身材管理服务。相较于健身休闲产业的其他业态，健身培训市场显得更加稳定。即使在2019年末“新冠”病毒肺炎疫情肆虐全球之时，户外健身休闲产业受到重击，健身培训市场却仍然以线上线下相结合的方式维持了运营。

（二）学校体育竞赛繁荣了健身休闲产业

体育竞赛有利于促进和激发学生的体育热情，是激发学生参与体育锻炼内生动力的渠道，是培养学生合作精神、竞争意识等综合素质的重要途径。在推行素质教育的今天，校园竞赛成为活跃学校体育文化氛围的重要抓手，目前，国内校园各级各类大中小学赛事吸引了大量学校、数千万学生参与其中。竞技性体育比赛往往将多数学生排斥在外，合理设计校园健身休闲类体育活动，增强其娱乐性、休闲性，可以让更多学生参与，养成体育习惯。目前，轮滑转冰赛、足球赛、（花式）篮球表演赛、棒球赛、体适能赛、棋类比赛、冰球体验赛、地壶球体验赛、平衡车赛、独轮车体验赛等健身休闲项目在校园中广受学生喜爱。校园中健身休闲类体育竞赛活动的组织带动了社会整体健身休闲产业与教育的融合，创新设计的健身休闲装备被引入校园，竞赛设施设备应用于校园竞赛活动，学生对运动技能的需求促进了健身培训业的发展。根据全国青少年校园足球工作领导小组办公室信息，全国38万所中小学中遴选认定校园足球特色学校27 059所，设立校园足球改革试验区38个，遴选校园足球试点县（区）160个。可以预见，校园足球的顺利开展，将带动以足球文化为主题的健身休闲产业迅猛发展。

（三）休闲营地与教育营地尚未有效融合

目前，我国的营地主要分为两大类，一类是健身休闲产业中的休闲度假型营地，如汽车露营地，主要提供住宿和餐饮服务，辅以其他供休闲放松娱乐的景观和设施。休闲度假型营地的主要消费群体为成人，以群体、家庭等形式开展，受收入水平、时间等多种因素影响。另一类是教育型营地，注重于活动和课程销售，拥有较大的活动场地，教育型营地更突出各项设施的功能性和安全性，主要消费群体为中小学生，因素质教育是中小学生成长教育中的刚需，所以市场潜力巨大。虽然，两种类型的营地在盈利方式上不同，运营重点不同，但二者却存在融合，并共享资源的可能性，共同实现营地增值。目前很多教育营地被称为“军训营”，这是营地教育内容单一，设施不齐，理念固化所造成的。因此，两类营地如何加强服务，提升体验，发展营地文化成为营地教育与健身休闲产业融合的关键点之一。

（四）积极的政策支持与引导

我国健身休闲产业与教育融合发展过程中得益于一系列相关政策的支持（见表 13–1）。2017 年，教育部基础教育司发布《第一批“全国中小学生研学实践教育基地或营地”公示名单》。由于我国在校学生基数大，市场一度出现井喷，因缺乏标准体系、专业人才，导致行业内企业服务质量参差不齐，造成了负面的影响。2019 年，教育部增补职业教育专业“研学旅行管理与服务”，旨在引导相关院校培养服务于研学旅行的专业人才，弥补缺口。

表 13–1　中国研学旅游行业政策汇总

时间	机构	文件名称	主要内容
2010 年 7 月	教育部	国家中长期教育改革和发展规划纲要	鼓励中小学生参加各种课外活动
2013 年 2 月	国务院	国民休闲纲要（2013—2020 年）	要逐步推行中小学研学旅行，鼓励学校组织学生进行寓教于乐的课外实践活动，健全学校旅游责任保险制度
2014 年 7 月	教育部	中小学生赴境外研学旅行活动指南（试行）	对举办者安排活动的教学主题、内容安排、合作机构选择等内容提出了指导意见，为整个行业活动划定了基本标准和规则

续表

时间	机构	文件名称	主要内容
2014 年 8 月	国务院	关于促进旅游业改革发展的若干意见	首次明确了研学旅行要纳入中小学生日常教育范畴
2016 年 12 月	教育部等 11 部门	关于推进中小学生研学旅行的意见	将研学旅行纳入中小学教育计划,加强研学旅行基地建设,通过研学旅行促进中华优秀传统文化教育
2017 年 9 月	教育部	中小学综合实践活动课堂指导纲要	指出包括研学旅行在内的综合实践活动是国家义务教育和普通高中课程方案规定的必修课程,与学科课程并列设置,是基础教育课程体系的重要组成部分
2017 年 10 月	教育部	中小学德育工作指南	要求组织研学旅行,把研学旅行纳入学校教育教学计划
2018 年 3 月	教育部	教育部 2018 年工作要点	明确推进中小学生研学旅行的意见

夏令营老师要持证上岗

综上所述,健身休闲产业与教育基于人的发展、素质教育的达成,存在融合发展的可能。营地教育、校园体育赛事、体育培训等相关行业在国家政策大力支持下得到快速发展与繁荣,健身休闲产业与教育的融合将更加深入,边界也将越来越模糊。

第四节　健身休闲产业与互联网

一、互联网对健身休闲产业的影响

(一)互联网消除了供需双方的距离

互联网已经深入到社会的每一个细胞内部,再造和改变传统行业的结构,萌生出一种全新的事物。管理大师德鲁克认为“互联网消除了距离”。毫无疑问,互联网既消除了生产者和消费者在空间上的地理距离,也消除了信息传递的时间距离。互联网(移动端和 PC 端)将健身运动服务的各个环节，将线上服务的场馆使用信息、教练员排班信息、消费者运动记录，以及线上社交、电商、垂直社区等服务与线下健身活动结合起来，努力实现健身市场的信息对称。互联网健身休闲消费者获取产品、服务等信息更加便捷，企业获取消费者信息也更加全面和迅速。互联网技术改变了信息不对称的情况下消费者和生产者之间的地位，使消费者的主导地位得以确定，人们可以定制个性化的健身休闲服务满足自身需求。这也意味着整个商业领域里，企业的主导地位将转为用户主导，用户拥有真正的消费主权。健身休闲消费者需求成为影响健身休闲产业发展，改变产业供给的依据，整个健身休闲产业的重心从经营产品转向经营用户。

（二）互联网改变了健身休闲消费者的思维

从表面上看，互联网缩短了人们的时空距离，改变了人们的生活方式；实质上，互联网技术改变了人们的思维方式，形成了网络思维和消费取向。这种网络思维渗透到人类活动的每一个领域，甚至影响和改变人类的思想。网络思维使得人们更加关注事物之间的联系，而非事物本身。于是，整个健身休闲产业从经营健身休闲客户转向经营健身休闲消费社群，驱动整个产业的发展和理念变革。健身休闲的消费者们共同参与喜爱的健身休闲项目而获得归属感并相互信任，各种微信群，如跑步群、登山群等应运而生，带来了新的健身组织形式。

（三）互联网改善了健身休闲消费环境

随着移动互联网终端的迅猛发展，手机超越个人电脑逐渐成为人们最主要的上网终端设备，人们依靠手机实现了信息的获取与传递。移动互联网环境虽然导致部分人因网络生活而放弃了运动休闲，但对热爱运动的人而言，却大大地改善了健身休闲消费环境。在硬件设备的支持下，人们通过视频资料播放类产品学习和了解健身休闲的知识、技能和信息。在移动互联网技术和定位技术以及智能装备的广泛应用下，人们可以清晰地了解和掌握自己的运动状况，共享信息给健身教练以获得专业的指导，或者分享到自己的社交群，以互相监督运动状况。人们可以在各类软件的支持下，通过应用程序，定制个性化健身休闲产品和服务；通过网络平台预约服务时间和健身课程，再转向线下健身门店进行体能锻炼。而自助健身房则可让健身用户可以在家门口随时享受低价而纯粹的健身环境——没有驻店固定教练、没有课程推销。

二、“互联网 +”健身休闲产业的三种模式

（一）共享模式

随着社交网络生态的逐渐成熟，移动终端、物联网和云计算迅猛发展，健身休闲产业与互联网以共享模式实现融合发展，互联网技术的创新与应用为健身休闲产业提供了发展动力。互联网共享模式的本质，归根到底是资源的优化配置。人们去公园、体育场馆锻炼，通常完成“计划内”内容后，又想尝试其他健身休闲项目，却碍于体育器材欠缺导致有场地不能玩的尴尬。在这种情况下，健身休闲产业的共享平台也应运而生。在青岛市城阳区的登山路径、健身步道、田径场、足球场、笼式足球场、篮球场、羽毛球场、乒乓球场、门球场等各种场地上就实现了健身器材共享，这种模式正推广到全国各大中小城市。上海的各大写字楼、社区也放置了智能化的共享健身设备。

疫情下的互联网健身共享

与共享单车不同，体育器材通常在固定场所共享租赁，避免了流动，减少了人员维护的成本以及器材丢失的可能性。在人们获得便利的同时，体育器材共享、健身仓共享等既检验了人们的守信程度也为资本寻求到了新的获利点。目前，虽然器材租赁业务产出的利润微薄，但却为企业积累了客户和流量，如何实现有效客户的转化是健身休闲企业应该思考的问题。

（二）社群模式

阿里巴巴 CEO 张勇认为，互联网商业正从“物以类聚”走向“人以群分”。互联网的虚拟世界和实体的商业世界逐步转化为一个世界，可以让这两个世界发生很多美好的变化，创造更多的客户价值和商业价值。互联网时代，将人、信息、企业、产品、服务、内容、商业连接，及一切可连接的人和有形或无形的事物连接起来并创造价值。健身休闲产业本是为一个庞大、复杂、统一的消费群体而服务。这个群体中的消费者有现存的和潜在的，有喜欢各种各样体育运动项目的，但都有一个共同的特征和需求就是追求健康。这样一群有相同运动爱好、对某项运动有相同认知的人通过网络建立了共同的归属感。企业在线上和线下针对他们形成了基于互联网的健身休闲社群经济形式，健身休闲企业以网络互动、交流、协作、感染的形式，建立产品与粉丝群体之间的情感信任，而这种连接和信任又会反哺企业。基于运动的兴趣型社群在互联网时代的健身休闲产业中具有重要的地位和价值。

（三）平台模式

疫情下的健身平台运营

互联网技术应用到传统健身行业就发生了化学反应，产生了众多的运动健身类 App 和体育社交类 App。移动互联网技术能够满足人们更复杂的个性化健身休闲需求，健身应用程序的一个明显的亮点就是用户能自己控制锻炼计划，与线下健身房相比，健身应用程序实际上更能在功能上吸引消费者。健身类 App 以科学运动、健康生活方式为主导，对健身消费者的数据进行实时跟踪，帮助用户了解运动的相关数据，如运动时长、运动轨迹、距离、心率等数据。在此基础上，健身类 App 还能有效激励用户达成健身目标，提供常见健身知识，制订健身计划，推荐训练方案，以及能量消耗状况，营养就餐指导等多方位服务。根据《2018 年中国运动大数据行业报告》显示，国内运动健身用户主要在跑步健身的过程中使用运动 App，其中最常使用运动 App 的三个场景是户外慢跑、远足、徒步与家中健身。由于针对的消费群体不同，设计的内容、实现的功能、付费标准也各有差异。国内用户群体较多的应用程序是 Keep 、Peloton、易健科技健身应用平台，一些创新型企业也在针对目标群体设计多元化的互联网健身应用平台。同时，“直播 + 电商”模式也被证实可以复制到体育产业，瑜伽垫、手环等健身休闲商品的整体销量都在持续上涨。某品牌联合优质网络主播，将 15 000 个瑜伽垫送到直播间，半分钟就被抢购一空。

综上所述，互联网应用于健身休闲产业，为健身休闲产业快速发展提供了新的思路、途径、模式与业态，加速了线上线下健身休闲产业融合发展态势。

虽然健身休闲产业与互联网结合得越来越紧密，线上健身满足了部分群体的健身休闲需求，但必须认识到线下健身休闲具有不可替代的体验价值。因空间有限、运动量受限，运动氛围不足、场景欠佳等都会影响体验感，因此线上、线下结合是二者融合发展的必然趋势。

复习思考题

1. 请你谈谈我国健身休闲产业与旅游产业的融合情况。
2. 健身休闲产业与医疗服务产业结合的基础有哪些？
3. 叙述健身休闲产业与教育融合的基础。
4. 试述“互联网 +”健身休闲产业的模式及特点。

参 考 文 献

[1] 杨铁黎 . 休闲体育产业概论[M]. 北京：高等教育出版社，2011.
[2] 刘平浩，张爱红 . 西方健身文化的历史演进[J]. 体育学刊，2017，24(05)：20–26.
[3] 段健芝 . 全民健身的转型升级——由全民健身热点问题谈起[J]. 体育学刊，2016，23(4)：74–77.
[4] 国务院办公厅关于加快发展健身休闲产业的指导意见：国办发〔2016〕77 号 .
[5] 杨岚凯，周阳 . 国外发达国家休闲体育产业发展及启示[J]. 理论与改革，2017(03)：138–145.
[6] 段爱明，邹凯 . 我国健身休闲产业发展的动因及创新路径研究[J]. 南通大学学报(社会科学版)，2018(05)：142–147.
[7] 李孟刚 . 产业经济学[M]. 北京：高等教育出版社，2010.
[8] 柳伯力，李万来 . 体育产业概论[M]. 北京：人民体育出版社，2005.
[9] 吴兆红，司增绰，吴香芝，等 . 中国健身休闲产业发展动力系统研究[J]. 河北体育学院学报，2019，33(03)：15–20.
[10] 韦建桦 . 马克思恩格斯选集[M]. 北京：人民出版社，2012，09.
[11] 张林 . 体育产业概论[M]. 北京：高等教育出版社，2013.
[12] 黄海燕 . 体育旅游概论[M]. 北京：高等教育出版社，2016.
[13] 谢英 . 区域体育资源研究[D]. 上海：上海体育学院，2003.
[14] 卢元镇 . 体育社会学[M].4 版 . 北京：高等教育出版社，2018.
[15] 李颖川 . 体育蓝皮书 中国体育产业发展报告 2019[M]. 北京：社会科学文献出版社，2020.
[16] 黄海燕，朱启莹 . 中国体育消费发展：现状特征与未来展望[J]. 体育科学，2019，39(10)：11–20.
[17] 鲍明晓 . 财富体育论[M]. 北京：人民体育出版社，2012.
[18] 潘四凤 . 全球价值链下中国体育用品产业集群升级研究[J]. 体育与科学，2010，31(05)：68–72.

[19] 鲍明晓.国外体育产业形成与发展[J].体育科技文献通报,2006(01):38.
[20] 席玉宝,刘应,金涛.我国体育用品出口状况分析[J].体育科学,2005(12):22-27.
[21] 钟秉枢,陈杰,杨铁黎.北京体育蓝皮书[M].北京:社会科学文献出版社,2016.
[22] 张林,黄海燕.中国体育产业发展报告[M].北京:人民体育出版社,2013.
[23] 李相如,钟秉枢.中国休闲体育发展报告[M].北京:社会科学文献出版社,2016.
[24] 宋平.健美运动的美学价值及其在高校推广的价值和策略探究[J].兰州文理学院学报(自然科学版),2017,31(04):75-78.
[25] 颜延,邹浩,周林,袁婵,王磊.可穿戴技术的发展[J].中国生物医学工程学报,2015,34(06):644-653.
[26] 花楠.我国健身休闲产业的发展困境与路径优化[J].广州体育学院学报,2019,39(06):37-41.
[27] 马欣祥,田庄.对户外运动概念的重新甄别与界定[J].中国体育科技,2015(01):140-146.
[28] 李相如,吴万鹏.中国休闲体育发展报告(2017—2018)[M].北京:人民出版社,2019.
[29] 宋瑞.休闲绿皮书 2017—2018 年中国休闲发展报告[M].北京:社会科学文献出版社,2018.
[30] 刘进.我国水域体育休闲发展探析[J].体育文化导刊,2014(05):28-31.
[31] 国家体育总局.水上运动产业发展规划[EB/OL].
[32] 张楠楠,张朋龙.跨界融合视角下我国水上运动产业发展路径研究[J].体育文化导刊,2017(06):124-129.
[33] 伍斌,魏庆华,孙承华,等.冰雪蓝皮书 中国滑雪产业发展报告(2018)[M].北京:社会科学文献出版社,2018.
[34] 朱志强.冰上运动[M].北京:人民体育出版社,2018.
[35] 年炜.国外滑雪产业发展研究[J].中国高新技术企业,2017(07):1-2.
[36] 商伟,陈梦晗.北京冬奥会背景下群众性冰雪运动的发展[J].

冰雪运动，2019，41（05）：58-62.
［37］顾诵芬，史超礼．世界航空发展史［M］．郑州：河南科学技术出版社，1998.
［38］耿建华，王霞，谢钧．通用航空概论［M］．北京：航空工业出版社，2007.
［39］体育经济司．航空运动产业发展规划［EB/OL］．［2016-11-08］.
［40］汪丽．我国航空运动产业发展研究［J］．体育文化导刊，2020（1）：80-86.
［41］李敏．四川省航空运动产业发展路径研究［D］．成都体育学院，2019.
［42］孙鹏飞，王江锋．通用航空产业发展研究与政策解读下［M］．厦门：鹭江出版社，2015.
［43］秦海生．我国城市高危体育项目发展研究——以安阳航空运动为例［J］．体育文化导刊，2015（02）：5-8.
［44］邓爱民，桂橙林．汽车露营地规划与管理［M］．北京：中国旅游出版社，2016.
［45］詹郭军．中汽摩联 2018 年度工作报告［EB/OL］.
［46］刘汉奇，付磊．中国自驾游发展报告 2017—2018 年版［M］．北京：中国旅游出版社，2018.
［47］戴宏．中国汽车露营地发展模式与创新径研究［J］．长安大学学报（自然科学版），2018，38（5），196-204.
［48］潘时华，陈刚．时尚体育的内涵、特征、现状及其产业发展路径研究［J］．体育与科学，2018，39（01）：101-107.
［49］刘花云．时尚运动与健康［M］．长沙：湖南师范大学出版社，2006.
［50］国家体育总局．击剑运动产业发展规划［EB/OL］.
［51］白晋湘，张小林，丁怀民等．我国民族民间体育产业化政策体系构建的前瞻思考［J］．成都体育学院学报，2010，36（08）：1-5.
［52］辛双双等．四川省少数民族传统体育产业化与发展的研究［M］．北京：人民体育出版社，2011.
［53］国家体育总局．武术产业发展规划（2019—2025 年）［EB/OL］.
［54］柳伯力．休闲视角中的体育旅游［M］．成都：电子科技大学出版社，2007.
［55］杨强．体育与相关产业融合发展的路径机制与重构模式研究

[J]. 体育科学, 2015, 35(07): 3-9, 17.
[56] 王广虎. 健康理念内涵的把握与学校体育改革的思考[J]. 成都体育学院学报, 2001(04): 29-33.
[57] 李璟圆, 梁辰, 高璨, 等. 体医融合的内涵与路径研究——以运动处方门诊为例[J]. 体育科学, 2019, 39(07): 23-32.